SUBVERSION DES BEGEHRENS

Für Elisabeth

Peter Widmer, geb. 1941, ist als Psychoanalytiker in Zürich tätig. Initiator und Mitherausgeber der Zeitschrift RISS; Dozent an den Psychoanalytischen Seminaren von Zürich und Bern.

PETER WIDMER

SUBVERSION DES BEGEHRENS

EINE EINFÜHRUNG IN JACQUES LACANS WERK

VERLAG TURIA + KANT
WIEN-BERLIN

Bibliografische Information Der Deutschen Bibliothek

Die Deutsche Bibliothek verzeichnet diese Publikation in der Deutschen Nationalbibliografie; detaillierte bibliografische Daten sind im Internet über http:/dnb.ddb.de abrufbar.

Bibliographic Information published by Die Deutsche Bibliothek

Die Deutsche Bibliothek lists this publication in the Deutsche Nationalbibliografie; detailed bibliographic data are available on the internet at http:/dnb.ddb.de.

ISBN 978-3-85132-910-0

Diese Einführung ist erstmals 1990 im Fischer Taschenbuch Verlag erschienen: »Jacques Lacan oder Die zweite Revolution der Psychoanalyse«

Überarbeitete Neuauflage:

Reprint 2018

Cover: Bettina Kubanek

VERLAG TURIA + KANT
A-1010 Wien, Schottengasse 3A/5/DG1
Büro Berlin: D-10827 Berlin, Crellestraße 14
www.turia.at | info@turia.at

INHALTSVERZEICHNIS

EINLEITUNG

Im deutschsprachigen Bereich lange Zeit fast unbemerkt, hat sich in Frankreich nach dem Ende des Zweiten Weltkrieges eine zweite psychoanalytische Revolution angebahnt, die untrennbar mit dem Namen Lacan verbunden ist. Unter dem Motto »*Rückkehr zu Freud*« hat Lacan die Freudsche Psychoanalyse bis zum Ende seines Lebens – er starb 1981 im Alter von achtzig Jahren – auf ihre Grundlagen, ihre Wirksamkeit, aber auch auf ihre Unzulänglichkeiten und noch unausgearbeiteten Probleme befragt. Seine Beiträge sind in einer Sammlung von Arbeiten (Ecrits, in deutscher Übersetzung: Schriften I, II, III) und als in Buchform erschienene Seminare zugänglich, wobei noch lange nicht alle diese Veranstaltungen, die Lacan Jahr für Jahr, von 1953 bis kurz vor seinem Tode, durchführte, publiziert worden sind.

Von einer zweiten psychoanalytischen Revolution zu sprechen, ist aus zwei Gründen gerechtfertigt: Einmal hat Lacan durch seine Lektüre die Zeit nach Freud im wesentlichen als Verfallsgeschichte interpretiert, in der die authentischen Intentionen ihres Begründers verschüttet oder verkannt worden seien. Dieses Verdikt Lacans richtet sich insbesondere gegen die Ich-Psychologie mit ihrer Theorie des autonomen Ichs – eine Auffassung, die auch im deutschsprachigen Bereich, trotz wachsender Kritik, noch immer verbreitet ist. In diesem Sinne ist Lacans Revolution buchstäblich zu verstehen: als ein Zurück zu den Anfängen, die in Freuds »Entwurf« und im Briefwechsel mit Fließ eine unerhörte Subversion des traditionellen Gefüges der Psychologie, wenn nicht sogar der Geisteswissenschaften und der Medizin ankündigen. Sodann durch das Hinausgehen über Freud: Freud wird von Lacan dort »freudianisiert«, wo er »noch nicht ganz Freudianer« war, d.h. wo der Begründer der Psychoanalyse hinter den Konsequenzen seiner eigenen Einsichten zurückgeblieben ist.

Lacans Werk präsentiert sich über weite Strecken als überaus genauer Kommentar zu Freud, und wohl noch niemand zuvor hat dessen Arbeiten so gründlich gelesen. Dennoch verdankt sich Lacans Lehre nicht allein Freud; es bedurfte entsprechender Kategorien, um Freud so lesen zu können, wie es Lacan tat. Diese Kategorien bezog Lacan aus Sprachwissenschaft, Philosophie, Theologie und Mathematik und, wenn es die Sache erforderte, auch aus der Psychologie.

Das Begehren steht im Zentrum von Lacans Arbeit – das lässt sich auch dann behaupten, wenn man berücksichtigt, dass der späte Lacan über dieses hinaus gefragt hat. Das Begehren – ausgerechnet dieser Term kommt bei Freud nicht vor. Hier scheinen die Gegner Lacans mit dem Einwand, Lacan sei kein Freudianer, da dieser Begriff des Begehrens in Freuds Vokabular nicht enthalten sei, leichtes Spiel zu haben. Die Lektüre zeigt aber, dass Freuds Begriff des Wunsches das enthält, was Lacan als »désir«, »Begehren« bezeichnet. »Wunsch« als unspezifischer Term enthält neben dem Lacanschen »désir« auch das, was Lacan »demande« (Anspruch, Bitte) und »besoin« (Bedürfnis) nennt. Anhand der Lektüre der »Traumdeutung«, aber auch aufgrund anderer Aussagen Freuds, etwa über den Objektbegriff (Freud verneinte die feste Zugehörigkeit von Trieben zu bestimmten Objekten), gelingt es Lacan, zu zeigen, dass das, was bei ihm selber »désir« heißt, der Sache nach bei Freud zu finden ist. Mit diesem skandalon des Begehrens zieht Lacan ins Feld, gegen alle Beschwichtigungsversuche, Verleugnungen, Täuschungen. Um das Begehren dreht sich die Ethik der Psychoanalyse: »*Nicht in seinem Begehren nachgeben.*« Darin sieht Lacan den Leitspruch, den er seinen Hörern und Lesern mitgab und der für die Praxis der Psychoanalyse grundlegend ist.

Seit über einem Jahrzehnt wird Lacans Werk im deutschsprachigen Bereich in zunehmendem Maße beachtet. Der erste, der sich wirklich auf diese Sache – treffender müsste man sagen: auf dieses Ding – einließ, war meines Wissens Hermann Lang mit seiner erst kürzlich auch als Taschenbuch erschienenen Arbeit »Die Sprache und das Unbewusste. Jacques Lacans Grundlegung der Psychoanalyse«. Die Resonanz, die dieses Buch fand, hat ohne Zweifel dazu beigetragen, dass in den folgenden Jahren Lacan selber im deutschsprachigen Raum gelesen wurde. Der Berliner Gruppe um Norbert Haas kommt das große Verdienst zu, Lacans sehr anspruchsvolles Werk, dessen Lektüre auch denen nicht leichtfällt, die mit der französischen Sprache gut vertraut sind, nach und nach durch Übersetzungen zugänglich zu machen. Die interessierten Kreise, das waren anfänglich vor allem Literaturwissenschaftler und Philosophen, während viele Psychoanalytiker sich schwer damit taten, sofern sie sich überhaupt auf Lacan einließen. Einige deutschsprachige Analytiker wandten sich in dieser Lage nach StraSSburg, wo eine Gruppe von erfahrenen Analytikern um Lucien Israël dazu verhalf, aus praktischen Erfahrungen heraus in Fallbesprechungen einen Zugang zur Lacanschen Lehre zu erschließen.

Heute, mehr als acht Jahre nach Lacans Tod, ist der Kreis derer, die sich mit seinem Werk beschäftigen, stark angewachsen. Davon zeugt ein weiteres, vielbeachtetes Buch: Samuel Webers »Rückkehr zu Freud. Jacques Lacans Ent-stellung der Psychoanalyse«, davon zeugen aber auch zahlreiche Arbeitsgruppen in der Bundesrepublik, in Österreich und in der Schweiz. Aus ihnen sind drei Zeitschriften entstanden (»Der Wunderblock«, Berlin; »Wo es war«, Paris und Ljubliana; »RISS«, Zürich), eine inzwischen wieder aufgelöste, dann neu formierte Institution (»Sigmund Freud-Schule«, dann: »Psychoanalytische Assoziation«, Berlin) sowie Übersetzungen von Literatur aus der Lacan-Schule (Leclaire, O. Mannoni, M. Mannoni, Israël, Juranville u.a.). Nicht vergessen sei der Quadriga-Verlag, der in der Nachfolge des Walter-Verlags die meisten der an Zahl zunehmenden Bücher der Lacan-Schule herausgibt.

Die folgenden Kapitel wollen dem interessierten Leser den Zugang zur Lektüre Lacans erleichtern. Sie sind das Ergebnis jahrelanger Beschäftigung mit seinem Werk und den darin enthaltenen Schwierigkeiten sachlicher und stilistischer Art. Diese beiden Aspekte sind bei Lacan nicht trennbar; sein Stil gehört zur Sache. Als Leser sieht man sich immer wieder mit Widerständen konfrontiert, die Lektüre fortzusetzen, wenn man auf Unverständliches stößt. Dagegen lässt sich im jeweiligen Moment kaum etwas unternehmen. LäSSt man nicht nach und nimmt die schwierigen Textstellen nach einiger Zeit noch einmal auf, erweist sich oft zur eigenen Überraschung, dass sich das zuvor Verschlossene dem Verständnis öffnet. Es braucht für die Lektüre einerseits eine Beharrlichkeit, anderseits ein zeitweiliges Sich-Hinwegsetzen über das, was sich dem denkerischen Nachvollziehen nicht sogleich fügt. »Fünfe gerade sein lassen«: Diese Redewendung empfiehlt sich als Ratschlag für das Lesen Lacans. Von den Widerborstigkeiten wird vielleicht auch im folgenden Text etwas spürbar werden, vor allem dann, wenn sich Lacans Denken dem Paradox ausliefert, über das zu sprechen, was nicht existiert.

Was zuerst auffällt, ist das Wenige an Systematik in Lacans Texten. Ein Thema erscheint, wird kurz diskutiert, verschwindet, kehrt später wieder zurück. Sein Stil hat etwas Mäandrisches, auch Fragmentarisches. Darin ist er dem Begehren und dem Unbewussten angemessen. Lacans Schreibweise enthält auf geheimnisvolle Weise Abwesendes im Anwesenden. Es steht zugleich mehr und weniger da, als geschrieben ist.

Eine zweite Schwierigkeit kommt dazu: Geht man dem Mäandrischen über längere Strecken nach, fördert man als Ergebnis nicht ein – stilistisch gut verpacktes – abgeschlossenes Gedankengebäude zutage. Im Gegenteil entdeckt jeder aufmerksame Leser, dass Lacan in seinem Fragen immer wieder neu, immer wieder anders ansetzt. Er will nicht mit festgefügten Ideen überzeugen, sondern eine Sache aufnehmen, sie von verschiedenen Seiten wägen, prüfen, kosten; so entdeckt er immer wieder Anderes, und die Sache verwandelt sich unversehens, wird anders als sie sich zu Beginn darstellte. Dieses Verfahren erinnert an Hegel; Lacan fasst es in der Tat als ein dialektisches auf. Es gibt einen andern Begriff dafür, den meines Wissens U. Sonnemann geprägt hat, dessen Werk in vielem demjenigen Lacans verwandt ist: Sprachpraxis. Es geht dabei nicht um eine selbstgenügsame Darstellung von Kabinettstücken, die man mit der Sprache anstellen kann, sondern um das Erfahrbarmachen ihrer Grenzen: Das Reale, das Unmögliche als »Ort« des Kerns des Unbewussten, des Urverdrängten, wie Freud es nannte, wird vom Subjekt, das sich als gespalten erweist, ausgegrenzt. Daran ändert auch die Bewusstmachung des Verdrängten, in Lacans Schreibweise: die Artikulation des Unbewussten, nichts; der Kern des Realen entzieht sich jedem begrifflichen Zugriff.

Lacans unablässiges Befragen der menschlichen Existenz ist trotz der verschiedenen Denkansätze auf ein Minimum an Begrifflichkeit angewiesen. In begrenztem Maße ist es deshalb möglich, ein Grundgerüst an Systematik herauszudestillieren. Sofort muss aber hinzugefügt werden, dass diese Begriffe kaum je auf einfache Definitionen rückführbar sind. Ihr Bedeutungsgehalt muss vielmehr immer wieder aus dem jeweiligen Kontext erschlossen werden. Das Definitorische steht dann, wenn überhaupt, am Ende und nicht am Anfang der gedanklichen Arbeit. Im Gegensatz zu fast allen, die über ihn schreiben, inszeniert Lacan die Paradoxa der Sprache. In dieser besonderen Art von Sprachpraxis liegt wohl der Grund, will sagen: das Abgründige seines Stils, auch seiner Originalität. Sollte, wer über Lacan schreibt, seinen Stil kopieren? »Wenn zwei dasselbe tun, so ist es nicht dasselbe«, sagt ein Sprichwort und weist damit auf die

Problematik des Kopierens hin, das jeden Ansatz eigener Schreibarbeit ersticken müsste. Allerdings stellt sich durch den Verzicht auf die Absicht des Nachahmens eine distanzierende Wirkung ein. Das braucht aber kein Nachteil zu sein, denn dadurch zeigt sich die Originalität von Lacans Stil um so plastischer.

Einige einleitende Bemerkungen zu diesem Buch: Es ist von vornherein klar, dass es vergebliche Mühe wäre, irgendeine vollständige Übersicht über die Gedanken Lacans anstreben zu wollen. Das Interesse an einer solchen Zielsetzung wäre verdächtig: Schnell ein paar Aussagen zur Konsumation anbieten, um sich nicht auf dieses Ding einlassen zu müssen. Mit Grund wünschte sich Lacan den Zugang zur Psychoanalyse schwierig. Dahinter stehen einerseits seine Parteilichkeit für das je Besondere eines Subjektes, dessen rätselhafte Existenz durch die Beschreibung der Dimensionen, die es durchziehen, keineswegs erfasst ist; anderseits die Absicht, das Reale in seiner unaufschließbaren Dimension erfahrbar zu machen. Ohne dem Irrationalismus oder Obskurantismus das Wort zu reden, geht es in der Psychoanalyse doch immer wieder um die Erfahrung der Unmöglichkeit eines allumfassenden Wissens. Das Primat gehört dem begehrenden Subjekt, dem Subjekt als Frage; vorschnelle Antworten, die sich bei einem Bild beruhigen wollen, stellen sich von selbst ein. Wahrheit blitzt dort auf, wo sie am wenigsten erwartet wird. Sie kann nur dann durchbrechen, wenn sich das Subjekt etwas von der ursprünglichen menschlichen Not sagen lässt, wenn das Rätsel seiner Existenz sich in einem Augenblick vollen Sprechens verdichtet.

Die folgenden Ausführungen gruppieren sich um das zentrale *Konzept des Begehrens,* das, als sprachbedingtes, zum menschlichen Sein – und das heißt bei Lacan immer auch: zum Seinsmangel, zum Offenen der Existenz – gehört. Das erste Kapitel beschäftigt sich mit *Leben und Werk Lacans* und fasst den Inhalt des Buches zusammen. Das Werk wird nicht einfach als Ergebnis von biographischen Voraussetzungen gesehen, sondern auch als strukturierender Faktor der Biographie. Diese Art der Betrachtung unterscheidet sich von der in der Psychoanalyse so verbreiteten Ableitung aus angeblich konstanten Persönlichkeitsfaktoren.

Das zweite Kapitel handelt vom sogenannten *Spiegelstadium,* in dem sich das Begehren erstmals in einer strukturierten Art manifestiert. Das kleine Kind erfährt von seiner Existenz über den andern, was sich in der Faszination des Spiegelbildes, in dem es das Bild seines Körpers sieht, zeigt. Das Spiegelstadium entspricht dem Mythos des Narziss, der sich in das Bild, das er auf der Wasseroberfläche sah und das ihn anblickte, verliebte.

Das dritte Kapitel thematisiert das *Symbolische.* Symbole und ihre Verkettungen tragen und verkörpern das Begehren. Lacan orientiert sich an der strukturalen Linguistik des Genfer Linguisten und Zeitgenossen Freuds, F. de Saussure, auch an den Arbeiten R. Jakobsons. Lacan bleibt aber nicht bei linguistischen Konzepten stehen, sondern bedient sich ihrer, so dass unter seiner Feder die Linguistik zur »Linguisterie« wird. Sie dient ihm dazu, die Freudschen Entdeckungen, besser als es Freud mangels eines ausgearbeiteten begrifflichen Instrumentariums konnte, auf den Begriff zu bringen. Nichts zeigt besser als der Schlüsselbegriff »Signifikant« – also das Bezeichnende, im Gegensatz zum Signifikat, dem Bezeichneten – Lacans Nähe und Distanz zur strukturalen Linguistik. Mit Hilfe des Signifikantenkonzepts gelingt es Lacan, das Symbolische als wesensmäßig unbewusst aufzufassen.

Das vierte Kapitel handelt vom *Subjekt.* Eben weil der Mensch in eminentem Maße von Sprache bestimmt ist, ist er für Lacan subiectum, ein der Sprache Unterworfener. Lacan fasst den Term »Subjekt« anders auf als die meisten Denker der Subjekt-Objekt-Beziehung. Das Subjekt ist nicht eine Substanz, ein Innen, das dem Außen gegenübersteht, sondern es ist selber vom Symbolischen und seinen Wirkungen strukturiert. Allein die Tatsache, dass ein großer Teil der menschlichen Äußerungen innerhalb sprachlicher Regeln geschieht, deutet darauf hin. Auch der Körper erleidet die Wirkungen des Symbolischen; seine Wirkung erstreckt sich bis in die Formation der Triebe.

Das fünfte Kapitel beschreibt die *Rhetorik des Begehrens,* die sich in den Stilfiguren der Metonymie und der Metapher ausdrückt. Lacan definiert diese als Substitution (ein Wort für ein anderes), jene als Kombination (von Wort zu Wort). In diesen beiden Stilfiguren stellt sich das Subjekt dar und entstellt sich darin zugleich. Sein Kern entzieht sich der symbolischen Ordnung. Lacan sieht in diesem abwesenden Ort den Grund dafür, warum die symbolische Ordnung, in der das Subjekt repräsentiert wird, ihrem Wesen nach metonymisch und metaphorisch ist. Die metonymische Dimension führt immer wieder den Mangel des Subjekts ein, das seine Identität nicht zu erreichen vermag. Sie entspräche der Metapher schlechthin.

Im sechsten Kapitel ist von der *Realisierung des Begehrens* in Liebe und Sexualität die Rede. In der Reihe der sexuellen Triebe erhält die Genitalität einen besonderen Status, ist sie doch nicht nur von einem Triebfeld, sondern auch vom Andern abkünftig. In ihr konvergieren Selbsterhaltungs- und Sexualtriebe. Hierbei wird das Konzept des Phallus entscheidend. Lacan setzt ihn nicht dem männlichen Organ gleich; da er vom Symbolischen her denkt, bezeichnet »Phallus« zunächst einen Signifikanten, einen Signifikanten ohne Signifikat. Dieser Auffassung gemäß bewirkt er, dass etwas überhaupt für ein Subjekt zum Existieren kommt. Der Phallus steht somit in enger Beziehung zur Kopula eines Satzes; ohne das »ist« wäre nichts. Als Instanz, die das Existieren bewirkt, »beschlägt« er sodann den menschlichen Körper, so dass sowohl die Organe der Zeugung wie auch ein Körper insgesamt »phallisch« genannt werden können.
Das folgende Kapitel befasst sich mit der Verstrickung des Begehrens, *mit Inzest und Inzestverbot.* Freud hat die Ödipus-Sage, so wie er sie interpretiert, als Paradigma für die Genese jedes Menschen aufgefasst. Anhand dieses Kernstücks der Psychoanalyse bietet sich Gelegenheit, Gemeinsamkeiten und Verschiedenheiten zwischen Freud und Lacan aufzuzeigen. Während Freud die grundlegenden menschlichen Konflikte als personale beschrieben hat (Ödipus-Komplex als Dreiecksverhältnis), hat Lacan die Wirksamkeit von Strukturen betont, die der conditio humana keinen festen Boden unter den Füßen geben: Es sind die Strukturen des Signifikanten. Sie begünstigen den illusionären Glauben an das Vollkommene, letztlich an das Objekt des Inzests als höchstes, aber verbotenes Gut, dessen Vorhandenheit bei Freud kaum in Frage gestellt wird. Dabei stellt sich die Frage, ob das Inzestverbot nicht den Glauben an das Vollkommene nährt. In Lacans Darstellung des ödipalen Konflikts ist eine Kritik des Freudschen Verständnisses zumindest angedeutet.
Das achte Kapitel dreht sich um das Problem der *Psychosen,* insbesondere um die für diese existentiale Struktur typische Abwehrform der Verwerfung des Namens-des-Vaters und die daraus sich ergebenden Konsequenzen für das Subjekt. Aus strukturellen Gründen stellt Lacan das Symbolische, das vom körperlichen Sein, von der anfänglichen Einheit mit der Mutter trennt, mit dem Namen des Vaters in einen wesensmäßigen Zusammenhang. Lacan meint dabei eine unpersönliche Instanz, den toten Vater, der dem Symbolischen Sinn verleiht. Diese trennende In-

stanz, die vom realen Vater verkörpert wird, ist vom Psychotiker, Lacan zufolge, nicht bejaht worden. Damit erleidet das Begehren, das für die andern Formen der Existenz (Neurose, Perversion, Sublimierung) grundlegend ist, Schiffbruch. Jede zwischenmenschliche Beziehung, einschließlich der Sexualität, erleidet Schaden, der bis zum Zerfall gehen kann.

Das neunte Kapitel stellt das strukturale Denken Lacans anhand der sogenannten *Diskursmatheme* dar. Lacan unterscheidet den psychoanalytischen Diskurs von drei andern, ebenfalls für die menschliche Existenz grundlegenden Diskursen (Diskurs des Herrn, Diskurs der Wissenschaft, Diskurs der Hysterie). In allen vier Diskursen erkennt Lacan ein Spiel von vier sich gleichbleibenden Elementen, die sich in jeder Diskursform anders anordnen.

Das zehnte Kapitel gibt Hinweise auf Lacans späte, nicht fertig ausgearbeitete Topologie des *Borromäischen Knotens,* in dem sich die drei Register des Symbolischen, Imaginären und Realen auf besondere Art verknoten. Diese drei Register, Lacan demonstriert es immer wieder, sind, zusammen mit dem Symptom, grundlegend für das Freudsche Werk und für das menschliche Sein. Die Psyche erweist sich für Lacan keineswegs als eine fundierende Instanz, sondern als Wirkung dieser grundlegenden Strukturen und ihrer borromäischen Verknüpfung. Wenn Lacan vom Borromäischen Knoten spricht, greift er auf die christliche Trinitätslehre zurück; unter seiner Feder verwandelt sie sich in eine unauflösbare Dreiheit, die dem Freudschen Motto der Traumdeutung gerecht wird: »Flectere si nequeo superos, Acheronta movebo« (»Wenn ich die Himmlischen nicht beugen kann, werde ich die Unterwelt bewegen«).

Ein Epilog über die *psychoanalytische Grundregel* lehnt sich thematisch an das zehnte Kapitel an. Zur Debatte steht ihr Sinn und ihre Berechtigung. Die Notwendigkeit, danach zu fragen, liegt darin begründet, dass durch die Einführung der Grundregel in der analytischen Kur das Begehren des Analytikers ins Spiel kommt. Das bleibt nicht ohne Einwirkungen auf die Einfälle der Patienten. Daraus lässt sich aber nicht ableiten, dass die Grundregel unangebracht wäre. Sie steht stellvertretend für die Ethik der Analyse da, die der Analytiker mit seinem Begehren aufrechterhält. Dieses transzendiert die Ebene der Beziehung; es wendet sich an den Andern.

1. LEBEN UND WERK JACQUES LACANS

Es gibt eine Tradition in der Psychoanalyse, die biographischen Aspekte einer Person in den Mittelpunkt zu stellen, um von daher das von ihr geschaffene Werk verständlich zu machen. Frühkindliche Konflikte, Triebfixierungen, Ödipuskomplex, Wiederholungszwänge und anderes mehr rücken dann als unbewusste Determinanten in den Brennpunkt der interessierten Beobachtung. Auf einer allgemeinen Ebene bestätigt sich immer wieder die Auffindbarkeit solcher Zusammenhänge. Handle es sich nun um die Analyse eines wissenschaftlichen oder künstlerischen Werks, stets erscheint ein solches als mehr oder weniger geglückte Verarbeitung von frühkindlichen Konflikten, die als nicht weiter hinterfragbare Faktoren aufgefasst werden. In dieser Methode liegt nicht nur etwas Reduktionistisches – das Besondere ihres Gegenstandes wird verfehlt –, sondern auch etwas Illusionäres: Die Annahme eines vorgegebenen Entwicklungsschemas, das die Psychoanalyse letztlich auf biologische Komponenten zurückführt, ebnet die Differenz zwischen den physischen Gegebenheiten und den kulturellen Faktoren ein. Bekannt geworden sind die Triebstufen oral, anal, phallisch, genital; wer vermöchte ihren heuristischen Wert zu bestreiten? Es geht aber nicht um das Infragestellen des Vorhandenseins solcher Triebformen, sondern um ihren Status, ihre Verankerung. Sind sie wirklich nicht weiter hinterfragbar, also genetisch vorprogrammiert?

Lacans Auffassung der Psychoanalyse wendet sich entschieden gegen diesen Reduktionismus. Nicht darum geht es, den genetischen Aspekt geringzuschätzen, sondern zu entdecken, dass er selber der Strukturen bedarf, die vorgängig schon vorhanden sein müssen und die keineswegs auf biologische Faktoren reduzierbar sind. Lacan zufolge sind es die Strukturen des Symbolischen, des Imaginären und des Realen. Innerhalb dieser Register, auch an ihren Nahtstellen, ihren Zwischenbereichen, formiert sich das, was man das Seelische nennt. Die Triebstadien

bezeichnen dann zeitliche Momente, in denen sich das Symbolische und das Imaginäre mit dem Realen des Körpers verknoten.
Wenn es darum geht, etwas über Lacans Leben und Werk zu sagen, kann folglich nicht auf das traditionelle Schema der Interpretation zurückgegriffen werden. Lacans Arbeiten aus einer entwicklungspsychologischen Perspektive ableiten zu wollen, wäre unangemessen. Seine eigene Lehre führt zu einem Infragestellen der Person des Autors als einer nicht weiter hinterfragbaren Instanz. Gewiss ist der Autor derjenige, der schreibt, aber er ist auch derjenige, dem sich etwas zuspricht, der Einfälle hat, inspiriert ist aus Quellen, die sich begrifflichem Denken entziehen. Das von Lacan für die Praxis der Psychoanalyse formulierte »es spricht« lässt sich mit Einschränkungen auch auf das Schreiben beziehen. Es wird zu einer sprechenden Schrift. So lässt sich denn ebenso behaupten, seine Person, seine Geschichte, sein Werk seien Wirkung dessen, was sich ihm zugesprochen hat, wie auch, dass sein Leben und Werk Ergebnis des tätigen Subjekts namens Lacan ist. Selbst dann, wenn man diesen Standpunkt vertritt, muss bedacht werden, dass vorgängig Strukturen da sein müssen, die kreatives Arbeiten ermöglichen.
Diese Bemerkungen schließen natürlich nicht aus, dass sich Daten von Lacans Leben nennen lassen: Sein Geburtsjahr, 1901; seine Herkunft aus katholischer Familie; seine Ausbildung zum Psychiater, die er mit der Dissertation über einen Fall von Paranoia abschloss;[1] seine von ihm anerkannten Lehrer Clérambault und Kojève; sein erstes öffentliches Auftreten als Psychoanalytiker an einem Kongress in Marienbad, 1936; seine Aufsatzsammlung, die er mit »Ecrits« betitelte, und die 1966 erschien;[2] seine Seminarien, die er bis kurz vor seinem Tod 1981 hielt, und die der Ausbildung von Psychoanalytikern dienten; sein Ausschluss aus der Internationalen Psychoanalytischen Gesellschaft, der zur Folge hatte, dass er 1964 eine eigene Institution gründete, die »Ecole Freudienne«, die er kurz vor seinem Tod wieder auflöste, nicht ohne seinen Schwiegersohn J.-A. Miller zu einer Neugründung zu autorisieren.
Alle diese Daten erhalten ihre Bedeutsamkeit vor dem Hintergrund seines Werks, das heute noch lange nicht vollständig vorliegt. Zwar sind die »Ecrits« schon seit über zwanzig Jahren zugänglich, aber von den jährlichen Seminarien sind erst gut ein Fünftel erschienen.

Wie schon in der Einleitung gesagt, *orientiert sich Lacans Werk an demjenigen Freuds.* Er kommentiert es, zeigt Widersprüchliches und Unaufgearbeitetes auf und bedient sich dabei einer Begrifflichkeit, die er nicht bei Freud vorfand, von der er aber erkannte, dass sie das Freudsche Oeuvre strukturiert. Vor allem sind es die Bezeichnungen für die drei Register des Symbolischen, des Imaginären und des Realen, deren Verknüpftsein der späte Lacan in der Topologie des Borromäischen Knotens darstellt. Lacan konfrontiert diese mit derjenigen Freuds, etwa mit dem Schema in »Das Ich und das Es«; dabei ergeben sich interessante Unterschiede.

Freud und Lacan haben sich übrigens nicht persönlich gekannt; der einzige persönliche Kontakt zwischen ihnen bestand darin, dass Lacan Freud seine Dissertation zuschickte und dieser ihm mit einer Postkarte dafür dankte; zu einer direkten Begegnung ist es indessen nicht gekommen. Lacan trat etwa zu dem Zeitpunkt öffentlich als Psychoanalytiker auf, als der um 45 Jahre ältere Freud bereits zurückgezogen lebte und der politischen Verhältnisse wegen gezwungen war, nach England zu emigrieren. Die fehlende persönliche Bindung an den Begründer der Psychoanalyse hinderte Lacan nicht daran, Freuds Werk auf eine bis anhin unerhörte Weise neu zu lesen. Durch die von Lacan verwendeten Kategorien zeigte sich, dass Freuds Metapsychologie seine klinischen Falldarstellungen nicht immer zureichend zu erfassen vermag. Dazu zwei Beispiele. Das erste betrifft die Zeitlichkeit des Unbewussten. Freud ordnete das Unbewusste der Vergangenheit zu; Lacan zeigte, dass die Vorzukunft die eigentliche Zeitform des Unbewussten ist, strukturiert sie doch antizipierend-entwerfend das Bedeutsame dessen, was gewesen ist. Das zweite betrifft die Begründung des Unbewussten: Freud ging vom Bewussten aus und wollte aufgrund von dessen Lücken und Täuschungen den Schluss auf das Unbewusste begründen; für Lacan ist dagegen der Status des Unbewussten ethisch, nicht experimentell ableitbar.

Dennoch besteht heute kein Konsens darüber, ob Lacan wesentliche Neuerungen in der Psychoanalyse eingeführt hat. Der Zweifel kommt davon, dass erste Andeutungen oder Vermutungen von dem, was er formuliert hat, fast immer schon bei Freud auffindbar sind. Lacan selbst hat übrigens kaum je Wert daraufgelegt, Freud zu überholen, hieß doch das Motto seiner Arbeit: Rückkehr zu Freud. Und noch ein Jahr vor seinem Tod hat er sich als Freudianer bezeichnet. Tatsächlich präsentiert sich sein Werk über weite Strecken als Kommentar von Freuds Arbeiten, als Rück-sicht auf die unablässigen Bemühungen Freuds, die psychische Realität begrifflich zu erfassen.

Trotz dieser andauernden Orientierung an Freuds Werk, trotz dem Hervorheben noch so entlegener Gedanken Freuds, stellt Lacans Werk meiner Ansicht nach mehr dar als das Ergebnis einer minutiösen Lektüre Freuds mit einer ausgefeilten Begrifflichkeit, mehr auch als ein Aufzeigen von Widersprüchen und Stolpersteinen in dessen Arbeiten. Was Lacan an Neuem gebracht hat, betrifft in erster Linie das Konzept des *Realen*. Er versucht, das Nicht-Existierende zu denken, das Leere, Abwesende erfahrbar zu machen, als ein Nichts, das doch nicht nichts ist. Er sieht in den verschiedenen Neuansätzen Freuds nicht ein Versagen, sondern einen Ausdruck der Sache selber, des Psychischen, das sich begrifflichem Denken, das nach einer Substanz sucht, immer wieder entzieht.

Für Lacan ist das eigentlich Reale diesseits der Sprache situiert. Diese bildet über dem Abgründigen des Realen das, was man *Realität* nennt. Lacan kann so zeigen, wie Freud auf dieser Ebene der Realität bleibt, bei dem, was sprachlich geformt ist, beim Seienden. Unentwegt versuchte Freud, dieses Seiende begrifflich zu erfassen. Die Notwendigkeit von immer neuen Ansätzen, die Unmöglichkeit, das Psychische mit einem Netz von Begriffen auf endgültige und eindeutige Art zu erfassen, ist für Lacan ein positives Faktum: Er sieht hier das Reale am Werk, das in seiner »Unbegrifflichkeit« Agens der Geschichte und der stetigen Bemühungen um Rationalität ist, und das durch seine sich jeder Rationalität entziehende Andersheit Ort von Phantasmen wird, die es zudecken und zugleich repräsentieren. Was er über Freud sagt, gilt teilweise auch für ihn. Sein Werk präsentiert sich nicht als abgerundetes Ganzes, sondern als Weg, den er durchschritten hat. Dabei dienen ihm einige Kategorien, die er bis zum Ende beibehielt, als Kompass, die ihm erlaubten, das Freudsche Feld zu durchmessen.

Begriffliches Denken einerseits, Unbegrifflichkeit des Realen andererseits – der Schritt zur Dichotomie von Männlichkeit und Weiblichkeit liegt nahe. Lacan hat ihn gemacht.[3] Männlichkeit stellt sich dann als das dar, was sich am Sichtbaren orientiert und auf dieser Grundlage logisch sein will. Weiblichkeit wird zu dem, was sich der Logik entzieht, den Wissenschaftsbetrieb stört, was als Grund, Abgrund weder begreifbar noch sichtbar ist und deshalb Anlass zu permanenten Fragen nach dem Realen gibt. Bei diesem Schritt, der von der Logik ausgeht, entfernt sich die Bestimmung dessen, was »männlich« und »weiblich« genannt wird, von den physischen Gegebenheiten. In dieser Betrachtungsweise sind die Angehörigen beider »biologischen« Geschlechter männlich und weiblich zugleich. Dieses Vorgehen entfernt sich nicht nur von den physischen, sondern auch von den kulturellen Gegebenheiten, in denen es typische Muster von dem gibt, was als Männlichkeit oder Weiblichkeit zu gelten hat. Dadurch, dass Lacan die kulturelle Ebene von der Logik her hinterfragt, erweisen sich erst Bedingtheit und Asymmetrie dieser beiden Begriffe. Lacan hat die Freudschen Erkenntnisse, die vor allem den Hiatus zwischen den physischen Gegebenheiten und dem psychischen Sein thematisierten, dadurch kompliziert, dass er immer wieder das Reale, das Abwesende, Nicht-Existierende zu denken versuchte.

Obwohl sie im logischen Sinne nicht existiert, spricht Lacan vom *Primat der Weiblichkeit*. Demnach erweist sich Männlichkeit seiner Auffassung nach als von Weiblichkeit gesetzt, als Strukturierung des Unstrukturierten. Lacan geht so weit, dass er dieses weiblich Unsagbare als libidinöse Quelle sieht, die er der männlich-phallischen Libido in einem buchstäblichen Sinne »unterstellt«. Das ist ein entscheidender Schritt über Freud hinaus, der die Libido als männlich verstand und sich Lacans Frage gefallen lassen muss, wie denn Männlichkeit ohne Weiblichkeit denkbar wäre.

Nur scheinbar hat damit Lacan die Psychoanalyse mit dem Feminismus versöhnt. Er denkt Weiblichkeit nicht als Substanz, sondern als eine sich jeder Substantialisierung entziehende Kategorie. Seine Theorie bleibt für die Feministinnen genauso eine permanente Quelle der Beunruhigung wie für die Männer, die in ihrem Allmachtsanspruch die Welt dem Logos unterwerfen wollen. Es liegt in der Konsequenz der Argumentation Lacans, dass die Psychoanalyse keine Wissenschaft sein kann, jedenfalls nicht in dem, was ihre Praxis betrifft. Er wendet sich auch gegen die Gleichsetzung der psychoanalytischen Technik mit Hermeneutik. Diese hat es mit Seiendem und Sinn zu tun; die Psychoanalyse macht aber Grenzen und Bedingtheit der sprachlich geformten Realität erfahrbar.

In zweiter Linie hat Lacan auch die Gewohnheiten der sich auf Freud berufenden psychoanalytischen Praxis verändert. Ebenso berühmt wie umstritten geworden sind seine *Kurzsitzungen mit* seinen Analysan*t*en (diese von Lacan erfundene Schreibweise lehnt sich an den Term »Signifikant« an). Dieses Abrücken vom gewohnten Stunden- oder Dreiviertelstunden-Rhythmus war es vor allem, die seine Gegnerschaft gegen ihn aufbrachte und zu seinem Ausschluss aus der Internationalen Psychoanalytischen Gesellschaft führte. Lacan ging es vor allem um die Berücksichtigung der besonderen Zeitlichkeit des Unbewussten, die nicht identisch ist mit der Uhrzeit, sowie um die Überwindung des Phantasmas von Vollständigkeit. Jedermann weiß, dass man oft in erhellenden Momenten mehr sagt als in vielen Stunden. Lacan versuchte auf radikale Art, das Bürokratische, Starre des sog. settings zu überwinden und die Dimension des Mangels – die Voraussetzung des Begehrens – erfahrbar zu machen.

In der berühmten Rede von Rom[4] postulierte er, dass die Analytiker das Sitzungsende mit in den Prozess der analytischen Kur einbeziehen sollten. Er selbst beendete die Sitzungen durch Skandierungen: An entscheidenden Stellen unterbrach er sie, um so Bedeutsames hervorzuheben und auf die Manifestation des Begehrens hinzuweisen. In dieser Art von Praxis ersetzen Skandierungen, die überraschen und nach kurzer oder längerer Zeit erfolgen können, oft Deutungen. Dennoch erachtete Lacan diese keineswegs als überflüssig, obwohl er in der psychoanalytischen Kur kein hermeneutisches Verfahren sah. So muss man eher von Interventionen sprechen. Er legte größten Wert auf Mehrdeutiges, in dem sich das Unbewusste oft auf harmlose Weise versteckt und doch präsentiert – wie der verlorene Brief in Poes Geschichte, dem Lacan den ersten Beitrag in den »Ecrits«[5] gewidmet hat.

Als dritte Neuerung gegenüber Freud hat er – mit aller Vorsicht sei es gesagt – eine *Wiederannäherung an die Philosophie* gesucht. Das bedeutet nicht, dass in der Praxis philosophische Diskurse gehalten würden; hier bleibt der psychoanalytische Diskurs am Werk, wie er von Freud inauguriert worden ist. Aber die theoretische Grundlegung des psychoanalytischen Diskurses ist philosophischer geworden als bei Freud. Dabei lässt sich hinzufügen: Die Philosophie muss sich ihrerseits das gefallen lassen, was der psychoanalytische Diskurs sagt, und das erschüttert sie, vor allem dann, wenn sie glaubt, sich auf die Gewissheit des Bewusstseins verlassen zu können. »*Dort, wo ich denke, bin ich nicht* –

dort, wo ich bin, denke ich nicht«, paraphrasiert Lacan Descartes, dessen Philosophie er dennoch keineswegs gering schätzte.[6] Eine enge Beziehung hat sich zu Heideggers Denken ergeben. Die beiden Männer haben sich persönlich gekannt und Lacan hat sogar eine Arbeit Heideggers ins Französische übersetzt.[7] Mit Lacan ist es möglich geworden, Heidegger und Freud aufeinander zu beziehen, die Seinsfrage und das Denken der existentialen Strukturen in die Psychoanalyse einzuführen.
Neben Freud, Hegel, Heidegger gehört der Genfer Linguist und Zeitgenosse Freuds, F. de Saussure zu den für Lacan bedeutsamsten Denkern. Wie schon in Platons Dialog »Kratylos« und in der Stoa erkannt wurde, lässt sich innerhalb der Sprache das Lautliche, Materielle vom Bildlichen, Vorstellungsmäßigen trennen. De Saussure spricht von Signifikant und Signifikat; Freud hat in ähnlicher Weise von Wort- und Sachvorstellungen gesprochen. De Saussure hat die Sprache als ein differentielles Netz von Signifikanten und Signifikaten aufgefasst, die sich, paarweise zu Zeichen gebündelt, gegenseitig ausgrenzen; jedes definiert sich als das, was die andern nicht sind. Diesem Gedanken entsprechend lässt sich Sprache nicht als Substanz, sondern als Form begreifen. Lacan geht über de Saussures Auffassung der Zeichen hinaus, indem er diese als abkünftig von der Bewegung der Signifikanten auffasst. Signifikate bilden sich im Gefolge der Artikulation der Signifikanten; es gibt keine vorweg definierte Zuordnung von Signifikanten zu Signifikaten in Zeichen. Lacans Stil macht dieses differentielle Gefüge der signifikanten Artikulation erfahrbar. Liest man einen Text von ihm, stößt man auf die Unmöglichkeit, am Anfang einer Abhandlung Definitionen zu geben; erst aus dem Kontext heraus ergeben sich Bedeutungen. Das Definitorische steht somit nicht am Anfang, sondern, wenn schon, am Ende eines Textes.
Lacan übernahm weder de Saussures Auffassung der Sprache, noch Freuds Metapsychologie oder Hegels Dialektik integral. Er verwendet sie. So wird aus dem Konzept de Saussures die *Theorie des Signifikanten.* Mit ihr übersteigt er den Bereich der Linguistik. Er stellt den Signifikanten der Signifikanten ins Zentrum: den Phallus. Mit diesem Konzept bezeichnet er in erster Linie nicht das körperliche Organ, sondern die Instanz des Bedeutungs-Schaffens. Dadurch räumt Lacan dem Signifikanten das Primat vor dem Signifikat ein. Er kehrt so die vorherrschende abendländische Tradition um, die davon ausgeht, dass Sprache der Bezeichnung von an sich sprachlosen Gedanken

dient, die also dem Signifikat, dem Bezeichneten, Priorität gibt. Ohne Sprache ist für Lacan nichts; die Realität – zu unterscheiden vom Realen – ist aus Sprache gebaut, das menschliche Wesen nennt er »parlêtre«.
Bei aller Wertschätzung der Sprache macht Lacan aus ihr keinen Fetisch. Die symbolische Ordnung fasst er als mit dem Imaginären und dem Realen gleichrangig auf. Von letzteren beiden lässt sich aber nur im Medium der Sprache sprechen, was dem Irrtum Vorschub leistet, es gäbe bei Lacan nichts als Sprache. Er versuchte immer wieder, diese beiden Register – das, was nicht symbolisch ist – erfahrbar zu machen. Dies konnte er aber nicht außerhalb der Sprache tun, die, befindet man sich einmal in ihr drin, wie ein Gehäuse noch die scheinbar unsprachlichste Wahrnehmung strukturiert. Deshalb war er immer wieder bestrebt – mittels Formeln oder geometrischen Zeichnungen –, zum Nicht-Sinn vorzustoßen, die Grenzen des Sinns spürbar werden zu lassen, die uns immer wieder einhüllen.

DIE GRUNDLAGEN DES DENKENS VON LACAN: DAS IMAGINÄRE, DAS SYMBOLISCHE, DAS REALE

Am Beginn seiner Lehrtätigkeit stand für Lacan das *Imaginäre* im Zentrum. Schon damals zeigte sich, dass, wer nur im Imaginären wäre, nichts darüber sagen könnte, und wer etwas darüber sagen kann, nicht mehr nur im Imaginären ist. Der Mythos vom Narziss handelt von dieser Grenzerfahrung, die Stimme der Nymphe Echo verdoppelt die visuelle Beziehung zwischen Narziss und seinem Bild. Lacan hat diesen Mythos, der auch in der Arbeit von Freud über den Narzissmus verarbeitet ist, aufgenommen und daraus ein erstes Element zu seiner später weiter anwachsenden Theorie des Spiegelstadiums geformt. In ihm erfährt das menschliche Begehren von Anfang an – durch das trennende Symbolische strukturiert – eine erste Antwort.
Lacan konnte damit zeigen, dass das Ich keineswegs die autonome Instanz ist, als die es in der amerikanischen Version der Psychoanalyse, deren Hauptvertreter er im »New Yorker Triumvirat« (Hartmann, Kris, Löwenstein) sah, erscheint. Für Lacan ist das Ich der Sitz der Täuschungen; er unterscheidet zwischen dieser imaginären Instanz des Ichs (le moi) und dem Subjekt des Symbolischen (le je). Seiner Ansicht nach haben die Ich-Psycho-

logen die Psychoanalyse dem »american way of life« angepasst, sie in den Dienst von »happiness« und Anpassung gestellt. Mit Freud sieht Lacan auch die tragische Dimension der Psychoanalyse und das Widerständige an ihr gegen gesellschaftlichen Konformitätsdruck, der, gäbe man ihm nach, die Besonderheiten der Subjekte einebnete. Für Lacan geht es darum, in Theorie und Praxis der Psychoanalyse Partei für das Begehren zu ergreifen.
In der mittleren Phase seiner Lehrtätigkeit beschäftigte sich Lacan vor allem mit dem *Symbolischen,* das er schon im Spiegelstadium als strukturierende Instanz erkannt hatte. Lacan betonte nun ihre vermittelnde Wirkung, ohne welche die spiegelbildliche Beziehung mit dem andern tödlich würde. Er sah, dass das jeder individuellen Existenz vorausliegende Register des Symbolischen, mit dem sich jedes menschliche Subjekt identifiziert, Bedingung dafür ist, dass es überhaupt Wahrheit, und damit auch Lüge, gibt. Lacan arbeitete die Theorie vom *Andern aus,* den er dem imaginär *andern* gegenüberstellte. In seiner »Algebra« heißen sie kurz *A* und *a.* Der (großgeschriebene) Andere bildet den Ort der Signifikanten, des Glaubens und der Wahrheit. Er wird zum Ort der Darstellung des Unbewussten und des Begehrens. In diesem Anderen wirkt der phallische Signifikant, Signifikant der Signifikanten, der sich über den Weg der Imagination mit Sinn »auflädt«. Das Imaginäre, in seinem Rohzustand an das Visuelle gebunden, erfährt durch die Berührung mit der Potenz des Signifikanten eine Sublimierung: Aus visuellen Bildern entstehen Vorstellungen, Phantasien, »innere« Bilder, Träume oder gar Halluzinationen.
Als Ort des Nicht-Sinns konstituiert der/das Andere[8] »das Subjekt als Frage«, das, wie angedeutet, in seinem spiegelbildlichen Gegenüber eine vorzeitige Antwort findet; sie besteht auch nach der Entdeckung des Illusionären wie eine Folie von Identität, von Sich-selber-gefunden-Haben, fort. Immer wieder wird das Subjekt neue Antworten auf die Frage nach seinem Sein suchen, und immer wieder – der Bezug zum Wiederholungszwang ist damit angedeutet – wird es auf die Unzulänglichkeit jeder Antwort verwiesen. Dieses Spiel – ein Spiel des Auf-Anderes-verwiesen-Werden und des Festhaltens bei einem Bild seiner selbst – hat Freud als Verschiebung und Verdichtung beschrieben. Lacan spricht, um den Anschein von Psychologismus zu vermeiden und um den Bezug zum Andern herzustellen, von *Metonymie* (von Wort zu Wort) und von *Metapher* (ein Wort für ein anderes).

Die beiden sieht er als Stilfiguren des Unbewussten, das mit dem Subjekt sein Spiel treibt.

Das auf der Ebene des Symbolischen situierte *Subjekt* – Lacan schreibt es als $, um darauf hinzuweisen, dass das Subjekt von der Sprache durchquert, in gewissem Sinn sogar durchgestrichen wird – sucht seit dem Spiegelstadium seine Verankerung im *Objekt, a,* das wiederum auf die imaginäre Dimension verweist. Das Subjekt bemerkt seinen Mangel im Angewiesensein auf die andern, in seinen Ansprüchen an sie, in der Liebe und vor allem in der Unmöglichkeit, restlos befriedigt zu sein. Im andern begegnet es aber erneut dem Mangel, dem des Andern. Damit ist das Drama jeder menschlichen Beziehung strukturell vorgezeichnet. Da Sprache differenziert und vereinzelt, verhindert sie die volle Befriedigung, deren Mangel sie erfahrbar macht; anderseits ermöglicht sie den symbolischen Pakt, das Gestalten einer Beziehung, die sich nicht von selbst versteht. Das Begehren zeigt dabei seine beiden Gesichter: Es intendiert einerseits das gute Ganze, anderseits das Andere; es verdichtet sich einerseits zur Metapher, zum Bild des Ichs, und verschiebt sich anderseits in der Metonymie (als sprachliches Subjekt).

In den letzten Jahren seiner Lehrtätigkeit hat sich Lacan vor allem mit dem *Realen* und der *Topologie des Borromäischen Knotens* beschäftigt. Das Reale lässt sich zuerst negativ bestimmen: Es ist das, was weder imaginär noch symbolisch ist. Hier wird die Schwierigkeit spürbar, das Reale überhaupt zu thematisieren, da es, im Gegensatz zum Imaginären, das sich dem Symbolischen fügt, außerhalb von diesem steht. Lacan hat versucht, es nicht nur als Ausgegrenztes aufzufassen, sondern ihm Merkmale zuzuordnen. Es sei das, was immer am selben Platze sei; eine andere Bestimmung lautet, es sei das Unmögliche.

Für die Auffassung der analytischen Kur ist dies von größter Bedeutung. Der späte Lacan sah den Analytiker am Ort des Unmöglichen, des Realen. Auch hier rückte Lacan keineswegs von Freud ab, hatte doch dieser von drei unmöglichen Tätigkeiten gesprochen: Regieren, Erziehen und Analysieren. Für Lacan folgte daraus nicht das Ende der Psychoanalyse, wie sein eigenes Beispiel zeigt: Er analysierte bis kurz vor seinem Tode. Mit dem Hinweis auf die Unmöglichkeit wollte er jeder Illusion zuvorkommen, eine perfekte Analyse sei möglich, der Analytiker könne sich fundamentalen Widersprüchen, wie etwa dem zwischen seinem Anspruch, den Nicht-Sinn erfahrbar zu machen und doch immer im Bereich des Sinns zu bleiben, entziehen.

Lacan hat versucht, das Ineinander-Verwobensein der drei Register im Borromäischen Knoten, den er in der christlichen Theologie vorfand, darzustellen. Für Lacan stellt dieser die dem menschlichen Subjekt adäquate Topologie dar. Der Borromäische Knoten hat die Eigenheit, dass seine Kreise – für Lacan Darstellungen der drei Register – so miteinander verknüpft sind, dass jeder einzelne freigesetzt wird, wenn einer herausgenommen wird.
Mit der Topologie des Borromäischen Knotens ist die Lacansche Lehre keineswegs zu einem Abschluss gekommen. So ist es z.B. umstritten, ob die Psychose sich durch den aufgelösten Borromäischen Knoten darstellen lässt, oder ob die Verknüpfung für jedes Subjekt, ob psychotisch oder nicht, unauflöslich ist. Viele Fragen sind durch diese Topologie erst eröffnet; Lacan hat damit auch Verwirrung gestiftet. Das war wohl von jeher ein ihn kennzeichnender Zug: Alle vermeintlichen Sicherheiten auszutreiben, der Ungewissheit nicht auszuweichen und doch dem Obskurantismus, der Leidenschaft der Ignoranz nicht zu verfallen.

ANMERKUNGEN*

1 De la psychose paranoiaque dans ses rapports avec la personnalité.
2 Ecrits; deutsch: Schriften I, II, III.
3 s. vor allem: Le Séminaire XX (Encore); deutsch: Das Seminar XX (Encore).
4 Fonction et champ de la parole et du langage dans la psychanalyse, in: Ecrits, op. cit. p. 237 ff., deutsch: Funktion und Feld des Sprechens und der Sprache in der Psychoanalyse, in: Schriften I, S. 71 ff.
5 Le séminaire sur »la lettre volée«, in: Ecrits, p. 11 f., deutsch: Der entwendete Brief, in: Schriften I, S. 9 f.
6 L'instance de la lettre dans l'inconscient ou la raison depuis Freud, in: Ecrits, p. 493 ff., deutsch: Das Drängen des Buchstabens im Unbewussten oder die Vernunft seit Freud, in: Schriften II, S. 15 ff.
7 Heidegger M.: Logos; in: Vorträge und Aufsätze, Pfullingen, 1967 (3. Aufl.); übersetzt von J. Lacan, in: La psychanalyse I, p. 59 ff.
8 Lacan spricht vom »Le grand Autre«, was sich mit »der« oder »das« Andere übersetzen lässt.

* Die genauen bibliographischen Angaben sind am Ende des Buches zu finden.

2. DIE ENTDECKUNG DES BEGEHRENS: DAS SPIEGELSTADIUM

Nicht nur in Märchen, auch im Alltag kommt Spiegeln eine große Bedeutung zu; daran hat sich seit Jahrhunderten oder gar Jahrtausenden nichts geändert. Woher kommt diese Faszination?

Befragen wir das Märchen von Schneewittchen, erhalten wir eine Antwort: Der Spiegel erscheint als Ort der Wahrheit. Er gibt Auskunft darüber, wer die Schönste im Lande sei. Ein eigenartiges Paradox zeigt sich: Der Spiegel verrät die Wahrheit nicht durch das Bild, sondern er verkündet sie durch die Stimme. Märchenspiegel sind deshalb Zauberspiegel, denn gewöhnliche Spiegel scheinen nicht zu sprechen.

Betrachten wir den gewöhnlichen Spiegel; auch er zeigt Merkwürdigkeiten. Da ist die Vertauschung von links und rechts. Das weckt immer wieder Zweifel daran, ob das Spiegelbild die Gestalt des Betrachters wirklich so zeigt, wie er ist – ein Zweifel, der dazu führen kann, das Spiegelbild nochmals zu spiegeln und damit die Vertauschung aufzuheben. Gewöhnlich sagt man, man sehe sich im Spiegel. Sieht man sich wirklich? Oder nur die Vorderseite der eigenen Gestalt? Hinzu kommen weitere Ursachen der Verwirrung: Nicht jeder Spiegel ist gleich wie der andere. Die eigene Gestalt erscheint auf Wasseroberflächen, in ebenen und gekrümmten Spiegeln oder im Auge des Gegenüber in unterschiedlicher Form, so dass der Zusammenhang von Spiegelbild und Objektivität nicht ohne weiteres evident ist. Schließlich erstaunt der Reiz von Idealität, Makellosigkeit, der vom Spiegelbild ausstrahlt; er kann bis zur Verklärung gehen. Es ist nicht zufällig, dass Spiegel oft von Lampen umgeben sind, deren *Schein* das Bild im Spiegel zusätzlich erglänzen lassen.

Es wäre erstaunlich, wenn in der Psychoanalyse, deren Aufmerksamkeit dem gilt, was man Seelisches nennt, diese Erfahrungen nicht aufgenommen worden wären. Schon das Wort »Seele« weckt Assoziationen zu See, damit auch zu Spiegel, Oberfläche und Tiefe. Der Begründer der Psychoanalyse, Sig-

mund Freud, hat einen Namen eingeführt, der diese Erfahrungen mit einem vom Dichter Ovid überlieferten Mythos verknüpft, in dem sich der Held in sein Spiegelbild im Wasser verliebt: Narzissmus.[1]
Liest man Freuds Werke, stößt man nicht nur in der Arbeit, die er mit »Zur Einführung des Narzissmus«[2] betitelt hat, sondern auch in Fallgeschichten (Rattenmann[3]) auf Spiegelmetaphern. Dennoch hat Freud nicht von einem Spiegelstadium gesprochen und seine Beobachtungen und Gedanken dazu nicht systematisiert. Anders verhält es sich bei Lacan, der in bezug auf diese Thematik Freuds Werk in direkter Linie fortgesetzt hat.
Das Konzept des Spiegelstadiums beansprucht in der Lehre Lacans einen privilegierten Platz. Dies aus zwei Gründen: Es wurde zuerst ausgearbeitet, vor den Konzepten des Symbolischen und des Realen. Lacan führte es 1936 am Internationalen Kongress für Psychoanalyse ein. 13 Jahre später verfasste er für einen Kongress, der in Zürich stattfand, einen Bericht darüber.[4]
In inhaltlicher Hinsicht ist das Spiegelstadium geeignet, Vorgänge in der psychoanalytischen Kur zu erhellen, aber auch Einsichten über Liebe und Sexualität zu vermitteln.[5]

WAS HEISST »SPIEGELSTADIUM«?

Zunächst sei ein einfacher Sachverhalt angeführt, der weder von Lacan noch von einem andern Psychoanalytiker, sondern von einem Psychologen namens J. Baldwin[6] entdeckt wurde: 6–18 Monate alte Kinder zeigen angesichts ihres Spiegelbildes, das sie wahrnehmen, eine *jubilatorische Reaktion.* Dies geschieht im Unterschied zu andern Säugetieren, die motorisch weiter vorangeschritten sind, wie etwa Schimpansen, die sich achtlos von ihrem Spiegelbild abwenden.
Die jubilatorische Reaktion drückt aus, dass das Kind sich selber im Medium des andern, des Spiegels erfährt. Sein Ich ist außen lokalisiert; diese Aussage gilt aber nur für den Betrachter, der zwischen dem wahrnehmenden Subjekt und seinem Bild unterscheidet. Das Kind weiß anfänglich nichts von diesem Unterschied; es ist fasziniert von der Gestalt, die es im Spiegel sieht. Es begrüßt sie in einer Art Selbstvergessenheit. Erst allmählich kristallisiert sich das Bild als Abbild des Betrachters heraus. Dann erfährt das Subjekt, dass es auch dann einen Körper hat, wenn er nicht gespiegelt wird, und es weiß, wie er aussieht, denn

es kann sich seine Gestalt vorstellen. Um die Identität von Abbild und sich selbst zu prüfen, macht es Bewegungen und Grimassen und stellt dabei fest, dass das Spiegelbild alles nachahmt.

Dieses duale Spiel bedarf einer Vergewisserung: Das Kind wendet sich an einen Dritten, dessen *Bestätigung* es durch seinen fragenden Blick zu erreichen sucht. In dieser Triade zwischen Kind, Spiegelbild und dem Dritten entwirft es sich also gleichsam auf diesen hin. Es ist, als ob es fragte: Bin ich das? Und dessen bestätigende Geste, z.B. diejenige der Mutter, gibt ihm das Gefühl von Sicherheit.

In der jubilatorischen Reaktion zeigt sich das Begehren, das mit dem ersten Schrei hörbar wird, in strukturierter Form. Es weist auf zwei weitere Momente hin: die der *Antizipation* und der *Idealisierung*. Das Kind erblickt zwischen dem 6. und dem 18. Lebensmonat nicht nur das Bild seiner selbst, sondern sieht in diesem etwas Vollkommenes, das keinen Mangel aufweist. Es lässt die motorische Hilflosigkeit nicht hervortreten, aber nur, weil das Kind diesen Eindruck durch den anerkennenden Blick des Dritten erlangen kann. Das Spiegelstadium enthält deshalb etwas Illusionäres, von dem das kleine Kind noch nichts weiß. Erst später wird das Spiegelbild seine Großartigkeit verlieren, ein nüchterneres Bild zeigen.

Wie kommt es dazu, dass das Baby eine verzerrte, idealisierte Wahrnehmung von sich selber hat? Diese Frage führt uns zu den Voraussetzungen des Spiegelstadiums:

Nennen wir zuerst die biologischen Faktoren, ohne die eine Einführung in die Kultur unmöglich wäre. Die normale körperliche Ausstattung mitsamt den angeborenen Funktionen könnte den Eintritt ins Spiegelstadium nicht bewirken. Sie allein reichen dazu nicht aus. Biologen haben festgestellt, und Lacan schließt sich ihrer Auffassung an, dass beim Menschen eine vollständige Ausstattung, wie sie bei Säugetieren angenommen wird, fehlt. Es wird von einem Mangel an Instinkten gesprochen, und davon, dass etwas beim Menschen von Anfang an in Unordnung sei. Die motorische Unruhe, unkoordinierte Bewegungen, Schreien weisen auf einen Riss in bezug auf ein vorstellbares Eingebettetsein in der Natur hin, wie man das bei Tieren beobachten kann. In der Instinktarmut sehen Biologen andererseits den Grund für die Weltoffenheit des Menschen. Sie manifestiert sich anfänglich durch ein Chaos der Empfindungen. Für Lacan erweist sich bereits an dieser Stelle die Bedeutsamkeit der Sprache. Noch vor dem Auftauchen der semantischen Dimensionen ermögliche sie dem Kind Unterscheidungen von Innen und Außen, Dunkel und Hell und anderes; später diene sie zur Unterscheidung von Personen. Auch das Gesichtsfeld strukturiere sich durch das Sprechen. Erste mentale Spuren bildeten sich aufgrund dieser elementaren Sinneseindrücke.

Das Erkennen des eigenen Körperbildes im Spiegel markiert einen Fortschritt in der kindlichen Wahrnehmung. Das ursprüngliche Chaos, wo Arme und Beine, Augen und Nase das darstellen, was später als Bilder des *zerstückelten Körpers* die Ganzheit der Gestalt bedrohen, ist zugunsten dieser Vereinheitlichung verschwunden. Lacan weist darauf hin, dass diese Fragmente des Körpers in Analysen, bei starker Regression und aggressiver Desintegration als Bilder wieder auftauchen, z. B. als geflügelte Körperteile. Er erkennt sie in Visionen wieder, wie sie ein Hieronymus Bosch gemalt hat.[7]

Mit der Perzeption des Körperbildes gewinnt das Kind einen Halt, der es vor drohendem Auseinanderbrechen schützt. Dieses imaginäre Ich (moi) stellt sich z.B. in Analysen als befestigtes Lager dar, als Stadion, das womöglich noch in Hälften unterteilt ist (im Französischen heißt »stade« sowohl »Stadium« wie auch »Stadion«).

Es lässt sich einwenden, die Wahrnehmung des Spiegelbildes beruhe auf Reifungsfaktoren, sie löse ein angeborenes Verhaltensmuster, ein »pattern« aus, vergleichbar dem instinktgeleiteten Verhalten bei Tieren. Lacan bestreitet dies. Beim Menschen fehlten zweckgerichtete Instinktmuster, der Bezug zwischen Organismus und Umwelt sei fundamental gestört, die Anpassung nicht vorprogrammiert. Wegen dieses Aufklaffens kommt Lacan zufolge der Wahrnehmung des Spiegelbildes so große Bedeutung zu. Der Anblick dieses ganzheitlichen Bildes lasse die Unstimmigkeit mit der Natur, das Nicht-eingebettet-Sein in ihr zurücktreten. Das Gefühl des Nicht-Eins-Seins, des tiefen Unbehagens trete angesichts des wahrgenommenen Spiegelbildes in den Hintergrund, und in diesem Sinne erfülle es eine *orthopädische Funktion*. Sie zeige sich auch in der Starrheit, Statuenhaftigkeit der Konturen, an die sich die Wahrnehmung klammert. In diesem Sinne lässt sich mit Lacan sagen, dass das Spiegelstadium eine Seite des Begehrens verkörpert, diejenige der Erfüllung, die durch die andere Dimension, die Dimension des Andern, immer wieder in Frage gestellt werden wird. Kaum hat sich das Subjekt als tiefe Ungewissheit über sich selbst manifestiert, gibt das Bild im Spiegel eine vorzeitige Antwort auf diese verwirrende Entdeckung.

DER BLICK DES DRITTEN

Das Nicht-Eingebettet-Sein in der Natur, in angeborenen Strukturen, das fundamentale Angewiesensein auf Sprache weist darauf hin, dass der Beziehung des Kindes zum Dritten, wie sie sich zuerst in der Mutter-Kind-Beziehung zeigt, eine erstrangige Bedeutung zukommt. Erst die konkreten Interaktionen organisieren das hilflose Sein des kleinen Kindes, verleihen ihm im besten Fall eine Sicherheit, die nie vollständig sein kann. Es ist nicht bloß die verbale Sprache, die die kindliche Wahrnehmung strukturiert, hinzu kommen Gesten, die Stimme der Mutter und der andern Personen, die das Kind mehr oder weniger freundlich empfangen und die ihr Begehren ausdrücken, das sie im Kind inkarnieren. Allein ihre Anwesenheit zeugt davon. Sie sind da, sprechen, spielen mit dem Baby – aber es kommt unvermeidlicherweise zu Momenten der Abwesenheit, in der sein Gefühl von Geborgenheit zutiefst bedroht wird. Erst die sich bildende Gewissheit – virtuell immer erschütterbar – dass die Abwesenheit eine vorübergehende sein wird, wird ihm helfen, sie zu ertragen. Dabei hinterlassen die Anwesenheiten und Interaktionen Erinnerungsspuren, die als innere Stimmen, Empfindungen und Bilder die äußere Leere überbrücken helfen.

Ursprünglich wird die Gewissheit, dass das Kind selber ist, existiert, dass es sich selber spürt, über die es pflegende Person, sagen wir der Einfachheit halber, über die Mutter vermittelt. Ihr Gesicht, ihre Stimme, ihre Haut, ihre Brust, ihr Blick, ihre Wärme sind lange Zeit notwendig für das Gedeihen des Kindes. Dass es einen Körper, Glieder hat, erfährt es erst durch die Mutter. Fingerverse (»Das ist der Daumen, der schüttelt Pflaumen ... «) stehen als Beispiel dafür, dass Benennungen und Interaktionen das Körperempfinden wecken und strukturieren.

Die Mutter stellt anfänglich für das Kind nicht etwas dar, was es als abgetrennt von sich wahrnehmen könnte, da es sich noch nicht als Einheit mit sich selber spürt. Die sich wiederholenden Interaktionen führen erst allmählich dazu – wenn sich mentale Strukturen gebildet haben –, dass es die Mutter von sich unterscheiden kann, dass es sie als andere erfährt, als Nicht-Ich. Das Spiegelstadium weist auf diesen entscheidenden Moment hin:

Das Kind sieht sich außen; es nimmt nicht nur seine eigene Gestalt wahr, sondern es erfährt seine Objektivation, d.h. es merkt, dass auch andere seine Gestalt sehen können – so wie es andere sehen kann.
Der *Blick der Mutter,* allgemein gesagt des Dritten, wird demzufolge wichtig. Wenn das Kind merkt, dass es sich sehen kann, dass aber auch andere es sehen können, wird früher oder später von selbst die Frage auftreten: Wie sehen sie mich? Wie bin ich für die andern? Es möchte sich dann am liebsten mit den Augen der Mutter sehen, zumindest ihren Blick beeinflussen können. Es begehrt ihren Blick, was ihm durch das Gefallen-Wollen wahrscheinlich am besten gelingt.
Die Augen der Mutter, ihr Blick – sie sind schon vor dem Auftauchen der kindlichen Frage, wie die Mutter es sieht, wichtig. Aber es merkt es nicht, da es gleichsam in das *mütterliche Begehren* eingewoben ist, von ihm umhüllt wird. Dass sich das Kind im Spiegel sehen kann, ist bereits Ausdruck ihres Begehrens; sie hätte die Macht, den Eintritt ins Spiegelstadium zu verhindern, schlimmstenfalls ihr Kind umzubringen, weil es sie immer wieder an ihr Alter und ihren Zerfall erinnern wird, allein dadurch, dass es lebt. Sprechen wir von den Müttern, die es ertragen, sogar begehren, dass ein Kind aus ihrem Schoß entspringt, die seine Selbständigkeit sogar antizipieren, ihm soviel Liebe zuteil werden lassen, wie es braucht, um sich dereinst von ihnen zu lösen. Lacan spricht in diesem Zusammenhang vom *Vater,* in dessen *Namen* eine Mutter ein Kind selbständig werden lässt.
Selbst wenn diese Trennung antizipiert wird, welche Mutter möchte nicht ein ganz besonderes Kind haben und es auch zeigen? Für welche Mutter sind ihre Kinder nicht die schönsten? In diesem Begehren erkennt Lacan den Grund dafür, dass das Kind, wenn es sich im Spiegel erblickt, nicht seine Hilflosigkeit sieht, sondern seine Idealität, Vollkommenheit. Es ist nicht einfach die Identifizierung mit der Mutter, welche die Wahrnehmung des Kindes glorifiziert, sondern die Identifizierung mit ihrem Wunsch, ein schönes und intelligentes Baby zu haben. Freud hat das bemerkt und deshalb von »*his majesty the baby*«[8] gesprochen. Ein narzisstisches Band webt sich zwischen Mutter und Kind, auch eine Wechselseitigkeit, in der die gegenseitige Idealisierung das Abgründige des Alleinseins, das sich schon mit dem ersten Schrei manifestiert hat, vergessen lässt.

DAS BEGEHREN NACH EINSSEIN UND SEIN SCHEITERN

Das Spiegelstadium lässt sich zwar einem bestimmten Lebensabschnitt zuordnen, aber es verliert nach dem 18. Lebensmonat seine Bedeutung nicht. Mit dem Eintritt ins Spiegelstadium ist eine psychische Struktur erreicht, die trotz weiterer Differenzierung andauern wird. Nichts zeigt dies besser als die Liebe. Die gegenseitige Idealisierung und die unablässige Suche nach Gemeinsamkeit weisen darauf hin, dass sich eines im andern wie in einem Spiegel sehen möchte. Dabei gibt es keine festen Abgrenzungen des einen vom andern. Es gibt ein Hin- und Herschaukeln des Ichs und seiner Wahrnehmung. In Momenten, in denen sich das eine nicht selber seines eigenen Existierens vergegenwärtigt, gleichsam das eigene Sein vergisst und nur das andere sieht, tritt es an die Stelle des andern. Es bemerkt dies in dem Augenblick, in dem es wieder »bei sich« ist, sich von der Hingabe an das andere gelöst hat.

Dieses Vergessen, das sich im Zustand der Verliebtheit deutlich zeigt, geschieht deshalb, weil jedes Subjekt seinen eigenen Körper gewöhnlich nicht sieht, es ist andern zugewendet. Es bewohnt seinen Körper, und darum ist er ihm fremd, fremder als die Gestalt des Gegenübers. Wird die eigene Selbstvergessenheit bemerkt, kann ein Gefühl entstehen, das bis zum Entsetzen reicht. Die Andersheit von andern, ihre Fremdheit, die das eigene Subjektsein ausgrenzt, wird in voller Angst verspürt.

Nicht nur die Gestalt des Körpers ist diesen Schaukelbewegungen unterworfen, auch eigene Gedanken und Empfindungen werden zuerst außen, bei andern lokalisiert. Wie oft passiert es, dass ein Gedanke, eine Idee andern unterstellt, dort anfänglich vielleicht sogar bekämpft wird, bis sich herausstellt, dass der Ort des andern ein Hort eigener Vorstellungen war. Kann man dabei von Projektionen sprechen? Lacan vermeidet diesen Terminus, weil dabei unterstellt wird, dass sich zuerst innerlich etwas geformt hat, bevor es äußerlich wird. Er betont, dass es gesetzmäßig so geschieht, dass das Gewahrwerden dessen, was einem selber zugehört, den Weg über den andern nimmt. Überspitzt gesagt: Der Ort des andern ist gegenüber der eigenen Psyche keineswegs sekundär, sondern primär. Der eigene Vorrat an Gedanken, Ideen, Vorstellungen muss andern entrissen werden. Von daher die clinch-Situationen in Beziehungen. Ein *aggressives*

Moment stellt sich ein, in welchem das eine immer wieder zum Objekt des andern degradiert zu werden droht.

Das Ideal der Liebe gerät auch ohne diese Erniedrigung in Konflikt mit sich selbst. Wenn für eine begrenzte Zeit das Gefühl der Einheit mit dem andern Befriedigung verschafft, so verschwindet zugleich das Gefühl der Andersheit beim andern. Auf die Frage des Einen kann es keine Antwort mehr des andern geben, da dieser als Verdoppelung wahrgenommen wird. Die Liebenden erfahren, dass die Andersheit des andern, die zuvor die fehlende Harmonie verursachte, doch notwendig ist. Denn die Bestätigung kann nur von jemandem kommen, der nicht gleich ist. Die Liebe kann, zumindest in dieser Form, nicht vollkommen sein. Die daraus resultierende Spannung zwischen Begehren nach Einssein und dem nach Differenz verführt leicht zu einem Teufelskreis, zu einer endlosen Bewegung des Verschmelzen-Wollens und des Wegstoßens des andern. Das Ideal der Liebe verwandelt sich in Hassliebe, für die Lacan einen Term »erfunden« hat, in dem er »haine« (Hass) und »amor« (Liebe) zu »*hainamoration*« verdichtet hat – ein Term, in dem auch »enamoration« (Verliebtheit) anklingt. Gewalt, Sadismus und Masochismus haben hier ihre Wurzeln. Das Ideal der Vollkommenheit hat eine Kehrseite, die im Extremfall tödliche Formen annehmen kann. Gibt es einen Ausweg aus dieser Hölle des andern? Streit, heftige Auseinandersetzungen, Gedanken an Resignation oder gar Abbruch der Beziehung sind oft die Folgen. Aber was nahe am Scheitern ist, entpuppt sich manchmal als ein Aufsprengen der »Beziehungskiste«, wie diese Situation in der Alltagssprache treffend bezeichnet wird. Gegenseitige Unterschiede und die Andersheit des andern werden allmählich akzeptiert. Dieser Vorgang kommt einer Trauerarbeit um das verlorene Ideal der vollkommenen Liebe, des ungetrübten Einsseins gleich – eine Trauerarbeit, die eine Beziehung erst leben lässt.

Erleidet die Liebe in dieser schwierigen Passage keinen Schiffbruch, so geht einiges verloren, anderes wird gewonnen. Das gegenseitige Annehmen der Andersheit des andern weist darauf hin, dass der sprachlichen Beziehung eine neue Bedeutung zukommt. Die Sprache muss sich gleichsam in eruptiver Form aus der spiegelbildlichen Verstrickung der Liebenden befreien, Differenzen errichten, ein Subjekt (»ich«) von einem andern (»du«) unterscheiden. Als trennende Instanz wirkt sie dem einenden Prinzip des Spiegelstadiums, dem Imaginären entgegen.

War das Imaginäre anfänglich an das Visuelle und die reale Anwesenheit dessen, was wahrgenommen wurde, gebunden, so heftet es sich im Vorgang der Versprachlichung des Kindes in zunehmenden Maße an das, was dieses an Schätzen der Erinnerung aufbewahrt hat. Wörter rufen Vorstellungen, Phantasien, *innere Bilder* hervor – Freud spricht in diesem Zusammenhang sogar von Halluzinationen – deren Inhalt sich vom Hier und Jetzt löst. Das Subjekt entwickelt Vorstellungen über sich, versucht sich ein Bild von sich selbst zu machen, das nicht mehr an das visuell Wahrnehmbare gebunden ist.

Erst jetzt, im Rückblick auf das Spiegelstadium, lässt sich begreifen, was dieses bedeutet: Es gibt eine erste, wenn auch unzulängliche Antwort auf die grundlegende Frage: Wer bin ich? Die Frage ist aus *Sprache* gebaut, die Antwort zeigt sich zuerst als *Bild.* Eine Differenz entsteht, die in der jubilatorischen Geste des Kindes vor dem Spiegel noch zugedeckt bleibt, virtuell aber in der Suche nach dem bestätigenden Blick der Mutter, des Dritten da ist. In diesem Blick, den das kindliche Subjekt begehrt, sucht es Antwort auf diese Frage. Es spürt in diesem Blick Macht und Wissen, die dem Bild von sich aus nie zukommen. Der Blick spricht, auch wenn er nicht zu hören ist. Der Zauberspiegel im Märchen stellt beides dar: die Stimme und das Bild, das sie zu verklären vermag.

Der Frage des Kindes, die sich so früh meldet, wenn auch nicht in verbalisierter Form, stehen die Antwort der Mutter und das Spiegelbild, das sie mit ihrer bestätigenden Geste glorifiziert, gegenüber; eine hilflose Sprache, ein hungriges Aufklaffen, das auch von den »Brüsten der Weisheit« nie gestillt werden wird, trifft auf eine machtvolle Antwort. Diese in der Mutter inkarniert gesehene Macht und Idealität werden zu Fall kommen. Von einem gewissen Zeitpunkt an wird das Kind spüren, dass die Mutter, ja jeder Mensch, »Löcher« hat, dass es Fragen ohne Antworten gibt. Später wird es sogar enttäuscht sein, wenn ihm vorgegaukelt wird, es gäbe auf alles eine Antwort. Das *Ideal der Allwissenheit* wird nicht ganz verschwinden, sondern als Phantasie weiterbestehen, zuerst als Vorstellung eines allwissenden Gottes, dann als Konstruktion der Einbildung. Denkt sie ihre Grenzen, hat sie diese auch schon überschritten, wohl wissend, dass nicht alles existiert, was sich der Mensch erdichtet.

Mit der Versprachlichung, die das Visuelle in innere Bilder, Phantasien, Träume verwandelt, stellt sich dem Kind das Rätsel seiner Existenz noch brennender als zuvor. Das eigene Spiegelbild gibt ihm keine Gewissheit mehr über sich selbst, es bleibt ihm nur, im Unsichtbaren Antwort auf seine Frage zu suchen. Seine Stimme und die der andern gehören zu dieser geheimnisvollen Welt, in der es keine räumlichen und zeitlichen Grenzen gibt und in der das Ohr wichtiger wird als das Auge. Die Ganzheit, die es in der spiegelbildlichen Gestalt verkörpert sah und die es in der Sprache wiederfinden möchte – als Urteil von andern –, ist nun neuerdings bedroht. Erneut droht die Vorstellung der Zerstückelung. Hier liegt die Ursache von Ängsten und Regressionen, von einem erneuten Zuflucht-nehmen-Wollen beim unverlierbaren Spiegelbild. Da ist es gut, wenn nicht nur die Mutter, sondern auch der Vater ihm Sicherheit geben. Er wird in dieser Zeit wichtig werden; er dient dem Kind eine Zeitlang als vollkommener Mensch, als Wissender, als Instanz, in der es die Sprache verkörpert sieht. In ihm weiß es seine Ängste aufgehoben, die Ganzheit gewahrt, bis es bereit sein wird, diese Idealisierung abzubauen und den Ort der Sprache in dem zu sehen, den Lacan den nicht-personifizierbaren Andern nennt.
Der Eintritt in die Sprache ist mit Leiden verbunden. Zugleich entsteht das Gefühl, dass sich die eigene Subjektivität nicht reduzieren lässt. Das zeigt sich eindrücklich im *Trotz*. Das Kind wendet sich demonstrativ von den anderen ab und pocht auf Autonomie, anderseits verzweifelt es am Alleinsein, das an den Tod gemahnt. Dadurch, dass es sich als getrennt von den anderen wahrnimmt, erfährt es sich als sterblich für die andern. So wie die andern für es, könnte es selber für die andern nicht mehr da sein.
Freud hat diese frühe Erfahrung mit dem Tod bei seinem Enkel Heinele beobachtet und in eindrücklicher Art in der Arbeit »Jenseits des Lustprinzips«[9] geschildert:
»Als eines Tages die Mutter über viele Stunden abwesend gewesen war, wurde sie beim Wiederkommen mit der Mitteilung begrüßt: Bebi o-o-o-o!, die zunächst unverständlich blieb. Es ergab sich aber bald, dass das Kind während dieses langen Alleinseins ein Mittel gefunden hatte, sich selbst verschwinden zu lassen. Es hatte sein Bild in dem fast bis zum Boden reichenden Standspiegel entdeckt und sich dann niedergekauert, so dass das Spiegelbild ›fort‹ war.«

ANMERKUNGEN

1 Ovid: »Narcissus und Echo«, in: Metamorphosen, München, S. 68–72.
2 Freud, S.: Zur Einführung des Narzissmus, GW X, S. 137–170.
3 Freud, S.: Bemerkungen über einen Fall von Zwangsneurose, GW VII, S. 379–463.
4 Lacan, J.: Le stade du miroir comme formation de la fonction du Je, in: Ecrits, p. 93–100; dt.: Das Spiegelstadium als Bildner der Ich-Funktion, in: Schriften I, S. 61–70.
5 vgl. vor allem: J. Lacan: Le Séminaire I (Les écrits techniques de Freud); dt.: Das Seminar I (Freuds technische Schriften).
6 Lacan, J.: Le stade du miroir ..., op.cit., p. 93; deutsch: S. 63.
7 vgl. dazu z.B. das Bild »Die Hölle«, Teil eines Triptychons.
8 Freud, S.: Zur Einführung des Narzissmus, op. cit., S. 157.
9 Freud S.: Jenseits des Lustprinzips, GW XIII, S. 13, Anm. 1.

WEITERE DEUTSCHSPRACHIGE LITERATUR ZUM »SPIEGELSTADIUM«:

Haas, N.: Fort/da als Modell, in: *ZETA* 02, Berlin
Lang, H.: Die Sprache und das Unbewusste, 1. Auflage 1973, S. 47–56
Schrübbers, C.: Der Spiegel, *in: fragmente* 5, Kassel 1982, S. 114–134
Tholen, C. G.: Wunsch-Denken; Kasseler Philosophische Schriften, 1986, S. 122–145
Weber, S.: Rückkehr zu Freud, 1978, S. 10–20
Widmer, P.: Lacans Lehre vom Spiegelstadium, in: Psychoanalyse, Neuchâtel, 1985

3. DER TRÄGER DES BEGEHRENS: DAS SYMBOLISCHE

Das Spiegelstadium lässt den Eindruck entstehen, als gehörte dem Imaginären der Vorrang, als entstände das Sprachliche aus ihm. Die genetische Perspektive führt leicht in die Irre, insbesondere dann, wenn übersehen wird, dass das werdende Subjekt der Strukturen bedarf, die vorgängig da sein müssen und die das Imaginäre formen. Kein Subjekt hat die Sprache erfunden, sie geht jeder individuellen Existenz voraus. Sie strukturiert bereits früheste Eindrücke und hört bis zum Lebensende nicht auf, dem Psychischen Konsistenz zu verleihen. Selbst das, was allein an das Visuelle gebunden zu sein scheint, ist in Wahrheit Wirkung eines Aufklaffens, das mit dem ersten Schrei beginnt, und das mit der Artikulation der vom Anderen herkommenden Sprache weiterbesteht. Das Imaginäre mit dem Spiegelstadium als seinem Kennzeichen bildet die Gegenbewegung zum Trennenden der Sprache, die das Subjekt dem mütterlichen Körper entfremdet, es auf der Ebene des Andern erscheinen lässt. Sprache ist aber nicht nur trennende Instanz: Im Dienste des Imaginären kann sie auch einigend wirken. Die Muttersprache zeugt von dieser narzissierenden Macht, die versucht, eine Ganzheit, die es als erlebte nie gab, herzustellen.

Wenn Lacan über Sprache spricht, lehnt sich seine Terminologie zunächst an diejenige des Begründers der strukturalen Linguistik und Zeitgenossen Freuds, F. de Saussure, an.[1] *Signifikant, Signifikat, Zeichen, Opposition, Differenz* heißen die Schlüsselbegriffe. Der Genfer Linguist unterscheidet den materiellen Träger, Laut oder Buchstabe, von der Vorstellung der Sache, die mit dem materiellen Träger bezeichnet wird; jenen nennt er »Signifikant«, diese »Signifikat«. Wenn sich Signifikant und Signifikat aufeinander beziehen, bilden sie gebündelt Zeichen, die sich auf Referenten, die jeweils gemeinte Sache, beziehen. Die Ordnung der Zeichen bildet ein System gegenseitiger Oppositionen; jedes Zeichen bedeutet das, was die andern nicht bedeuten. Es ist demzufolge unmöglich, ohne kontextuellen Bezug etwas zu definieren, da sich jedes Zeichen nur in Unterscheidung von den andern bestimmen lässt. Damit wird der Begriff der Differenz wichtig; sowohl die Signifikanten wie die Vorstellungen stehen in einer differentiellen Ordnung zueinander.

Wenn sich Lacan der Terminologie des Genfer Linguisten bedient, scheint es zunächst, als sei sie mit derjenigen Freuds unvergleichbar. Indessen weisen die unterschiedlichen Termini gleichwohl gemeinsame Bedeutungen auf. Es ist erstaunlich, welcher Grad von Verwandtschaft zwischen den Aussagen Freuds, der die Arbeiten seines Zeitgenossen de Saussure nicht gekannt hat, und dessen Konzepten besteht. Freud spricht von Sach- und Wortvorstellungen[2] und selbst der Begriff des Zeichens ist im gleichen Sinne gebraucht wie bei de Saussure. Freud hat sich damit strukturale Gesichtspunkte zu eigen gemacht. Dies hat Lacan ermöglicht, ihn in der Terminologie von de Saussure zu lesen.

Solche Probleme der Benennung sind keineswegs nebensächlich. Es geht um die Erarbeitung des Verständnisses des Psychischen, insbesondere des Unbewussten, das Freud in einigen Passagen mit Sachvorstellungen identifiziert, in der Begrifflichkeit von de Saussure heißt dies: mit dem Signifikat. Bewusstwerdung des Unbewussten heißt dann, die Wortvorstellungen, Signifikanten, mit den dazugehörenden Sachvorstellungen, Signifikaten, zusammenzuführen und so die sprachlichen Zeichen wiederherzustellen. Da Freud den Ort der Wortvorstellungen im bewusstseinsfähigen Vorbewussten sieht, kommt dieser Vorgang der Bewusstmachung einer Wiedergewinnung der Herrschaft des Bewussten mittels Sprache über das Unbewusste gleich.[3]

Freud kennzeichnet die Sachvorstellungen als dem sog. *Primärprozess* unterworfen, der die »Wahrnehmungsidentität« wiederherstellen wolle, jenen Zustand also, der sich unauslöschlich mit der Situation erster Befriedigung im Leben des Menschen verknüpft habe. Den *Sekundärprozess* fasst Freud als Vorgang auf, der die »Denkidentität« anstrebe, und der an Sprache, Bewusstsein und – in der Terminologie des späten Freud – an das Ich gebunden sei, das so zum Sitz des Realitätsprinzips wird. Dieses stehe dabei im Dienste der Wahrnehmungsidentität, des Lustprinzips: Mit rationalen Mitteln, vor allem mit geplanter Aktivität, versuche das Ich, die auf kurzschlüssigen Wegen nicht erreichbaren Ziele des Primärprozesses zu verwirklichen. Dabei müsse es Umwege und Aufschübe in Kauf nehmen.

Gemäß der Begrifflichkeit de Saussures müsste man sagen, dass diese Darstellung Freuds dem Signifikat das Primat zuspricht; die Signifikanten erscheinen als untergeordnet. Demnach wäre das Unbewusste etwas Außersprachliches, jedenfalls etwas, das außerhalb von Wörtern situiert wäre. Diese wiederum wären dem Bewussten zuzuordnen.

Gegen diese Auffassung, die sich die sog. *Ich-Psychologie zu* eigen gemacht hat, wendet sich Lacan.[4] Er radikalisiert sowohl Freuds Theorie wie auch diejenige de Saussures; beide Male kann er sich auf Aussagen von ihnen berufen. Lacan zeigt, dass das oppositionelle Gefüge der Zeichen nicht das Primat des Signifikats, von dem de Saussure nur halbwegs abrückte, sondern das des Signifikanten voraussetzt. Zeichen konstituieren sich Lacan zufolge erst im Gefolge der Artikulation der Signifikanten, der Phoneme oder Buchstaben. Ebenso weist er nach, dass Freuds Darstellung des Vorgangs der Bewusstmachung von Unbewusstem nicht zum Primat der Sachvorstellung, sondern der Wortvorstellung führt, denn wie sollte eine Sachvorstellung auf eine ihr zugehörige Wortvorstellung ansprechen, wenn sie nicht schon zuvor im Sprachlichen situiert gewesen wäre?

Dies zeigt, wie Lacan Freud »freudianisiert«, ihn mit den Konsequenzen seiner eigenen Einsichten konfrontiert. Sie haben ihn vor allem im Falle der »Traumdeutung« oder der beiden Bücher »Psychopathologie des Alltagslebens« und »Der Witz und seine Beziehung zum Unbewussten« zum Ergebnis gebracht, dass Sprache und Unbewusstes keine Gegensätze darstellen. An diesen Stellen beschreibt Freud Vorgänge, die er als sprachliche, als Signifikantenspiele, die rhetorischen Gesetzen gehorchen, dem unbewussten Primärprozess zuordnet. Dessen in theoretischen Aussagen als sprachlos verstandenes Geschehen erweist sich in Wahrheit als sprachlich strukturiert. Das zeigt sich zum Beispiel in den *Fehlleistungen,*[5] die einen Hinweis darauf geben, dass das vermeintlich Rationale, Autonome unterwandert ist von sprachlichen oder zumindest sprachlich vermittelten Vorgängen, von solchen also, die einen versteckten *Sinn* haben, der sich gegenüber der manifesten Rede als Unsinn gebärdet. Wie im Falle der Sachvorstellungen sagt Lacan auch von den Affekten, dass ihre Ansprechbarkeit darauf hinweist, dass sie vorgängig schon sprachlich strukturiert gewesen sind. Andernfalls könnten sich Affekte und Sprache nicht gegenseitig beeinflussen.

In einem ersten Schritt hat Lacan also gezeigt, dass der unbewusste Primärprozess von Sprache geformt ist. In einem zweiten Schritt stellt er dar, dass auch der Sekundärprozess, das rationale, zielgerichtete Denken, seinem Wesen nach unbewusst ist. Vom alltäglichen Verständnis her gedacht, scheint alles gegen diese Auffassung zu sprechen. Ist Sprache nicht vielmehr der Ort des Bewussten und der Bemeisterung von dunklen Trieben und Gefühlen, die man eher dem Unbewussten zuzurechnen geneigt ist? Versetzen wir uns in die Situation eines Gesprächs. Als redende Subjekte haben wir keineswegs die Macht, über Themen zu verfügen, vielmehr tauchen solche auf, verlangen nach Mitteilung. Wir werden vom Gespräch geführt, sogar dann, wenn wir ein Thema unterdrücken. Noch viel deutlicher erfahren Analysanten – Lacan ersetzt damit den Term »Analysand«, um die Affinität zu »Signifikant« zu betonen – die Wirkung der Sprache, wenn sie ihren Einfällen folgen. Die Grundregel der psychoanalytischen Kur verlangt, dass das, was einem gerade einfällt, artikuliert wird. *»Es spricht«*[6] sagt Lacan kurz und bündig dazu. Dabei nimmt er einen Begriff Freuds auf, der sich im folgenden als ein »Unbegriff« erweisen wird: Die Quelle des Sprechens, der Inspiration bleibt verborgen, das Sprechen manifestiert sich als ein geschicktes, dem das redende Subjekt unterworfen ist. Darum spricht Lacan vom Subjekt; »subiectum« heißt »unterworfen sein«. Mit dieser Auffassung gerät Lacan übrigens in die Nähe zu Heidegger, dessen Diktum »die Sprache spricht«[7] von derselben Erfahrung bestimmt ist. Wie der Primärprozess steht somit auch der Sekundärprozess, der Träger des Rationalen, des Realitätsprinzips, nicht länger in einem absoluten Gegensatz zum Unbewussten.

Mit der Zuordnung des Sekundärprozesses zum Unbewussten kommt auch – dritter Schritt Lacans – die vermeintliche Selbstmächtigkeit des Bewusstseins zu Fall. In wie vielen Theorien thront es nicht, zusammen mit dem Logos, über den Niederungen des Animalischen, dem allein in Märchen und Fabeln Sprache zugestanden wird. Wenn Lacan darangeht, die falsche Dignität des Bewusstseins zu entlarven, kann er sich dabei schon auf Freuds frühe Arbeit »Entwurf einer Psychologie«[8] berufen. Dort funktioniert das Psychische grundsätzlich ohne Bewusstsein; dieses entspricht einer besonderen Qualität, die an das System der Wahrnehmung gebunden ist. Das Bewusstsein erlöscht nach dem Akt der Wahrnehmung. Diese Konzeption, der sich Lacan anschließt, illustriert, dass beide, Freud wie Lacan, das Bewusstsein dem Imaginären zuordnen, jener Kategorie also, die sich im Spiegelstadium so eindrucksvoll manifestiert.

Es liegt in der Konsequenz dieser Auffassung, dass das Bewusste nicht nur den Sekundärprozess begleiten kann, sondern ebenso den Primärprozess. Diese Aussage stellt den vierten Schritt Lacans dar. Traumbilder mögen dazu als Beispiel dienen. Man sagt oft vorschnell, der Traum sei unbewusst und vergißt dabei, dass er bewusst im Schlaf erlebt wird und dass sich gerade darin die Wirkung des Unbewussten zeigt; noch deutlicher als in einer Gesprächssituation hat man als Träumer den Eindruck, den Geschehnissen ausgeliefert zu sein. Hier erweist sich, dass das Bewusste zum Imaginären gehört, das von unsichtbaren Mächten – Freud spricht von Gedanken und Wünschen – strukturiert wird. Fassen wir die vier Schritte zusammen: Für Lacan wie für Freud, wenn auch bei diesem nicht durchgängig, ist Sprache grundsätzlich unbewusst. »*Das Unbewusste ist wie eine Sprache strukturiert*«,[9] lautet eine berühmte Aussage Lacans. Sie gilt sowohl für den Primär- wie für den Sekundärprozess, wobei Lacan von ihnen sagt, dass es den einen nicht ohne den andern gibt. Das Bewusstsein erscheint in seiner Darstellung als imaginäre Instanz, die nicht mehr allein zum Sekundärprozess gehört, denn es ist auch möglich, dass Sachvorstellungen, Signifikate des Primärprozesses bewusst werden.

Wie entsteht der Eindruck, dass wir als Sprechende über die Sprache verfügen? Um das zu begreifen, müssen wir noch einmal auf das Konzept des Spiegelstadiums zurückgreifen. Vor dem Spiegelbild glaubt das kindliche Subjekt eine Zeitlang, sich selber zu sehen, bis es merkt, dass eine andere Dimension, die Dimension des Unsichtbaren, des Andern, diesen Eindruck durchkreuzt. Die Erfahrung des Sich-selber-Habens sucht es innerhalb der Sprache, in der Instanz, die Freud das *Ich-ideal*[10] genannt hat, wieder. Der Glaube, dass es in einem Menschen verkörpert ist, führt dazu, dass sich das Subjekt mit dem Ideal identifiziert, um an seiner vermeintlichen Macht teilzuhaben. Im Unterschied zur spiegelbildlichen Identifizierung, die die ganze Gestalt umfasst, hebt das Subjekt einen Zug seines Ideals hervor, der dieses kennzeichnet, und identifiziert sich damit. »Wie er räuspert und wie er spuckt, das habt ihr ihm glücklich abgeguckt«, zitiert Freud Schiller.[11] Solche Idealisierungen geschehen in Analysen. Der Analytiker lässt sie zu, unterstützt sie aber nicht, um den Narzissmus, der dabei im Spiel ist, erfahrbar zu machen. Die vermeintliche Selbstmächtigkeit des Ichs oder des andern kommt zu Fall, Angst tritt auf angesichts des unfassbaren Andern.

Die Kritik an der illusionären Autonomie des Bewusstseins durch Freud und, entschiedener noch, durch Lacan, kann nicht dazu führen, es in der psychoanalytischen Kur wieder in die alte Position einzusetzen. Es gibt Äußerungen Freuds, die in diese Richtung weisen, etwa wenn er vom Bewusstmachen von Unbewusstem spricht. Auch hier befreit Lacan die Psychoanalyse von solchen Relikten, wie sie in philosophischen Theorien lange vorherrschend waren. Mit de Saussure betont er die *Artikulation* als Merkmal des Signifikanten. Damit verbunden ist eine Abkehr vom Substanz-Denken. Das Subjekt wird als ein solches, das stets auf dem Sprung ist zu werden, aufgefasst. Lacan verändert die Freudsche Formel: »Wo *Es war, soll Ich werden*«, die ihm zu substantialistisch, verdinglicht vorkommt, in: » Wo *es war, soll ich ankommen*«.[12] Mit dem »je« (»ich«) meint er das sprachliche Subjekt, das sich vom »Ça« (»es«) etwas sagen lässt. In einer merk-würdigen Zeitform, die einem einholenden Zurücklaufen entspricht, versucht das »ich« »es« zu artikulieren. Für Lacan entspricht deshalb das futurum exactum der Bewegung des Psychischen.

DIE GABE DES SYMBOLISCHEN

Solche Formeln, die gedankliche Arbeit verdichten, wollen entschlüsselt werden. Dazu ist es, in einem zweiten Anlauf, erforderlich, die grundsätzlichen Dimensionen der Sprache vor den Blick zu bekommen. Zuerst stellt sich die elementare Frage: Wozu dient Sprache? Mögliche Antworten lauten: Sie dient der Verständigung, Kommunikation; sie benennt Dinge. Dagegen lässt sich kaum etwas einwenden, und auch Lacan würde dem zustimmen. Aber er hat eine grundsätzlichere Dimension entdeckt.

Mit de Saussure lässt sich die Sprache in Signifikanten und Signifikate aufteilen. Der Vorrang gebührt Lacan zufolge den Signifikanten, also den materiellen Trägern der Sprache. Sie schließen sich gegenseitig aus; jeder ist das, was die andern nicht sind. Was jedes Subjekt zuerst in seinem Leben antrifft, sind Signifikanten. Es hört Stimmen, die es unterscheiden lernt, und die anfänglich ohne jeglichen Sinn sind; diese Stimmen sind verschieden nach Lautstärke, Tonhöhe, Klangfarbe, Rhythmen. Sein Schreien, später sein Lallen stellen ebenfalls Signifikanten dar, die darauf schließen lassen, dass es schon etwas gehört hat und dieses Gehörte in seinem Gedächtnis aufbewahrt hat. Aus diesen Signifikanten werden sich im Zuge dessen, dass sich das Subjekt selber zur Frage wird, dass es seine Offenheit nicht schließen kann, dass es sich im Außen objektiviert, Signifikate herausschälen. Im Begreifen-Wollen der Welt erfährt es von den andern, dass diese oder jene Kombination von Lauten den oder jenen Effekt hervorruft.

Vor jeder Verständigung oder Bezeichnung ruft die Sprache die Anwesenheit anderer Menschen hervor, lebensgeschichtlich gesehen zuerst die Anwesenheit der Mutter. Aufgrund sprachlicher Artikulation des Kindes erscheint sie entweder tatsächlich, mit ihrer leiblichen Präsenz, oder als Vorstellung. Im zweiten Fall spricht Freud von Halluzination, und er kennzeichnet diesen Vorgang als typisch für den Primärprozess. Die Zuwendung der Mutter ist ohne sprachliche Vermittlung kaum vorstellbar. In dieser ersten Artikulation von Sprache, von Signifikanten wird schon deutlich, dass Sprache eine *Gabe* ist. Ihre Bezeichnungsfunktion ist dabei sekundär; primär geht es darum, die Anwesenheit eines andern hervorzurufen. Diese Gabe verbindet den einen Menschen mit dem andern, sie wird zum Zeichen der Liebe, aber auch der Macht. Darin liegt der Grund, dass Lacan von der symbolischen Dimension der Sprache spricht. Der Term »Symbolisches« kommt aus dem Griechischen und heißt übersetzt: »zusammenwerfen«, »zusammenfügen« (z.B. von Scherben eines Tongefäßes).

Im gewöhnlichen Sprachgebrauch fasst man Symbol als besonderes Kennzeichen für etwas auf. So spricht man etwa vom Kreuz als Symbol des Christentums, von einem Widerstandskämpfer als Symbol der Freiheit usf. Dabei erscheint das Symbol als etwas Zusätzliches zur Sprache. Lacan denkt grundsätzlicher, weil er vom Seinsmangel ausgeht, von dem die Symbole zeugen. Vor dem Hintergrund dieser ursprünglichen Not stellen sie Gaben dar, die sich nicht auf Worte beschränken. Das wird in der Redewendung deutlich: Sag's mit Blumen. Wir werden später sehen, dass diese grundsätzliche Sicht dazu führt, Metapher und Metonymie als Merkmale der Sprache, für die wir jetzt den Term »das Symbolische« verwenden, aufzufassen.

Wenn Lacan von der symbolischen Ordnung spricht, meint er damit nicht etwas Gegensätzliches zum Konzept der Signifikanten. Über weite Strecken lassen sich sowohl mit dem einen wie mit dem andern Konzept Sachverhalte darstellen. Ein erster Unterschied besteht darin, dass mit »Signifikant« der konstituierende Aspekt der Sprache gemeint ist; der Term Signifikant lässt sich wörtlich als »Zeichenmacher« übersetzen (wobei nicht vergessen werden darf, dass sich die Zeichen erst über den Umweg auf eine Totalität, als nachträgliche Wirkung des Vorgriffs des Signifikanten konstituieren). Die symbolische Ordnung erweist sich dagegen immer schon als konstituiert, sie liegt jeder Existenz voraus. In diesem Unterschied liegt beschlossen, dass das Symbolische etwas Positives ist, der Signifikant in seiner grundlegendsten Dimension dagegen etwas Negatives, Abwesendes, wie sich noch erweisen wird. Ein zweiter Unterschied, der gewichtiger ist, besteht darin, dass das Symbolische im Sinne Lacans die Idee des *Paktes* enthält. Angesichts der spiegelbildlichen Aggressivität stiftet jedes Symbol einen Pakt. Statt zu handeln, artikulieren die Subjekte ihr Begehren. Damit wird die symbolische Ordnung zu einer Instanz, die menschliches Leben erst ermöglicht. Auf der Grundlage des Verzichts, die ursprüngliche Hassliebe zu realisieren, legen die Symbole den Grund für ein Zusammenleben, das nicht dem Imaginären den Vorrang gibt. In dieser Idee des Paktes zeigt sich noch einmal, dass das Wesentliche der symbolischen Ordnung nicht in ihrer Benennungsfunktion besteht, sondern in ihrer begründenden Funktion jeder zwischenmenschlichen Beziehung. Die Kehrseite dieser befriedenden Funktion der Symbole besteht darin, dass sich der Traum eines vollständigen Einsseins mit dem oder den andern als illusionär erweist, und dass zudem eine Leere durch die menschlichen Beziehungen hindurchscheint.

Bevor ein Subjekt überhaupt geboren wird, wird es mit Phantasien, vor allem der Eltern und Geschwister, besetzt. Es wird zum Träger von Botschaften, die zuerst nur für die andern lesbar sind. Für Lacan ist die Geschichte des griechischen Boten, dem eine Botschaft unter die Stirnlocken geschrieben wurde, Sinnbild der menschlichen Situation überhaupt. Der Träger der Botschaft vermag sie nicht selber zu lesen, er bedarf der andern dazu, die sich seinerseits mit ihrer Frage an ihn wenden. In diesem Beispiel zeigt sich, dass jedes Subjekt zum Symbol wird – zum Symbol, dessen Botschaft es in den andern zu entziffern sucht.

Zwei Konzepte von Andersheit müssen hier unterschieden werden: die andern, von denen das Subjekt auf dem Weg über das

Spiegelstadium erfährt, also die imaginär *andern,* und das *Andere* des Symbolischen, das anfänglich dem Subjekt fremd ist. In Lacans Unterscheidung heißen sie der (kleingeschriebene) andere und der (großgeschriebene) Andere, abgekürzt a und A.[13] Wie im Kapitel über das Spiegelstadium gezeigt, gebührt die Priorität im logischen Sinne dem Andern; in der Erfahrung kommt dem andern der Vorrang zu, weil sich das Subjekt noch am Anfang der Versprachlichung, also der Symbolisierung, befindet.

Wenn eine Mutter ihr Kind in die symbolische Ordnung einführt, trennt sie es vom unmittelbaren Körperlich-Sein. Durch das Sich-Einfügen in die Sprache eröffnet sich dem Kind die Möglichkeit, sich andern Menschen zuzuwenden, was in einer ersten Phase gleichbedeutend ist mit einer Wegwendung von der Mutter. Sie kann das nur ertragen oder sogar fordern, wenn sie das Kind nicht besitzen will, wenn ihr Begehren einem Dritten gilt, in dessen Namen sie ein Kind aus ihrem Schoß entlässt. Dieser Dritte ist der Vater, der für Lacan zunächst die Metapher der Trennung darstellt, also nicht in einer biologischen Funktion bezeichnet wird. Im leiblichen Vater sieht das Kind diese Idee verkörpert; als Dritter bricht er die dyadische Mutter-Kind-Beziehung auf. Nun lässt sich gegen diese Annäherung von Sprache und Vater einwenden, dass es die Muttersprache ist, die das Kind zu einem Subjekt werden lässt. Das ist aber kein Einwand, weil nicht die Sprache selbst, sondern die Idee der Trennung ent-scheidend ist.

Da das Symbolische eine Gabe ist, die das Kind zuerst von der Mutter empfängt, wird diese zum ersten Repräsentanten des Andern. Sie gibt dem Andern von Anfang an Sinn, und zugleich erfüllt sich ihre Sinngebung im Kind. Damit erschöpft sich die Theorie vom Andern noch lange nicht. Für Lacan ist der Andere auch *Ort der Wahrheit;* ohne das Symbolische gäbe es weder Wahrheit noch Lüge, welch beide er als korrelativ auffasst. Im Unterschied zu andern Denkern stellt Lacan nicht eine Theorie der Wahrheit auf, sondern geht davon aus, dass Wahrheit uns vorausgeht. Jede Untersuchung des Wahrheitsproblems setzt ihre Gültigkeit voraus. Sie ist uns apriori gegeben, was nicht bedeutet, dass wir sie sagen können. Aber noch wenn sie verfehlt wird, was sich am deutlichsten in der Lüge zeigt, erweist sich ihre Apriorität.

Lacan spricht von der relativen Autonomie des Symbolischen gegenüber dem Körperlichen. Dabei kann er an Freuds Entdeckung anknüpfen, dass das Psychische nicht nur Ausdruck physiologischer Gegebenheiten ist, obwohl ohne sie das Psychische nicht wäre. Bereits in der frühen Arbeit über Aphasie[14] hatte sich Freud von den Theorien, die glaubten, Sprachstörungen bestimmten Lokalitäten im Gehirn zuordnen zu können, gelöst. Spätestens von der »Traumdeutung« an verzichtete er darauf, die Topik des Psychischen auf Anatomisches abzustützen.[15] Vielmehr behauptete er eine relative Autonomie des Psychischen. Lacans Theorie rechtfertigt nachträglich Freuds Schritt, der unter anderem auch die Abkehr der Psychoanalyse von der Medizin zur Folge hat. Das Apriori der Signifikanten, die sich jedes Subjekt aneignet, errichtet eine Differenz zum Körper; sie wirken auf ihn zurück, fangen ihn in die Netze des Symbolischen ein. Dieses »besetzt« Sinnesorgane, Motorik, Sexualität, innere Organe. Verschiedene Störungen, die den Körper betreffen, sind deshalb symbolisch vermittelt, sie enthalten einen verborgenen Sinn.

Für sich allein hat das lautliche oder buchstäbliche Material keinen Sinn; dieser stellt sich erst durch Signifikate ein. Lacan zufolge laden sich die Signifikanten mit Signifikaten auf, der Vorrang gebührt somit dem Nicht-Sinn, der den Sinn erzeugt. Lacan spricht vom Gleiten des Sinns unter den Signifikanten, die immer schon etwas antizipieren. Tatsächlich ist der Sinn eines Satzes erst mit dem letzten Wort feststellbar, obwohl er vom ersten Wort an antizipiert ist. Erst das letzte Wort gibt retrospektiv den vorhergehenden Satzteilen ihren Sinn. Diese Voraussetzung des Primats der Signifikanten und seiner Sinn-Erzeugung gilt für jede Rede und für jedes Schreiben, auch für das Hören.

Was für die Ebene der Sätze gilt, lässt sich auch für die der Wörter sagen (denen Lacan kein Primat vor den Sätzen einräumt): Die Signifikanten gehen in das Signifizierte ein. Übersetzer wissen das wohl am besten. Das Wort »Baum« erweckt andere Vorstellungen als das französische »arbre« oder das englische »tree«. Die Unterschiede sind bedingt durch die Verschiedenheit des signifikanten Materials und ihrer lautlichen Verwandtschaft mit anderen Signifikanten. Gewiss ist der Referent in allen drei Fällen derselbe, aber die Vorstellungen, die der Signifikant hervorruft, sind verschieden. Der Signifikant gehört nicht zur Sache selbst, er gehört einem andern Register an. Das zeigt sich vor allem bei Mehrdeutigkeiten. »Baum« kann vieles heißen: Lebensbaum, Stammbaum, Schiffsmast, Figur aus der Logik u.a. Erst der Kontext gibt an, welcher Baum gemeint ist. Dazu kommt, dass jede Rede einen Bezug zum Sprecher und zum Adressaten hat, die unausdrücklich in der Rede gemeint sind. Dieser Bezug gibt der Rede ihren Sinn, der stets auf ein Subjekt hinweist, das sich im Symbolischen zu verankern versucht.

Mittels eines sog. Algorithmus $\frac{\text{Signifikant}}{\text{Signifikat}}$[16] stellt Lacan den Primat des Signifikanten dar. Gegenüber der Darstellung von de Saussure fällt nicht nur auf, dass das, was in dessen Schema oben eingezeichnet ist, bei Lacan unterhalb des Balkens zu finden ist, sondern auch, dass die Klammer um den Algorithmus fehlt – ein Hinweis darauf, dass die Zeichen keine letzten Elemente sind. Der Balken symbolisiert die Trennung zwischen der Ebene der Signifikanten und derjenigen der Signifikate, eine Trennung, die im Akt der Sinnverleihung überwunden wird. Der Sinn erweckt den Anschein, als gehörten Signifikanten und Signifikate zusammen. Es bleibt aber ein Rest, der sich dem Sinn entzieht. Diese fehlende vollständige Zuordnung ermöglicht das Gleiten der Signifikate unter den Signifikanten, was zu der Feststellung führt, dass der Sinn nie erschöpft, nie vollkommen ist. Darum ist eine Rede, eine Schrift nie für immer abgeschlossen. Darin zeigt sich ein grundsätzlicher *Mangel.*[17] Er wird auch in der Erfahrung spürbar, dass keine Liebe, keine Präsenz eines andern Menschen jemals vollständig genügen kann, stets bleibt ein Rest an Unbefriedigtsein offen. Dieser Rest lässt sich als »Ort« des Begehrens bezeichnen. Hier erweist sich, dass das Symbolische das Begehren strukturiert; es ist unstillbar, kein Objekt vermag ihm ganz zu entsprechen. Der Mangel äußert sich in zwei Dimensionen: der des Seins und der des Habens. Paradoxerweise zeigt sich der Seinsmangel durch ein Zuwenig an Haben; das Subjekt glaubt, wenn es das vollkommene Objekt hätte, wäre sein Mangel verschwunden. Umgekehrt manifestiert sich der Habensmangel im Begehren nach voller Präsenz; das Subjekt meint, wenn es sie erreichen würde, fehlte ihm nichts.

Der Term des Symbolischen erweist in der Reflexion auf den Mangel seine Angemessenheit. Der Mangel wird vom Symbolischen ausgegrenzt; seine »Auffüllung« gewährte dem Subjekt vollen Sinn. Angesichts des Urverlustes, hervorgerufen durch das Ungenügen jedes Signifikats, wird alles, was für das Subjekt von Belang ist, zum Symbol, und dies im doppelten Sinn des Wortes: zum Symbol dessen, was es ist und hat und zum Symbol dessen, was es nicht ist und nicht hat.

Die Erfahrung des Mangels lässt sich auch anders beschreiben. Die Aneignung von Signifikaten ermöglicht dem Subjekt, das Hier und Jetzt zu übersteigen. Es kann abwesende Objekte substituieren, sich in andere Zeiten versetzen. Lacan spricht vom *symbolischen Mord*[18] und meint damit die Verwandlung von sinnlich Wahrnehmbarem in Vorstellungen. Das Paradebeispiel findet er im »Fort-Da«-Spiel, das Freud bei seinem Enkel beobachtet und in seiner Arbeit »Jenseits des Lustprinzips« beschrieben hat. Das Kind lässt eine Fadenspule über den verhängten Bettrand gleiten, bis sie unsichtbar wird, und holt sie wieder zurück. Es begleitet dieses Spiel, indem es die Laute »O« – »A« ausstößt. Freud erkennt in dem Spiel die Substitution der Mutter, die weggeht und wiederkommt; die oppositionellen Laute bedeuten »Fort« und »Da«. Abwesendes wird damit anwesend und Anwesendes abwesend. Lacan erkennt darin die negativierende Wirkung der Sprache, die aufgrund der Abwesenheit der Mutter eine Realität schafft. Die fehlende Präsenz verwandelt sich in eine vorgestellte, hervorgerufen durch Signifikanten. Damit wird ersichtlich, dass die symbolische Ordnung auch die Erfahrung von Zeit ermöglicht.

Das »Fort-Da«-Spiel weist ebenfalls darauf hin, dass sich das Symbolische, einmal vom Subjekt verinnerlicht, nicht auf das Lautliche beschränkt. Die symbolische Ordnung überzieht gleichsam seinen ganzen Kosmos, so dass alles Mögliche Sinn und Bedeutung erhält und unendlich viele Substitutionen möglich sind. Die Lesbarkeit beschränkt sich nicht auf das Buchstäbliche, sondern erstreckt sich auf beliebige Phänomene. Schwarze Wolken werden zum Symbol für kommende Stürme, ein Hufeisen bringt Glück. Das Symbolische dient jedoch nicht nur als Werkzeug zum Lesen der Welt. Sein Wesen und sein Funktionieren stellen das Vorbild dar für menschliche Werke. Ein Eisenbahnnetz, am augenfälligsten ein U-Bahn-Netz, sieht aus wie ein System von Signifikanten mit ihren Verknüpfungs- und Trennungsregeln. Auf dieselbe Idee kommt man, wenn man Freuds Schema im »Entwurf einer Psychologie«,[19] das sog. Synapsenmodell, betrachtet, mit dem er den Nervenapparat darstellen wollte. Es gleicht einem System von Schienen oder auch Leitungen in einer Telefonzentrale.

Nicht alles lässt sich symbolisieren. Schon zu Beginn seiner Arbeit hat Freud vom *Trauma*[20] gesprochen als von etwas, was sich der Aufnahme ins Symbolische widersetzt. Zu Beginn wollte er das Traumatische auf tatsächliche Erlebnisse beschränken, bis er erkannte, dass das Symbolische immer etwas ausgrenzt, das Trauma genannt werden kann: Sexualität, Tod, Gewalt, Nicht-Sinn. Sie bilden die Grenze dessen, was ins Symbolische integrierbar ist.

WAS VON DER SPRACHE AUSGEGRENZT WIRD: DAS REALE

Bisher haben wir mit unseren Betrachtungen versucht, das Seiende, die Realität als vom Symbolischen strukturiert zu sehen; wir sind dabei weitgehend innerhalb des Positiven, Existierenden geblieben. Um der Originalität Lacans auf die Spur zu kommen, können wir uns nicht damit begnügen. Eines seiner Konzepte weist auf eine Einbruchstelle hin, durch die Realität unterwandert wird: die Subversion durch das Differentielle des Signifikanten.

De Saussure hatte das lautliche Material als Signifikanten bezeichnet; zudem von ihrer Differenz gesprochen. Dieses Konzept der *Differenz,* des Zwischen, interessiert Lacan besonders. Es ergibt sich aus dem Positiven des lautlichen oder buchstäblichen Materials. Da es keine eigene Form hat, gestaltlos bleibt, bezeichnet Lacan es mit dem Singular: *der Signifikant.* Er ist das Unterscheidende der materiellen Signifikanten.

$$\text{Signifikant}_1 - \text{Signifikant}_2 - \text{Signifikant}_3 \ldots\ldots\ldots$$

Differenz Differenz

Signifikant

Das Schema weist darauf hin, dass die positiven, materiellen Signifikanten ebenso den Signifikanten als Differenz erzeugen, wie der Signifikant als Differenz die Signifikanten erzeugt.

Um genau zu sein, müsste man verschiedene Arten von Differenzen unterscheiden:

— diejenige zwischen den Signifikanten (wie im oben dargestellten Schema)

— diejenige zwischen Signifikant und Signifikat

— diejenige zwischen den Zeichen
— diejenige zwischen den Zeichen und den Referenten, also dem, worauf sich die Zeichen beziehen.

Eine genauere Überlegung zeigt, dass die vier Differenzen nicht gleichrangig nebeneinanderstehen. Der Vorrang gehört derjenigen zwischen den Signifikanten. Es ist der Signifikant, der mittels des differentiellen Gefüges der Signifikanten die Signifikate erzeugt. Erst im Gefolge der signifikanten Artikulation strukturieren sich die Zeichen zu einem System. Somit stellen die zweite und die dritte Differenz eine Folge der ersten dar. Dies gilt auch für die vierte Differenz, diejenige zwischen dem sprachlichen Zeichen und seinem Gegenstand, für den hier das Psychische in Betracht kommt. Der Referent für das Psychische, das Reale des Psychischen, entspricht einer Leerstelle, einem Zwischen, einer Differenz, einem Unsagbaren. Seine Vorstellung kommt einer Signifizierung gleich, womit sich die vierte Differenz auf die erste zurückführen lässt.
Dieses Zwischen stellt für Lacan mehr dar als einen Abstand zwischen linguistischen Einheiten. Er spricht von einem »Nichts, das doch nicht nichts« sei, auch von einem »clinamen«,[21] also einer zusammenhaltenden Kraft. Wir begegnen hier dem, was Lacan *das Reale* nennt, das wir – innerhalb gewisser Grenzen – mit dem Signifikanten gleichsetzen dürfen. Selbst hier kann Lacan sich noch auf Freud berufen, hatte dieser doch vom Urverdrängten[22] gesprochen als von dem, was nie ins Bewusstsein gelange. Verknüpft man mit Freud das Bewusstsein mit Sprache, wird ersichtlich, wie er gewusst hat, dass Sprache etwas ausgrenzt und verfehlt, was sie nie sagen kann. Wenn Lacan vom Signifikanten spricht, meint er diesen Ort der Abwesenheit, der bewirkt, dass das Symbolische als Darstellung aufzufassen ist. Er meint aber auch – die Mehrdeutigkeit des Ausdrucks »du signifiant« (des Signifikanten) kommt ihm hier entgegen – die Ebene des Seienden, Materiellen, die unaufhörlich die Leerstelle ausgrenzt, sie nicht sagen kann.
Auf dieses Nicht-Existierende werden wir immer wieder zu sprechen kommen. Die Nicht-Vorhandenheit des Signifikanten, die sich doch immer wieder bemerkbar macht, wird uns unaufhörlich zu schaffen machen. Daran zeigt sich, dass der Signifikant fruchtbar ist. Als sich jeder Vorstellung, jedem sprachlichen Zugriff entziehender, stellt er sich in jedem Seienden dar, besser noch: Er entstellt sich darin. Aber er ist nicht einfach zeitlich

früher als das Repräsentierte, denn ohne dieses wäre der Signifikant undenkbar.
Noch einmal zeigt sich, dass Lacans Konzept des Symbolischen in engster Beziehung zum Signifikanten steht. Das Symbolische ist das Symbolische des Signifikanten. Das Signifizierte des Signifikanten zeigt sich im Symbolischen. Der Signifikant wird durch dieses symbolisiert, in einen andern Bereich gehoben. Das Symbolische wird zur Instanz, die die Realität begründet. Ist in ihr das Nicht-Seiende verschwunden? Diese Frage eröffnet den Zugang zum Verständnis der existentialen Strukturen: der Neurose, Perversion, Psychose und Sublimierung. Umgekehrt lässt sich auch sagen, dass der Signifikant der gestaltende Faktor des Symbolischen ist; unaufhörlich schickt er in die Welt, dabei inkognito bleibend. Dieses Inkognito wird von den Subjekten leicht ignoriert, vergessen, verleugnet, verworfen, je nach existentialer Struktur.

ANMERKUNGEN

1 Saussure, F. de: Cours de linguistique générale; deutsch: Grundfragen der allg. Sprachwissenschaft.
2 Freud, S.: Das Unbewusste, GW X, S. 264 ff.
3 – ebd.
4 Die folgenden Ausführungen lehnen sich vor allem an Lacans Arbeit: »L'instance de la lettre dans l'inconscient« an, in: Ecrits, p. 493 ff.; deutsch: Das Drängen des Buchstabens im Unbewussten, in: Schriften II, S. 15 ff.
5 Freud, S.: Zur Psychopathologie des Alltagslebens, GW IV.
6 Lacan, J.: La Chose Freudienne, in: Ecrits, p. 413.
7 Heidegger, M.: Unterwegs zur Sprache, S. 12.
8 Freud, S.: Entwurf einer Psychologie.
9 Lacan, J.: z.B. Le Séminaire XI (Les quatre concepts fondamentaux), p. 23; deutsch: Das Seminar XI (Die vier Grundbegriffe der Psychoanalyse), S. 26.
10 Freud, S.: Zur Einführung des Narzissmus, GW X, S. 161.
11 Freud, S.: Massenpsychologie und Ichanalyse; GW XIII, S. 150.
12 Lacan, J.: L'instance de la lettre., op. cit., in: Ecrits, p. 524; deutsch: Das Drängen, op. cit., in: Schriften II, S. 50.
13 vgl. dazu: J. Lacan: Fonction et champ de la parole et du langage, in: Ecrits, p. 237ff ; deutsch: Funktion und Feld des Sprechens und der Sprache, in: Schriften I, S. 71 ff.
14 Freud, S.: Zur Auffassung der Aphasien, eine kritische Studie.
15 Freud, S.: Die Traumdeutung, GW II/III, S. 541.
16 Lacan, J.: L'instance de la lettre … , op. cit., p. 497; deutsch: Das Drängen, op. cit., S. 21.

17 ebd., p. 515; deutsch: S. 40.
18 Lacan, J.: Fonction et champ, op. cit., p. 319; deutsch: Funktion und Feld, op. cit., S. 166.
19 Freud, S.: Entwurf einer Psychologie, S. 351.
20 Freud, S.: Studien über Hysterie, GW I, S. 82 f. – Weitere Bemerkungen über die Abwehr-Neuropsychosen, GW I, S. 380 f.
21 Lacan, J.: Le Séminaire XI, op.cit., p. 61; deutsch: S. 70.
22 Freud, S.: Die Verdrängung, GW X, S. 250.

WEITERE DEUTSCHSPRACHIGE LITERATUR ZUM »SYMBOLISCHEN«:

Lacan, J.: Das Symptom, in: *RISS Nr.* 1, 1986
Fehr, J.: Das Unbewusste und die Struktur der Sprache
Fehr, J./Sträuli, D.: Das Wichtigste ist das N, oder der Unterschied zwischen Signifikant und Signifikat; in: *RISS*, Nr. 2, 1986
Haas, N.: Fort/da als Modell, in: *ZETA*, Berlin 1982
Lang, H.: Die Sprache und das Unbewusste, S. 79–233
Lipowatz, T.: Diskurs und Macht
— : Die Verleugnung des Politischen, S. 24–49
Prasse, J.: Der blöde Signifikant und die Schrift, in: *Der Wunderblock*, Nr. 9 und 10
Seifert, E.: Was will das Weib? S. 91–119
Tholen, C. G.: Wunsch-Denken, S. 21–198
Weber, S.: Rückkehr zu Freud, S. 20–66

4. IM BRENNPUNKT DES BEGEHRENS: DAS SUBJEKT

Ohne Subjekt existierte die Sprache lediglich als Ansammlung von Signifikanten. Es nimmt einerseits den Platz des Sinns ein, des Signifikats, anderseits eignet es sich die Signifikanten an. Was ist es für sich selbst? Nichts Substantielles, denn es ist darauf angewiesen, repräsentiert zu werden. Lacan fasst es als Leerstelle auf, als »*Diskontinuität im Realen*«.[1] Dieser abwesende Ort erweist sich als sehr bedeutsam. Als Nicht-präsentes gehört es nicht zum Existierenden, Seienden; in gewissem Sinne ist es außerweltlich, utopisch. Seine Verwirklichung steht immer noch aus. Deshalb unterhält das Subjekt eine Beziehung zum Werden. Es ist nicht, es wird. Lacan fasst das sich jeder begrifflichen Bestimmung entziehende Subjekt nicht romantisch auf, nicht als verborgene Substanz. Denn das Reale wird seinerseits vom Symbolischen bewirkt. Es gibt kein Erstes und kein Zweites, das Subjekt ist immer schon repräsentiert wie auch repräsentierend. In einer langen Debatte, hauptsächlich in den sechziger- und siebziger Jahren ausgetragen, ist dem Strukturalismus vorgeworfen worden, er verkenne die geschichtlichen Dimensionen, da er sich am Synchronischen orientiere, und missachte demzufolge das Subjekt als geschichtsbildende Instanz. Dieses Argument, das vielleicht für Lévi-Strauss zutreffen mag, gilt sicher nicht für Lacan, obwohl er sich der strukturalistischen Auffassung vom Vorrang des Synchronischen vor dem Diachronischen anschließt. Lacan gelingt es zu zeigen, wie das Geschichtliche vorgängig auf Strukturen angewiesen ist – es sind die Strukturen des Signifikanten –, um überhaupt in Gang zu kommen. Das Subjekt wird von Anfang an darin verwickelt. Ähnlich wie in Hegels Theorie wird es der Wahrheit nicht am Anfang, sondern erst dann begegnen, wenn es das, was ihm unerkannt vorausliegt, eingeholt haben wird. Die Wahrheit wird dann Spuren des Verlusts tragen, denn das Erkennen dessen, was ihm vorausgeht, trennt es von Unmittelbarkeit. Lacan erkennt darin die Wirkungen der Sprache.

Einerseits fasst er das Subjekt als von Signifikanten bewirkt auf – in diesem Sinne nähert er sich der strukturalistischen Auffassung, sofern hier von einer einheitlichen Doktrin gesprochen werden kann. Anderseits ist es für ihn auch Faktor, »facteur« (Briefträger) von Botschaften. Alle drei Register, auf die Lacan großes Gewicht legt, versammeln sich im Subjekt: Das Symbolische, Imaginäre und Reale. *Im Realen ist es abwesend, unmöglich, im Symbolischen werdend, möglich, und im Imaginären anwesend, wirklich.*
Trotz dieser Verdichtung der drei Register im Subjekt, die sich schon zur Zeit des Spiegelstadiums verknoten, versuchen wir nun, den einzelnen Kategorien in ihrer Beziehung zum Subjekt nachzugehen und sie nachher erneut in ihrem Zusammenwirken zu studieren.

DAS SUBJEKT UND SEINE BEZIEHUNG ZU DEN SIGNIFIKANTEN

Man stelle sich vor, in der Wüste eine Schrifttafel gefunden zu haben, die eine völlig unbekannte Inschrift enthalte. Als Finder stehe ich vor einem Rätsel, weiß nichts vom Sinn dessen, was da geschrieben steht, weil die Tafel sich nicht an mich adressiert. Lacan gibt dieses Beispiel,[2] um damit seine These vom Vorrang der Signifikanten vor dem Signifikat plausibel zu machen. Er zeigt damit auch, dass das Subjekt eine Wirkung der Signifikanten ist; es kommt an den Platz der zuerst unbekannten Bedeutung der Schrift, von der nicht sicher ist, an wen sie sich richtet. Ähnliches erlebt man auf Reisen bei Leuten, deren Sprache man nicht spricht. Schließlich entspricht diese Situation derjenigen der kleinen Kinder, wenn sie Laute der andern hören, die ihnen unverständlich sind. In solchen Situationen begegnet man dem Nicht-Sinn der Signifikanten, von denen anzunehmen ist, dass sie Sinn für ein anderes Subjekt enthalten. Dessen Position gilt es nun herauszufinden und einzunehmen. Das bedeutet, dass man als Lernender die Gesetze, die für andere Gültigkeit haben, aneignen, anerkennen muss. Tut man das, erweist man sich als einer, der den Gesetzen der Signifikanten unterworfen ist. Während dieser Arbeit verwandelt sich der anfängliche Nicht-Sinn in Sinn, die Signifikanten in sinnvolle Zeichen.
Die Beispiele zeigen, dass nicht nur das Subjekt, sondern auch die Signifikanten Akteure des Geschehens sind. Sie schreiben

dem Subjekt als anfänglich leeren Ort vor, was es zu tun hat, um in den Bereich des Sinns einzurücken. Entsprechend lautet Lacans Formel. *»Ein Signifikant repräsentiert ein Subjekt für einen anderen Signifikanten«*.[3] Der Term »repräsentieren« weist auf die imaginäre Dimension hin, die die Signifikanten durch ihren Zwischenbereich erzeugen, ebenso auf die passive Position des Subjekts. Das aktive, reale, leere Subjekt verschwindet hinter seiner Repräsentation. Lacan spricht in diesem Zusammenhang vom *»fading«* des Subjekts.[4] Es nimmt den Platz dessen ein, was von den Signifikanten bedeutet wird, den *Platz des Signifikats,* der sich unterhalb des Balkens im Algorithmus $\frac{S}{s}$ befindet.

Kann das Subjekt nur in der imaginären, passiven Position sein, als eines, das von den Signifikanten bedeutet wird, oder ist es auch möglich, dass es über sie verfügt? Anders als im Beispiel der *Schrifttafel,* bei dem man an die mosaische oder an das Entziffern der Hieroglyphen denken mag, scheint das beim *Sprechen* der Fall zu sein: Das Subjekt hat beim Sprechen die Möglichkeit, sich mittels Artikulation der Signifikanten auszudrücken. müsste da die Formel nicht lauten, ein Subjekt artikuliere einen Signifikanten für einen andern Signifikanten? In dieser Formulierung wäre ein Subjekt vorausgesetzt, das über Sprache verfügen könnte, selbst außerhalb der Sprache existierte und doch ihre Regeln kennte. Für ein Subjekt, das sich noch im Vorsprachlichen befindet, wäre das undenkbar, nicht aber für ein gewordenes, eines, das schon versprachlicht ist. Vorgängig des Aktes der Artikulation kennt ein solches Subjekt deren Gesetze. Ursprünglich wird aber jedes Subjekt von Signifikanten erzeugt, sonst vermöchte es sich nicht auszudrücken.

Das Beispiel des Sprechens zeigt, dass sich das Subjekt nicht nur als passives definieren lässt. Es muss auch als tätiges, sich artikulierendes aufgefasst werden, als Briefträger, dessen Aktivität es braucht, damit die Signifikanten ankommen. Es ist, als ob im Subjekt der Gegensatz von aktiv und passiv nicht bestände, als ob es sich im Schnittpunkt dieses Widerspruchs befände. Als aktives wird es von den schon vorliegenden Signifikanten bestimmt, in denen es sich entäußert; als passives erleidet es aktiv seine Passivität. Der sich im Subjekt aufhebende Widerspruch zeigt sich schon in der Terminologie: »Artikulation« und »subiectum« scheinen sich auszuschließen.

Lacan ist diesen Schwierigkeiten, das Subjekt zu denken, immer wieder begegnet. Er fragt sich, ob das tätige Subjekt dasselbe sei wie das repräsentierte. Das sich artikulierende Subjekt nennt er »*sujet de l'énonciation*«,[5] Subjekt des Aussagens; er unterscheidet es vom »*sujet de l'énoncé*«,[6] dem Subjekt des Ausgesagten, worin wir das Subjekt in der imaginären Position wiedererkennen. Das Subjekt des Aussagens ist das Subjekt, das spricht und dem dabei die Regeln, innerhalb derer es sich ausdrückt und die ihm im Akt des Sprechens zufließen, bereits bekannt sind. Das gilt zumindest für jede Artikulation innerhalb einer Sprachgemeinschaft. Anders verhält es sich dagegen bei kleinen Kindern, die ihre Verlautbarungen noch nicht am Sinn orientieren und aus purem Vergnügen lallen, dabei beliebige Phoneme miteinander kombinieren. An ihrem Beispiel erweist sich der Vorrang des Subjekts des Aussagens, des Nicht-Sinns. Sie werden die Konventionen, die festlegen, was erlaubt und was verboten ist, was als sinnvoll und als sinnlos gilt, von den Repräsentanten des Andern erfahren. Die unverhohlene Lust am Lautproduzieren bei Kindern zeigt eine Dimension an, die Lacan immer wieder betont hat: die »*jouissance*«,[7] ein Term, der sich vielleicht am besten, aber nicht ganz adäquat mit »*Genießen*« übersetzen lässt, in diesem Falle sicher auch mit »Vergnügen«, »Lust« oder sogar »Selbstmanifestation«.

Der Unterschied zwischen dem Produzieren von Lauten diesseits von Sinn oder Unsinn und der Artikulation innerhalb des Sinnbereichs erweist sich als bedeutsam. Sobald in einer Verlautbarung etwas durch etwas anderes ersetzt wird (Substitution), sobald der Signifikant Träger von Vorstellungen wird, verändert sich die Welt des Subjekts in einem ungeheuren Ausmaß. Denken wir noch einmal an das uns bereits bekannte »Fort-Da«-Spiel des eineinhalbjährigen Kindes, das Freud beobachtet hat. »Fort« verweist zunächst auf die Fadenspule; realiter ist sie dem Blick des Kindes entzogen, in seiner Vorstellung dagegen präsent. Der Signifikant »fort« substituiert das Abwesende, repräsentiert die Anwesenheit dessen, was fort ist. Mehr noch: Die Fadenspule wiederum dient dem Kind als Substitut für die Mutter, für ihr Kommen und Gehen, das schließlich auf den ursprünglichen Verlust des Subjekts hinweist. Das Beispiel zeigt, wie die Metaphorik, das »Fort-und-Da«, in die Realität eingeht und wie sie sich mit der metonymischen Dimension des »Fort« verkettet (Lacans Auffassung der Metonymie und der Metapher wird im folgenden Kapitel erörtert). Das Subjekt erweist sich als Instanz, der die Signifikanten etwas bedeuten, von einem andern Ort her. Da sie nie alles bedeuten, ist es auch Ort des Ver-

lusts, den es in jedem Symbol darstellt und den es von diesen empfängt.
Für das Subjekt eröffnen sich dadurch, dass es durch die Signifikanten repräsentiert wird, zuvor unbekannte Dimensionen von *Räumlichkeit* und *Zeitlichkeit.* Die Möglichkeit entsteht, imaginäre Räume zu kreieren. Träume weisen auf diesen Vorgang hin: Der Träumer befindet sich im Traum anderswo, in einem andern Raum als in der physisch feststellbaren Realität. Die Zeitlichkeit zeigt sich dadurch, dass das Subjekt Vergangenes und Zukünftiges vergegenwärtigt. Tatsächliches Geschehen in der physikalischen Zeit wird auf die Ebene der Signifikanten transponiert. Das geschieht nicht ohne Rest; die Fadenspule ist nicht die Mutter; das Wort unterscheidet sich von der Fadenspule und von der Mutter. Vergegenwärtigtes ist nicht identisch mit dem Vergangenen. Deutlicher als zuvor zeigt sich nun, dass die Repräsentation des Subjekts durch die Signifikanten ihm nicht nur den Gewinn einbringt, dass sich Reales und Abwesendes vergegenwärtigen lassen, sondern dass es auch die *Dimension des Verlusts* erfährt; man könnte von einer ursprünglichen Verstümmelung des Subjekts sprechen, das sich darum Objekten zuwendet. Lacan spricht von der entfremdenden Seite der Signifikanten;[8] die Entfremdung ist durch die Kluft zwischen Wort und Sache bedingt.
Im Verlust, den das Subjekt durch die Wirkungen der Signifikanten erleidet, sieht Lacan einen der Gründe dafür, dass Freud vom *Todestrieb* spricht – eine Annahme, die viele seiner Schüler nicht akzeptiert haben. Mit Freud teilt Lacan die Auffassung, der Todestrieb gehöre zur conditio humana;[9] er folgt ihm jedoch nicht in der Begründung dieses Triebs. Freud rekurrierte teilweise auf biologische Faktoren, sprach sogar von einer Tendenz zur Rückkehr ins Unbelebte – anderseits findet sich in derselben Arbeit *(»Jenseits des Lustprinzips«)* die oben erwähnte Beobachtung des kindlichen Spiels mit der Fadenspule. Hier greift Lacan ein und zeigt, dass der Todestrieb aus der verlorenen Unmittelbarkeit hervorgeht, die durch die Ebene der Signifikanten bewirkt wird. Das Subjekt sucht unablässig die verlorene Einheit seiner selbst und begegnet dabei der Leere des Realen, die kein Objekt ganz zu füllen vermag.

DAS SUBJEKT UND SEINE BEZIEHUNG ZUM REALEN

Die bisherigen Überlegungen thematisierten die Beziehung zwischen den Signifikanten und dem Subjekt. Die Körperlichkeit des Subjekts blieb dabei unbeachtet, die in Lacans Begrifflichkeit zum Realen gehört. Nun war aber bereits vom Realen die Rede, als von einem Ort der Abwesenheit. Lacan verwendet diesen Term mehrdeutig. Er sagt vom Realen, es sei das Unmögliche; anderseits das, was immer am selben Platz sei – das kann etwas Körperliches sein, aber auch etwas Zeitloses, Unfassbares –, schließlich das Widerständige, wogegen man mit dem Kopf anrenne. Die weiteste Definition, die Lacan in dieser Form meines Wissens nicht gegeben hat, die aber seiner Denkweise entspricht, wäre wahrscheinlich eine negative; sie entspräche am besten dem differentiellen Gefüge der Signifikanten: Es ist das, was weder symbolisch noch imaginär ist.
Die verschiedenen Ansätze, das Reale zu umschreiben, können sowohl für das körperlich Reale wie das Reale im Sinne des Abwesenden Geltung beanspruchen. Selbst die dritte dieser Definitionen lässt sich in einem übertragenen Sinn unkörperlich verstehen: das Reale als das, was sich der Begrifflichkeit entzieht, als das, gegen das man vergeblich mit dem Instrument der Logik anrennt, als eines, das sich nicht erschließen lässt. Wenn Lacan vom Realen spricht, kommt es ihm vor allem darauf an, es als eines erfahrbar zu machen, das von der Logik ausgegrenzt wird. Das heißt zugleich, seine Unbestimmtheit, Unfassbarkeit zu erweisen. Für diesen Ort des Außerhalb der Logik verwendet Lacan den Term der *Ek-sistenz,*[10] den er von dem der Existenz unterscheidet. Sowohl das Reale im Sinne des Abwesenden wie auch das Reale im Sinne des Körpers des Subjekts ek-sistieren. Dieser ek-sistiert als Seiendes, jenes als ein Nicht-Seiendes. Lacan denkt von der Logik der Signifikanten her. Von dem her, was existiert, denkt er das Ek-sistierende. Diese Methodik müsste eigentlich selbstverständlich sein und nicht nur für Lacan gelten, denn wie kann man ignorieren, dass Sprache und Logik Grundlage des Denkens bilden? Und doch wird immer wieder versucht, unmittelbar vom Körper her zu denken, aus ihm heraus, wie viele Beispiele, sogar einige Passagen bei Freud, zeigen. Dabei wird vergessen, dass der Term »Biologie« den Logos enthält, was gleichbedeutend ist damit, dass sich biologische Aussa-

gen dem Diskursiven verdanken und keineswegs direkt die Sprache des Körpers wiedergeben.

Die Fremdheit des Körpers für das Subjekt hat sich schon im Spiegelstadium angedeutet. In der jubilatorischen Reaktion verschwindet die Fremdheit des Körperbildes, die vor dem Spiegelbild total war, für kurze Zeit. Ein zweites Moment von Fremdheit, das bisher unbeachtet geblieben ist, zeigt sich später: Was das Subjekt im Spiegelbild, auch im menschlichen Gegenüber sieht, ist die Oberfläche, die zudem durch das Begehren von andern verklärt wird. Das Innere des Körpers bleibt unsichtbar. Die Haut trennt zwischen Außen und Innen. Ihre Verletzung ruft Angst hervor, weil der Schutz gegenüber dem Unsichtbaren fehlt. Das Subjekt wird buchstäblich daran erinnert, dass es nicht nur aus Oberfläche und Symbolischem besteht.

Lacan illustriert das Ek-sistierende des Körpers mit dem einfachen Hinweis auf einen Heilungsprozess.[11] Ob sich eine Wunde wieder schließt oder nicht, hat mit Logik nichts zu tun; mittels ihrer kann man zwar nachträglich versuchen, Bedingungen dafür zu erforschen, das ändert aber nichts daran, dass Heilung nicht in ihrem Namen stattfindet. Eindrücklicher zeigt sich das Ek-sistierende in der *Sexualität* des Menschen, die rätselhaft bleibt. Darin liegt das Traumatische: ungerufen ist sie da und erweckt den Wunsch, sie zu begreifen, sie zu symbolisieren. Nicht dass eine Erektion plötzlich auftritt, ist das Traumatische, sondern dass das Subjekt als ein im Symbolischen situiertes damit nichts anfangen kann; darum verlangt es danach, sucht Aufklärung.[12] Das Ek-sistierende ist ihm fremd; es kann nicht mehr tun, als zu versuchen, das Symbolische und dessen Werkzeug, die Logik, dem Realen, Anderen anzupassen, das ihm Fremde einzuholen. Insofern es gelingt, bleibt immer ein Rest von Ek-sistenz zurück, der diesseits von Erklärungen liegt. Kinderfragen zielen genau auf solche Schwachstellen der Logik, über die sich oft nicht einmal etwas sagen lässt, da das Subjekt auf die unmittelbarste Weise »drinnen« ist.

Nicht alles, was ek-sistiert, bleibt vom Symbolischen ausgeschlossen. Mittels Konstruktionen und Deskriptionen versucht man, vor allem in der Wissenschaft, das Unbekannte dem Dunkeln des Unverstandenen zu entreißen, *Einblick* in das zu erhalten, was nicht selber aus Symbolischem gebaut ist. Der menschliche Körper ist nicht aus Sprache gebaut – deshalb die Anstrengung, ihn zu symbolisieren. In dieser Symbolisierung wird der Körper vom Symbolischen »besetzt«, gleichsam in Beschlag genommen. Er bleibt nicht gänzlich außerhalb der Wirkungen des Symbolischen. Am deutlichsten zeigt sich das bei den Sinnesorganen, deren Funktionsweisen vom Symbolischen strukturiert werden. Selbst das Riechen, das doch einen unmittelbaren Bezug zum Gegenständlichen hat, ist sprachlich strukturiert. Dies zeigt sich gerade dann am deutlichsten, wenn Worte dafür fehlen, wenn man etwas ausdrücken möchte, von dem man spürt, dass man es mit Worten nicht trifft. Der Körper als ganzer kann sogar zum Symbol werden, z.B. der Kraft oder des Zerfalls.

In diesem Zusammenhang gilt es zwischen Zuständen des Körpers, die außerhalb des Symbolischen entstanden sind, und solchen, die verkappte Symbolisierungen enthalten, zu unterscheiden. Freud hat das schon früh erkannt und *hysterische Symptome,*[13] die von Vorstellungen verursacht sind, von Phänomenen abgegrenzt, die sich ohne psychische Vermittlung im Körperlichen auswirken. Obwohl das später erörtert wird, kann man in dieser Unterscheidung bereits jetzt ein Beispiel dafür sehen, dass der Körper für das Subjekt ein Objekt ist, in das sich Symbolisierungen »einschreiben«, welche das Ek-sistierende ausgrenzen.

Als besonders interessant erweist sich der Zusammenhang zwischen Sprache und Körper, wenn die Differenz zwischen den Signifikanten auf ihn übertragen wird. Die Differenz, also die Leerstelle im Symbolischen, entspricht den Körperöffnungen. Genauso wie man sagen kann, der Signifikant als Differenz strukturiere die symbolische Ordnung, lässt sich behaupten, die Körperöffnungen strukturierten den Körper. Ist hier beide Male dieselbe Differenz am Werk? Oder muss diejenige zwischen den Signifikanten, verstanden als materiellen Trägern der Sprache, von derjenigen des Körpers unterschieden werden? Hier begegnen wir einer Schwierigkeit von Lacans Denken. Die Frage wird uns auch beunruhigen, wenn der Geschlechtsunterschied thematisiert wird.

DAS SUBJEKT UND SEINE BEZIEHUNG ZUM IMAGINÄREN

Im ersten Abschnitt dieses Kapitels war davon die Rede, dass das Subjekt an die Stelle des Signifikats kommt; es rückt an den Ort des Sinns. Das Leere des Subjekts wird am Platz des Signifikats imaginiert. Das Spiegelbild verkörpert anfänglich diese

Imaginarisierung des Realen des Subjekts; es glaubt, dass es das ist, was es sieht. Die Bereiche des Unsichtbaren und des Ek-sistierenden führen dann zum Zweifel an dieser anfänglichen Gewissheit; das Bild erweist sich als trügerisch. Das Subjekt sieht sich erneut vor die Frage nach seinem Sein gestellt. Das ist der Moment, wo das Imaginäre, Visuelle in das Nicht-Sichtbare übergeht. Das Bild verliert an Faszination, an seine Stelle treten vermehrt Sinn und Bedeutung, die nicht mehr zum visuellen, sondern auditiven Imaginären gehören und mit denen es sich identifiziert. Beide empfängt es vom Andern her, den es in den für es bedeutsamen »*Nebenmenschen*« (Freud) verkörpert sieht. Wenn das Subjekt zum Bewohner des Symbolischen geworden ist, verlieren die Signifikanten ihre anfängliche Fremdheit. Das Subjekt fühlt sich in der Sprache zu Hause. Es kommt ihm vor, als spreche es nicht die Sprache des Andern, sondern seine eigene. Das Fremde der Signifikanten reduziert sich auf die ihm unverständlichen Sprachen. Sogar das Hören von Musik und abstrakte Malerei werden unwillkürlich in Sinnzusammenhänge eingebettet. Darin zeigt sich, dass das Subjekt mittels seines Gedächtnisses, das den Wortschatz, deren Bedeutungen und Sinnzusammenhänge, sowie Regeln des Sprachgebrauchs enthält, seine Welt strukturiert.
Durch die Identifizierung mit dem Pronomen »ich« kann sich das Subjekt als sprechende Person in Szene setzen. Es weist durch das »Ich«-Sagen auf sich hin; dabei ist es ihm möglich, von sich, seinen Erlebnissen, Vorstellungen als in der Vergangenheit oder Zukunft liegenden zu sprechen. Lacan spricht in diesem Zusammenhang, in Anlehnung an Jakobson, von shifter.[14] Solche Wirkungen des shifter erkennt er nicht nur bei der Verwendung von Personalpronomina, sondern auch von Zeitwörtern oder räumlichen Angaben, wie »jetzt«, »hier«. Dabei werden personale, räumliche und zeitliche Bezüge geordnet, koordiniert.
Beim Beispiel des Ich-Sagens erscheint es als selbstverständlich, dass jedes sprechende Subjekt das Zeichen »ich« gebrauchen muss. Nur auf der Ebene des Allgemeinen kann das Subjekt sich selber bezeichnen. Die einzige Bestimmung, die es sich dabei gibt, besteht darin, ein sprechendes Wesen zu sein, das sich in seinem Diskurs, der sich über weite Zeiträume erstrecken kann, zu bezeichnen sucht. Eine andere Merkwürdigkeit zeigt sich darin, dass der Adressat einer Rede, wenn er mit »du« angesprochen wird, diese Bezeichnung in ein »ich« verwandeln muss.

Hört er dagegen den andern in der ersten Person sprechen, ist der Sprecher für den Hörer ein »Du«. Mütter wissen, dass der Übergang von der Sprache, die sie mit Kindern anfänglich sprechen, in welcher nur die dritte Form vorkommt, zu derjenigen, in welcher sich der Sprecher als »ich«, den Angesprochenen als »du« bezeichnet, immer wieder zu Missverständnissen führt. Das kleine Kind ist anfänglich gewohnt, eine lineare Zuordnung von Signifikant und Sprecher zu machen.

Durch die Einbettung in die symbolische Ordnung bildet sich die Geschichte des Subjekts. Die sich über lange Zeiträume durchhaltenden Züge verleihen ihm den Anschein eines nicht weiter hinterfragbaren Realen, eines »Charakters«. Er dient dem Subjekt und den andern als Orientierung, als Bild, an das man sich halten kann. Anderseits führt es zu Fixierungen, Stigmatisierungen.

Wegen der Verschränkung des Imaginären mit dem Symbolischen lässt sich die Andersheit des Ortes der Signifikanten leicht vergessen. Das geschieht, indem das fremde, unzugängliche Andere ebenfalls imaginarisiert und personalisiert wird. An seine Stelle tritt der Andere der selben Sprachgemeinschaft, der Andere, mit dem man sich versteht. Lacan spricht in diesem Zusammenhang vom »schräggestrichenen Andern« und verwendet dafür die Abkürzung Ⱥ (analog zum schräggestrichenen Subjekt, S̸). Auch wenn sich eine Sprachgemeinschaft gebildet hat, in welcher die Subjekte Anteil an einer gemeinsamen Realität haben, lauert der Nicht-Sinn, das Fremde, Überraschende, auch Unheimliche als Bedrohung. Lacan erkennt darin eine Wirkung des *Objekts a,* das vom Subjekt in ein Phantasma verwandelt wird. Um das Unheimliche zu beschwichtigen, versucht das Subjekt, sich zum Objekt für den Andern zu machen, für den es sich entwirft, um seinen Mangel zu schließen; oder es nimmt es auf sich, dass Sinn und Bedeutung unvollständig sind und ein Rest leer, unerfüllt bleibt.

Das Vergessen des Mangels führt dazu, dass sich der Bereich der *Zeichen* in den Vordergrund schiebt. Für ihn gilt Lacans Aussage: *Etwas repräsentiert etwas für jemanden.*[15] Als Beispiel dazu wird immer wieder dasjenige vom Rauch und vom Feuer erwähnt. Der Rauch weist jemanden auf ein Feuer hin. Im Bereich der Zeichen erhält alles Sinn und Bedeutung. Im Akt des Sprechens drängt sich die Zeichenebene so lange auf, als der Sprecher oder der Hörer nicht Abstand vom Sinn der Rede nehmen, nicht auf das Aussagen, sondern auf die Aussagen achten. Erst im Aussagen wird erfahrbar, wie das Leere des Subjekts, die geheimnisvolle Quelle des Sprechens, sich in Bestimmungen verdinglicht, die das Subjekt repräsentieren.

Zwischen dem Hoffen auf volle Erfüllung und dem Erfahren des Mangels pendelt das Subjekt in seinem Begehren hin und her. Als gespaltenes befindet es sich im Zwischenbereich der Signifikanten und am Platz des Objekts, in welchem es seine Verankerung sucht. Je mehr es sich auf der Seite des Objekts befindet, desto mehr schwindet sein Begehren. Lacan greift für dieses Sich-Verlieren des Subjekts im Objekt auf einen Begriff zurück, den der englische Psychoanalytiker Jones in die Theorie eingeführt hat: den der *Aphanisis.*[16] Lacan erweitert seinen Sinn: Im Schwinden des Begehrens sieht er nicht einen Ausdruck der Angst, das Begehren zu verlieren, sondern etwas Existentielles, nämlich den unvermeidlichen Verlust des Begehrens für die Zeit, in der sich das Subjekt mit dem Objekt identifiziert.

Der Aphanisis entspricht auf der andern Seite *das fading* des Subjekts, sein Schwinden, das dann eintritt, wenn das Objekt fehlt und das Subjekt von den Signifikanten seines Diskurses repräsentiert wird. Dieses pulsierende Entweder-Oder nennt Lacan ein »*vel*«.[17] Es gibt die Redensart, dass Blicke töten können. Das ist unter der Voraussetzung möglich, dass ein Subjekt im Andern, genauer gesagt: in der imaginären Dimension des Andern, dem Ich-Ideal, seine Bestimmung sucht. Ein Blick erscheint in visueller Form; als wissender, sogar strafender verkörpert er die imaginäre Dimension des Andern; im Extremfall kann er das Subjekt vernichten. Je mehr für es die Bedeutung des Blicks total wird, desto eher erstarrt es und verliert den Mangel; je weniger ihm der Blick bedeutet, desto mehr bleibt sein Begehren erhalten, aber desto mehr erleidet es den Mangel. Bedeutet ihm dagegen der Blick überhaupt nichts mehr, bleibt er außerhalb des Feldes der Objekte des Begehrens. Dessen Aufrechterhaltung ist an ein »Nicht-Ganz« gebunden.

Lacan sieht in diesem »vel« auch den Ausdruck der *Gespaltenheit zwischen Sein und Denken.* Das Sein entspricht Lacan zufolge dem Außersymbolischen, das Denken dem Symbolischen. Wenn das Subjekt denkt, verliert es sein Sein; wenn es ist, denkt es nicht. Mit der prägnanten Aussage: »*Dort wo ich bin, denke ich nicht, und dort wo ich denke, bin ich nicht*«,[18] paraphrasiert Lacan Descartes' Theorie des cogito, die Auffassung des sich selber präsenten Bewusstseins.

Lacan drückt die Gespaltenheit des Subjekts in einer einfachen Formel aus: $\$ \diamond a$.[19] Das schräggestrichene S bezeichnet das von den Signifikanten repräsentierte Subjekt, das im Imaginären einen Haltepunkt sucht, den Lacan a nennt, womit er »autre«, »anderer« abkürzt. Das Zeichen »$\diamond$« steht für »poinçon«, Punze. Es weist auf die Verknüpfung der beiden Instanzen hin, in welcher wir ebenfalls ein imaginäres Moment, eine gegenseitige Anziehung erkennen. Sie führt deshalb nicht zu einer Verschmelzung, weil die beiden Elemente zu verschiedenen Registern gehören. Warum solche Formeln? Lacan bezeichnet damit etwas Reales der conditio humana, eine Gesetzlichkeit auf der Ebene des Allgemeinen.

Man sieht, wie allein der von der Dimension des Andern herkommende Mangel des Subjekts den Zugang zur Objekttheorie im Sinne Lacans erlaubt, die sich auch als Theorie des Subjekts erweist. Ein imaginärer Ausgangspunkt, ohne Vermittlung des Symbolischen hätte zur Folge, dass die Objekte als naturgegebene, an den Instinkt gebundene, als Objekte des Bedürfnisses, nicht als Objekte des Begehrens erscheinen müssten – eine Unterscheidung, von der noch zu sprechen sein wird. Eine solche Betrachtungsweise verfehlte das spezifisch Menschliche am Objekt. Das Subjekt ist am Objekt interessiert, weil es glaubt, dass dieses seinen Mangel, den es am Andern der Sprache erfährt, deckt.

Die Situierung des Subjekts im Imaginären führt zu Konsequenzen, von denen wir hier eine herausgreifen: die Beziehung zur *Zeitlichkeit*. Eine andere, die Objekttheorie folgt später. Am Beispiel des Spiegelstadiums erkannten wir, wie das Subjekt nicht einfach sein Bild sieht, sondern sein idealisiertes Bild, das von einer Antizipation getragen wird, die auf seine Vollkommenheit, Mangellosigkeit verweist. Es bildet eine unverlierbare Folie, selbst dann, wenn es in das Symbolische übertragen wird. Als nie wirklich erreichbares weist es in die Zukunft. Aber diese Zukunft ist nicht einfach das, was noch nicht ist; denn als Folie ist das Bild der Perfektion schon da, vor-gegenwärtig. Für Lacan ist darum das *futurum II* die eigentliche Zeitform des Unbewussten.[20] Das Subjekt entwirft sich als eines, das wird und es doch schon gewesen ist. In jeder Artikulation projiziert es das Perfekte ins Zukünftige, von dem es weiß, dass daraus das Imperfekte resultieren wird, das erneut das Bild der Perfektion nähren wird. Wenn Freud das Unbewusste an die Vergangenheit bindet, die es zu rekonstruieren gilt, so korrigiert ihn Lacan mit dem Hinweis, dass sich die Vergangenheit für das Subjekt nur in dem Maße erschließt, wie es Zukunft hat. Diese ist aber immer schon imaginiert, schon da und doch noch nicht realisiert. Als solche bewegt sie das Subjekt dazu, die Blockierungen in seiner Lebensgeschichte zu beseitigen – Blockierungen, die sich erst im Lichte der Antizipation dessen, was ein Subjekt wird, als solche erweisen. Anders gesagt: Ohne Zukunftsentwurf bleibt die Vergangenheit uninteressant, hat das Subjekt keinen Anlass, an dem zu arbeiten, woran es steckengeblieben ist in seiner Geschichte.

DAS SUBJEKT ALS ORT DES ZUSAMMENSPIELS DER DREI REGISTER

Die Analyse der drei Register in ihrer Beziehung zum Subjekt hatte etwas Künstliches, da sie zusammenwirken, sich am Ort des Subjekts versammeln. Immer wieder hat der Versuch, das Subjekt in seiner Beziehung zu einem Register zu denken, dazu geführt, dass sich die andern beiden nur schwer oder gar nicht ausgrenzen ließen. Das heißt nicht, dass sie homogen wären. Ihre Gemeinsamkeit besteht darin, dass sie sich in ihrer Heterogenität am Ort des Subjekts treffen. Dieses wird durch ihre Wirkungen gespalten, doch fallen die einzelnen Dimensionen nicht auseinander. Zu dieser Konsistenz gehört, dass das Außen und das Innen des Subjekts untrennbar miteinander verbunden sind, und dass das Außen das Außen des Innens und das Innen das Innen des Außens ist. In diesem Zusammenhalten ist der Signifikant als Leere, Differenz in seinen Repräsentationen verschwunden.

Freud sprach vom Unbewussten als vom inneren Ausland.[21] Er wandte sich damit – wenigstens in dieser Formulierung – gegen die Psychoanalyse als Tiefenpsychologie. Mit Lacans Konzept des Andern wird noch deutlicher, dass das Subjekt und der Organismus nicht dasselbe sind; jenes übersteigt die Körpergrenzen. Sein Sprechen kommt vom Ort des Andern. »*Das Unbewusste ist der Diskurs des Andern*«[22] lautet Lacans prägnante Äußerung. Selbst die intimsten Wünsche und Gedanken haben kein anderes Medium, ja, sie werden gerade durch die Begrenzung des Symbolischen erzeugt. Bereits war davon die Rede, dass der/das Andere imaginiert wird. Durch einen andern Menschen, der für ein Subjekt bedeutsam ist, oder durch die Vorstellung einer transzendenten Macht, wird diese notwendige Annahme des Andern zum Existieren gebracht. Damit überschneiden sich die symbolische und die imaginäre Dimension, wie wir bereits am Beispiel des Blicks sahen. Der oben erwähnte Satz kann deshalb auch so geschrieben werden: »*Das Unbewusste ist der Diskurs des andern*«.[23]

Für das Verständnis dessen, was Sprechen heißt, ist das sehr bedeutsam. Das Subjekt spricht vom Andern her, den es im andern verkörpert sieht. Lacan hat daraus einen seiner formelhaften Sätze, die voller Verdichtungen sind, gebildet: »*Die menschliche Sprache bildet eine Kommunikation, bei der der Sender vom Empfänger seine eigene Botschaft in umgekehrter Form empfängt*«.[24] Der Sinn des Satzes scheint bis »Kommunikation« klar zu sein; man sieht nicht, wie man dem nicht zustimmen könnte. Aber die Fortsetzung überrascht: »Der Sender empfängt seine eigene Botschaft in umgekehrter Form.« Ein spiegelbildliches Verhältnis ist damit angezeigt; ihm entspricht die umgekehrte Form der Botschaft. Zudem weist die Aussage auf die Gleichzeitigkeit von Senden und Empfangen hin. Was der Empfänger sendet, ist nicht irgend etwas, sondern die gehörte Botschaft in umgekehrter Form. Jede Aussage bedeutet schon eine Antwort auf den andern, auch wenn dieser noch gar nicht gesprochen hat, sondern erst dann spricht, wenn der Sender auch spricht.

Ein ganz alltäglicher Vorgang scheint somit überhaupt nicht einfach strukturiert zu sein. Beschreiben wir ihn noch anders: Das Subjekt sieht im andern, der Verkörperung des Andern, seine Frage inkarniert, letztlich die Frage nach seinem Sein, auf die sein Sprechen antwortet. Oder es sieht den andern als Träger eines Wissens, und darum richtet es seine Frage an ihn. Das Moment der Umkehrung wird auch im bereits erwähnten Wechselspiel der Personalpronomina ersichtlich: Sagt das Subjekt des Aussagens etwas von sich, spricht es in der ersten Person Singular; das ist schon eine Antwort, denn vom Andern her wird es gleichzeitig als »Du« angesprochen. »Ich« ist ein »Du« vom Andern her, das »Du« entspricht dem »Ich« des Andern. Für diese Komplementarität gibt es viele Beispiele: Niemand kann von sich sagen, er sei ein Mann, ohne dass nicht vom Andern her die Frage impliziert wäre, ob er eine Frau sei.

Dieser Formel Lacans lässt sich noch mehr abgewinnen: Der imaginäre Bezug zwischen Sender und Empfänger bildet die Achse des Sprechens. Gäbe es nur sie, wären das Ich und das Du ununterscheidbar. Die Dualität wird durch das Andere der Sprache ermöglicht, das als drittes Element die beiden andern unterscheidbar macht. Damit implantiert es ihnen den Mangel, sie erleiden das, was Lacan die symbolische Kastration[25] nennt. Was Bedingung der Möglichkeit des Sprechens ist, nämlich die Differenz zwischen Ich und Du, bedeutet zugleich Trennung, Vereinzelung, Begehren nach Zusammensein. Lacan hat dies mit einem einfachen Schema dargestellt.[26]

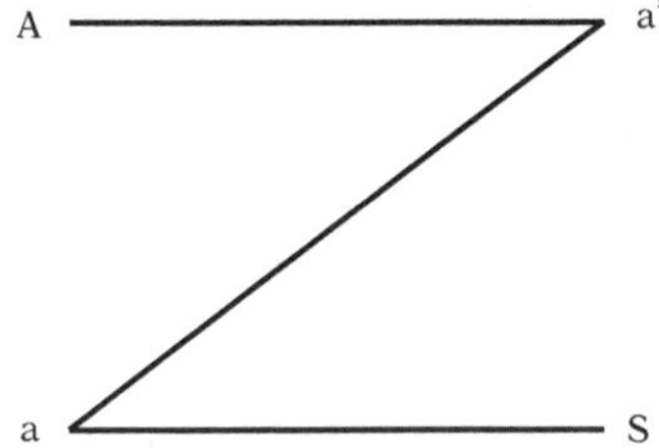

A = Anderer, Ort der Signifikanten; *a—a'* = imag. Achse, die aus dem Spiegelstadium herkommt; S = Subjekt, das sich an den andern wendet;
A–S = unmögliche Verbindung. Die Kommunikation muss über die imaginäre Achse laufen.

Wenn das Subjekt spricht, spricht es vom Ort des Andern aus. Die Kommunikation mit andern läuft über die spiegelbildliche Achse. Gäbe es nur sie, verschwänden die Gegensätze von Ich und Du, vom Anderen und dem Subjekt, alles würde zusammenfallen. Durch die imaginäre Dimension erhalten die Signifikanten für das Subjekt Sinn. Der Preis, den es für die Möglichkeit der Kommunikation bezahlt, besteht im Verlust eines sprachlosen Einsseins mit dem andern.

Mit diesem Schema lässt sich ebenfalls veranschaulichen, was es heißt, dass die Sprache als solche für das Subjekt grundsätzlich unbewusst ist. Wenn Lacan sagt, »ça parle« und dabei den Freudschen Term des »Es« verwendet, so meint er damit den Ort des Andern, von dem her das Subjekt spricht. Wie das Es, ist auch der Andere ein Grenzbegriff. Lacan zieht diesen Term gegenüber dem des Es vor, um nicht Missverständnissen Vorschub zu leisten, das Es sei eine konkrete Realität, als solche Sitz der Triebe und Leidenschaften, wie Freud in seiner Arbeit »Das Ich und das Es« behauptete. Führt das Lacansche Konzept des Andern zu einer Geringschätzung der Triebe und Leidenschaften? Ein solches Urteil würde übersehen, dass der Andere im Sinne Lacans einen engen Bezug zum Körper hat, vor allem zum Konzept des Phallus, das wir später studieren wollen. Die Repräsentationen des Andern im Nebenmenschen, im andern, stellen Versuche dar, das Unvorstellbare zu bemeistern.

Betrachten wir zum Abschluss dieses Kapitels eine bisher kaum beachtete Wirkung, die das Symbolische auf das Subjekt ausübt.[27] Immer wieder ergab sich ein Bezug zwischen dem Andern und dem *désir*, dem *Begehren*. Dieses manifestiert sich als ein unbefriedigtes, vor allem aber als eines, das sich nicht befriedigen lässt, weil sich weder die Lücken innerhalb des Symbolischen noch die Differenz zwischen ihm und dem Imaginären schließen lassen. Dem begehrenden Subjekt genügt kein Objekt; hierin sieht Lacan den Grund für das Unstillbare, Leidenschaftliche des Begehrens. Es ist überhaupt nicht mit dem zu vergleichen, was Lacan *»besoin«, Bedürfnis* nennt – eine Kategorie, die ihm zufolge für Organismen gültig ist, deren physische Reize in der Sättigung gelöscht werden.

Auch beim Menschen gibt es, wie beim Tier, Reize, die nach Sättigung verlangen, zum Beispiel Hunger und Durst. Lacan erkennt in diesen Manifestationen einen Unterschied zum Tier. Er sieht ihn darin, dass der Mensch seine Bedürfnisse artikuliert. Dadurch kommt der/das Andere ins Spiel. Damit lässt sich von einem Symbolisch-Werden der Bedürfnisse sprechen. Eine Kluft zum unmittelbar Physischen entsteht. Hierin sieht Lacan mit Freud den Grund dafür, warum es beim Menschen keine feste Zusammengehörigkeit von Objekt und Bedürfnis gibt. Das zeigt das Beispiel des Hungers. Das Durchkreuztsein des Subjekts von Signifikanten entfremdet das ursprüngliche Bedürfnis und trennt das zuerst vom Objekt, der Mutterbrust, ungeteilte Subjekt. Es verliert sie, als ob es einen Teil von sich selber verlieren würde, ohne dass es später sagen könnte, was es sucht. Die Fülle der Nahrungsmittel, dazu die Suche nach Geborgenheit, Wärme substituieren das Verlorene, nie Erinnerbare auf eine Weise, die stets nach mehr verlangt.

Die Entfremdung des Bedürfnisses im Begehren zeigt sich auch in der Gaumenfreude, die allein schon beim Anblick einer Menükarte entsteht. »Essen« ist durchaus etwas anderes als »Fressen«; die Gaumenfreude setzt sich im Kosten der Nahrung fort. Lacan weist darauf hin, dass Freud, obwohl er nie vom Begehren gesprochen hat, sondern den unspezifischen Term »Wunsch« verwendet, damit keine Naturkategorie gemeint hat. Das zeige sich daran, dass er von der Unzerstörbarkeit des Wunsches und von seiner konstanten Kraft spreche.[28] Lacan sieht bereits in Freuds »Traumdeutung« das Begehren dargestellt; wenn Freud von Wunscherfüllung spreche, sei das nicht ein bestimmter Wunsch, sondern der Wunsch schlechthin, der kein Objekt habe.

Die dritte Kategorie, neben »Begehren« und »Bedürfnis« heißt »Verlangen« *(demande)*. Dieser französische Term lässt sich auch mit »Anspruch« oder »Bitte« übersetzen. Gehört das Begehren zum Symbolischen, das Bedürfnis zum Realen, so lässt sich das Verlangen dem Imaginären zuordnen. Das Verlangen stellt sich Vollständigkeit, Erfüllung vor. In diesem Sinne steht es der Idealisierung nahe, es ist ihr Träger. Wird das Bedürfnis durch die Einwirkungen des Symbolischen entfremdet und in ein Begehren verwandelt, so tendiert das Imaginäre dazu, die Entfremdung aufzuheben. Es ist dann, als ob volle Befriedigung, Glück, Unmittelbarkeit doch möglich wären.

So leicht lässt sich das Begehren jedoch nicht sättigen. Zum einen nicht, weil die erhoffte volle Erfüllung ihre Kehrseite hat, zu Unbewegtheit, Langeweile, Aphanisis führt. Zum andern nicht, weil sich das Begehren als Ausdruck des Mangels von selbst wieder bemerkbar macht. Das Subjekt schüttelt dann das Übervolle ab, will den Mangel erleiden. Goethes Wort drückt das genau aus: »Nichts ist schwerer zu ertragen als eine Reihe von guten Tagen.«

ANMERKUNGEN

1 Lacan, J.: Subversion du sujet et dialectique du désir, in: Ecrits, p. 801; deutsch: Subversion des Subjekts und Dialektik des Begehrens im Freudschen Unbewussten, in: Schriften II, S. 175.

2 —: Du traitement possible de la psychose, in: Ecrits, p. 550; deutsch: Über eine Frage, die jeder möglichen Behandlung einer Psychose vorausgeht, in: Schriften II, S. 82.

3 —: Subversion du sujet ..., op. cit., p. 819, oder: Position de l'inconscient, in: Ecrits, p. 840; deutsch: Schriften II, S. 195 bzw.: Die Stellung des Unbewussten, Schriften II, S. 219.

4 —: Subversion du sujet ..., op. cit., p. 816; deutsch: Schriften II, S. 191 f.

5 —: Subversion du sujet ..., op. cit. p. 800ff; deutsch: S. 174 ff.

6 —: ebd.

7 —: ebd., p. 819 ff.; oder: Le Séminaire XX (Encore), p. 4 ff.; deutsch: Schriften II, S. 196 ff., bzw. Seminar XX (Encore), S. 7 ff.

8 —: Position de l'inconscient, op.cit.,p. 840 ff.; deutsch: Schriften II, S. 218 ff.

9 —: z.B. Le Séminaire II (Le moi dans la théorie de Freud et dans la technique de la psychanalyse): p. 83 ff.; deutsch: Das Seminar II (Das Ich in der Theorie Freuds und in der Technik der Psychoanalyse), S. 86 ff.

10 —: z.B.: Le Séminaire XXII (RSI), Ornicar, Nr. 3, S. 101 ff.

11 —: z.B.: Le Séminaire XXIII (Le sinthome), Ornicar, Nr. 6, S. 8.

12 —: z.B.: Du traitement possible ..., op. cit., p. 535; deutsch: Schriften II, S. 67.

13 Freud, S.: Ein Fall von hypnotischer Heilung, GW I, S. 3 ff.

14 Lacan, J.: Subversion du sujet ..., op.cit., p. 800; deutsch: Schriften II, S. 174.

15 —: Position de l'inconscient, op. cit., p. 840; deutsch: Schriften II, S. 219.

16 —: z.B. in: Du sujet enfin en question, in: Ecrits, p. 232; oder in: Le Séminaire XI (Les quatre concepts fondamentaux) p. 185 ff.; deutsch: Das Seminar XI (Die vier Grundbegriffe der Psychoanalyse), S. 213 ff.

17 Lacan, J.: Le Séminaire XI, op. cit., p. 191; deutsch: S. 218.

18 —: L'instance de la lettre dans l'inconscient ou la raison depuis Freud, in: Ecrits, p. 517; deutsch: Das Drängen des Buchstabens im Unbewussten, oder die Vernunft seit Freud, in: Schriften II, S. 43.

19 —: z.B.: Subversion du sujet ..., op. cit., p. 816; deutsch: Schriften II, S. 192.

20 —: z.B.: Position de l'inconscient, op.cit., p. 840; oder: Fonction et champ de la parole et du langage, in: Ecrits, p. 300; deutsch: Schriften II, S. 219; bzw.: Funktion und Feld des Sprechens und der Sprache, in: Schriften I, S. 143.

21 Freud, S.: Neue Folge der Vorlesungen zur Einführung in die Psychoanalyse, GW XV, S. 62.

22 Lacan, J.: z.B.: Du traitement possible ... , op.cit., p. 549; deutsch: Schriften II, S. 81; s. auch die analoge Aussage: »Das Begehren des Menschen ist das Begehren des Andern«; z.B. in: Le Séminaire XI, op.cit., p. 38; deutsch: S. 44.

23 Lacan, J.: z.B. Le Séminaire I (Les écrits techniques de la psychanalyse), p. 100; deutsch: Das Seminar I (Die technischen Schriften der Psychoanalyse), S. 113.

24 —: z.B.: Fonction et champ., op. cit., p. 298; deutsch: in: Schriften I, S. 141.

25 —: z.B.: Le Séminaire I, op.cit., p. 10; deutsch: S. 78.

26 —: z.B.: Du traitement possible, op. cit., p. 548; oder: Le Séminaire II, op.cit., p. 284; deutsch: Schriften II; S. 81 bzw. S. 310.

27 Zum Folgenden vgl. J. Lacan: La signification du phallus, in: Ecrits, p.690; oder: Subversion du sujet, op.cit., S. 817 ff.; deutsch: Die Bedeutung des Phallus, in: Schriften II, S. 126, bzw.: Subversion des Subjekts, S. 193 ff.

28 Lacan, J.: Le Séminaire XI op. cit., p. 150; deutsch: S. 173.

WEITERE DEUTSCHSPRACHIGE LITERATUR ZUM THEMA »SUBJEKT«:

Bataille, L.: Der Nabel des Traums

Borens, R.: Die Frage der Autorschaft und das Begehren der Frau bei Homer, in: *RISS* Nr. 1

Brotbeck, S.: Sujet en soufffrance, in: *RISS*, Nr. 7, 1988

Haas, N.: Fort/da als Modell, in: *ZETA*, Berlin, 1982

Israël, L.: Bitte und Wunsch, in: *RISS* Nr. 2, 1986

Lang, H.: Die Sprache und das Unbewusste, S. 246–304

— : Zum Verhältnis von Strukturalismus, Philosophie und Psychoanalyse – konkretisiert am Phänomen der Subjektivität, in: *Tijdschrift voor Filosofie*, Nr. 4, 1976

Leclaire, S.: Der psychoanalytische Prozess, S. 27–155

— : Das Reale entlarven

Lipowatz, T.: Diskurs und Macht

— : Die Verleugnung des Politischen, S. 24–49

Michels, A.: Über den Primärprozess, in: *RISS* Nr. 3

Miller, J.-A.: Von einem andern Lacan, in: *RISS* Nr. 2, 1986

Schmeiser, L.: Cartesianische Reflexionen, in: *RISS* Nr. 5

Seifert, E.: Was will das Weib?, S. 9–90

Sträuli, D.: Das Ich und das Gebilde; in: *RISS* Nr. 5, 1987

Tholen, C. G.: Wunsch-Denken, S. 199–300

Weber, S.: Rückkehr zu Freud, S. 66–114

Widmer, P.: Bin ich da wo ich denke? Descartes und Lacan, in: Religion und Vernunft, S. 202–213

— : Ein verkanntes Objekt: Die Stimme, in: *texte*, Nr. 4, 1983

— : Zum Problem des Todestriebs, in: *PSYCHE*, 1984, Heft 12

Žižek, S.: Das Reale der Freiheit, in: *Wo Es war*, Nr. 3/4

5. DIE RHETORIK DES BEGEHRENS: METONYMIE UND METAPHER

Wegen der Leerstelle, die das Symbolische ausgrenzt, stellt sich das von den Signifikanten repräsentierte Subjekt als eines dar, das keine feste Verankerung hat. Sein Kern entzieht sich der sprachlichen Darstellung; es gehört deshalb in seinem Innersten zum Unbewussten, zum Urverdrängten. Nun hat Lacan dieses Reale des Psychischen, wie er es nennt, mit dem Konzept des Phallus weiter thematisiert.

DER PHALLUS ALS SIGNIFIKANT OHNE SIGNIFIKAT

Lacan situiert den Phallus als Signifikanten im Zwischenbereich der verbalen Signifikanten; er sieht in ihm den »Zeichenmacher« der symbolischen Ordnung. Der Phallus wirkt demzufolge als verborgene, unbewusste, fruchtbare Instanz, welche die Signifikate bewirkt. Lacan spricht vom Signifikanten ohne Signifikat.[1] Das heißt, dass der Phallus bedeutend, signifizierend ist, sich selber aber jeder Bedeutung entzieht. Dennoch wird unablässig versucht, den Schleier seines Geheimnisses zu lüften, ihn zu deuten. Die Zeichensetzung des Phallus ist gleichbedeutend mit der Kreation der symbolisch vermittelten Realität, durch ihn erlangt das Seiende für ein Subjekt Sinn und Bedeutung. Um es in Husserls Sprache zu sagen: Etwas wird als etwas wahrnehmbar. Der Phallus im Symbolischen hat damit einen engen Bezug zum Verb »sein«. Die Kopula repräsentiert den Phallus im Symbolischen.[2] Ohne ihn gäbe es keine Ordnung, keine strukturierte Realität. Das Ortlose des Zeitlosen wird durch die Ebene des phallischen Signifikanten zum Existieren gebracht, im Spiel von Abwesenheit und Anwesenheit repräsentiert. Hierbei schlägt sich der Phallus im Buchstäblichen nieder, legt es doch ein unvergängliches Netz über das sonst Unsagbare. Er hält durch den symbolischen Mord das Flüchtige der Wahrnehmung fest.

Mit der Bestimmung des Phallus als Kopula befinden wir uns auf der Ebene der Darstellung. Jeder Versuch, den Phallus zu repräsentieren, kehrt die Richtung des Bedeutens um: Er, der bewirkt, dass es überhaupt eine menschliche Realität gibt, wird selber zum Objekt, vom Symbolischen her gedacht. Diese Umkehrung in der Betrachtungsweise zeigt sich noch deutlicher, wenn die Repräsentation des Phallus nicht etwas im Symbolischen, ein Verb betrifft, sondern etwas Reales, Physisches. Jeder weiß, dass mit Phallus gemeinhin das männliche Geschlecht gemeint ist. Der Phallus wird in diesem Sinne zum Symbol geschlechtlicher Potenz, ihres An- und Abschwellens. Damit ist sein Ort als Signifikant im Symbolischen vertuscht. Man meint dann, er sei etwas Naturhaftes, worin der Mangel auf seine imaginäre Dimension der Unvollkommenheit reduziert ist. Vergessen bleibt dabei die symbolische Kastration, die er deswegen bewirkt, weil er sich als organisierende Instanz der Realität entzieht und sich nicht darstellen lässt.
Von seiner Wirkung her ist der Phallus ein differenzierender Faktor. Obwohl nicht existierend, geht von ihm eine ungeheure Gewalt aus. Vom symbolischen Mord war bereits die Rede; der Phallus erweist sich als die treibende Kraft dieses Mordens. Die Scham bei seiner Enthüllung erinnert daran. Lacan spricht in diesem Zusammenhang vom Fresko in der Villa dei Mysteri in Pompej, auf dem die Entdeckung des Phallus dargestellt sei.[3] Auf dem Titelbild einer seiner gesondert erschienenen Arbeiten (»Télévision«) ist übrigens ein Ausschnitt aus diesem Fresko in Gestalt einer Frau abgebildet, die beim Anblick der Geißelung einer Gefährtin durch einen Dämon erschreckt. In diesen dionysischen Mysterienspielen, wie eines davon im pompejanischen Fresko dargestellt ist, fungiert der Phallus als geheimnisvolles Zentrum von Lust, Gewalt und Wissen. Man kann hier ebenfalls an das von Lacan kommentierte Bild von Holbein (»die Gesandten«) denken, auf dem ein Totenschädel als Anamorphose gemalt ist.[4] Der Phallus ist dabei in seiner annihilierenden Funktion, welche die menschliche Realität zu einer nichtigen macht, dargestellt; er enthüllt sein tödliches Gesicht just in dem Moment, in dem sich der Betrachter von der Darstellung der prunkvollen Gesandten abwendet.
Diesseits dieser versuchten Darstellungen besteht die Gewalt des Phallus in der Unterwerfung, Verbuchstäblichung des Realen; hierin entspricht er dem versteinernden Faktor der Schrift. Vielleicht lässt sich hier ein Bezug zu Freuds Arbeit »Jenseits des

Lustprinzips« sehen, worin er vom Todestrieb gesprochen hat, der sich in der Tendenz äußere, alles Lebendige ins Leblose zurückzuführen.[5] Ließe sich nicht die Schrift als dieses Leblose, Anorganische, auffassen, als steinerner Gast im »Don Giovanni«, der einzigen Oper, für die sich Freud interessierte? Besteht das Statuenhafte des Spiegelbildes nicht, weil das kindliche Subjekt in ihm den Namen, der ihm eingeschrieben ist, verkörpert sieht?

DIE STILFIGUREN DES UNBEWUSSTEN: METONYMIE UND METAPHER

Das Sich-Entziehen des phallischen Signifikanten, seine nie abschließbare Symbolisierung, führt zu zwei Stilfiguren, die wir mit Lacan als Stilfiguren des Unbewussten oder auch des phallischen Signifikanten auffassen können. Er nennt sie Metonymie und Metapher.[6] Freud hatte von Verschiebung und Verdichtung gesprochen und damit beschrieben, wie der Primärprozess, vor allem beim Traum, funktioniert, jene Entstellungen und Überlagerungen also, die dem Traumgeschehen ein so merkwürdiges Aussehen verleihen. Lacan verwendet linguistische Termini, um darauf hinzuweisen, dass damit sprachliche Vorgänge gemeint sind, keine psycho-logischen. Für ihn kennzeichnen Metonymie und Metapher die Wirkungsweise des Symbolischen schlechthin, nicht nur des Primärprozesses. Dennoch setzt er der Reichweite dieser beiden Stilfiguren Grenzen; gäbe es diese nicht, müsste sein eigenes Sprechen über Metonymie und Metapher als metonymisch und metaphorisch aufgefasst werden, was seine Gültigkeit außer Kraft setzte. Die Grenzziehung erfolgt von einem Wissen aus, das selber nicht diesen Stilfiguren unterliegt, sondern imstande ist, sie zu definieren.

Wie fasst Lacan diese beiden Stilfiguren auf? Er orientiert sich zunächst an einer Arbeit Jakobsons über Aphasie.[7] Darin zeigt der Linguist, dass sich Sprachstörungen anhand der Dimensionen der Metonymie oder der Metapher aufteilen lassen; entweder sei die metonymische oder die metaphorische Seite gestört. Diese bezeichnet er als Fähigkeit zur Selektion und zur Substitution, jene als diejenige zur Kombination und zur Kontextbildung. Als Paradigma für die Metapher nennt Jakobson die Poesie; die Prosa ordnet er dagegen der Seite der Metonymie zu. Lacan übernimmt zunächst Jakobsons Auffassung der beiden Stilfiguren. Die Unterschiede beider Auffassungen liegen nicht auf der definitorischen Ebene, sondern auf der meta-linguistischen. Das Abwesende, Reale, das, was sich für Lacans Verständnis der symbolischen Ordnung als zentral erweist, fehlt in Jakobsons Konzeption.

Bleiben wir vorerst bei der *Metonymie:* Lacan definiert sie als *»von Wort zu Wort«* (»mot à mot«), als ein Verweisungsgefüge, das Bestehendes aneinanderreiht, dabei keinen neuen Sinn erzeugt. Er gibt dazu ein Beispiel, das er Quintilian entnimmt[8]: »Dreißig Segel.« Lacan weist damit auf die pars-pro-toto-Funktion dieser Metonymie hin, die an eine Flotte denken lässt. Wie immer, wenn Lacan ein Beispiel gibt, ist es hintergründig und verwirrend. Die auf dem Wasser fahrenden Schiffe stellen ihrerseits Signifikanten dar, die unter sich in einer metonymischen Beziehung stehen und dabei das Reale, das Meer ausgrenzen. Man könnte hier ein ähnliches Beispiel anfügen, dasjenige der Scherben, die zusammengesetzt eine Vase bilden. In der Verbindung eines Signifikanten mit einem andern entsteht eine Leerstelle, die auf den Seinsmangel hinweist. Lacan kennzeichnet darum die Metonymie als Stilfigur des Begehrens, das von einem Signifikanten zum andern gleitet.

Die *Metapher* kennzeichnet er als *»ein Wort für ein anderes«* (»un mot pour un autre«). Eine Substitution wird damit angezeigt, wodurch ein Sinneffekt entsteht. Der substituierte Signifikant wird verdrängt. Zwischen diesem verdrängten Signifikanten und seinem Substitut bildet sich eine Spannung, aus der der Funke der Metapher entspringt. Ein besonders schönes Beispiel findet Lacan bei Tardieus Aussage: »Die Liebe ist ein in der Sonne lachender Kieselstein.«[9] Man sieht, wie das Prädikat »ist« – Repräsentant des phallischen Signifikanten – die beiden Pole verbindet, dadurch definiert und doch trennt, aber so, dass nun die Liebe gleichsam in den Kieselstein übergesprungen ist.

In der Metaphorik erweist sich der phallische Signifikant als zugleich symbolisierende und symbolisierte Instanz. Seine Potenz schlägt sich in jedem Symbol nieder. Bemüht man noch einmal das Bild der Vase, könnte man sagen, dass die Leere des Bauchs als formgebende Instanz für den Ton, die Materie wirkt. Umgekehrt wird das Hohle durch die Gefäßwand oder die Scherben des Symbolischen erzeugt. Es gibt hier kein Erstes und kein Zweites, vielmehr eine Gleichzeitigkeit des Negativen und des Positiven. So wie das Hohle die Gefäßwand metaphorisiert, metaphorisiert diese das Hohle. Durch die Gefäßwand wird das Leere, Differentielle, Reale zu einem bestimmten Realen, das sich unterscheidet von einem unbestimmten, das sich nie darstellen lässt, da es unbegrenzt, ortlos ist. Durch den Bauch der Vase erhalten die signifikanten Scherben ihre Bestimmung. Beim Sprechen, wie es sich beispielhaft im freien Assoziieren zeigt, verwirklicht sich das gegenseitige Bedingungsverhältnis von phallischem Signifikant und den materiellen Signifikanten in einem fortwährenden Pulsieren: Von dem Moment an, wo sich eine Inspiration konkretisiert, wo sie realisiert wird, entzieht sich auch schon das Unsagbare des phallischen Signifikanten. Deshalb ist der Vorgang der Metaphorisierung unabschließbar.

Das Beispiel der Vase verdeutlicht, dass sich Metonymie und Metapher keineswegs gegenseitig ausschließen. Jedes Substitut lässt sich wiederum substituieren, so dass die Metaphern zueinander in einer metonymischen Beziehung stehen. Umgekehrt bilden metonymische Verknüpfungen die Grundlage für Metaphern, deren Funken sich dann entzünden, wenn einem Wort nicht ein anderes folgt, sondern wenn eines sich an die Stelle des andern setzt.

Trotz dieser Verzahnung der beiden Stilfiguren – Lacan nennt sie auch Tropen – spricht er vom Primat der Metonymie. Jede Metapher setzt das Metonymische, aber nicht jede Metonymie das Metaphorische voraus. Die vor-metaphorische Metonymie zeigt sich bei Psychotikern oder auch bei gewissen Formen der Aphasie. Die Sprache kleiner Kinder lässt sich ebenfalls als metonymisch bezeichnen. Ihr Merkmal zeigt sich darin, dass die Ebenen der Signifikanten und der Signifikate – wie in der Musik – nicht voneinander getrennt sind. Die durch den phallischen Signifikanten bewirkte Triangulierung von Wort, Vorstellung und Sache fehlt. Vom Standpunkt der Metaphorik her gesehen, muss man von einer Konfusion sprechen. Innen und außen sind ebenso vermischt wie Wort und Sache. Genau gesagt fehlt die Dimension des Signifikats, die sich zwischen Signifikant und Sache schiebt. Diese Dimension des Signifikats repräsentiert den Phallus als Objekt.

Man muss somit unterscheiden, ob eine zu diskutierende Metonymie vormetaphorisch gemeint oder mit der metaphorischen Dimension verwoben ist. Für Lacans Beispiel der dreißig Segel trifft zweifellos die zweite Annahme zu. Sicher enthält auch Prosa, die Jakobson als Beispiel für das Metonymische nimmt, metaphorische Elemente, obwohl das Schwergewicht auf seiten

des Metonymischen liegt. Dagegen stellt ein Delirium das Beispiel einer metonymischen Sprache dar.
Das Neue an Lacans Auffassung besteht in seiner Konzeption des Phallus als repräsentierend-repräsentierte Instanz, und – eng damit verknüpft – in der Behauptung, dass dem Signifikanten der Vorrang gegenüber dem Signifikat gebührt. Fast alle Konzeptionen, bis hin zu Jakobson,[10] gehen davon aus, dass das Primat nicht dem Signifikanten, sondern dem Signifikat, nicht dem Abwesenden, Realen, sondern dem Anwesenden, Seienden zukommt. Deshalb kommen sie zum Ergebnis, dass die beiden Stilfiguren akzidentell sind; Sprache wäre zwar ohne sie ärmer, aber doch denkbar. Wegen des sich entziehenden Signifikanten, der im metonymisch-metaphorischen Prozess der Artikulation stets verfehlt wird, fasst Lacan diesen Vorgang als unabschließbar und als für das Symbolische wesentlich auf. Der Vorgang des Metaphorisierens kann nicht einmalig sein, nicht in der abschließbaren Substitution eines Wortes durch ein anderes bestehen, wie die Konzeptionen, die der Auffassung Lacans noch am nächsten kommen, behaupten; jeder Akt verlangt nach seiner Fortsetzung. Auch die Metonymie besteht nicht in einer einmaligen Kombination von Worten, in einer Abkürzung oder in einer Ersetzung des Ganzen durch einen Teil, wie traditionelle Auffassungen behaupten, sondern erfordert – wegen der Abhebung vom Unmittelbaren durch die metaphorische Dimension – die Bildung von Ketten, die auf das nicht-einholbare, unmögliche Objekt verweisen.

DIE BEDEUTUNG DIESER STILFIGUREN FÜR DIE PSYCHOANALYSE

Für die Psychoanalyse erweist sich Lacans erweiterte Auffassung als sehr bedeutsam. Bereits wurde auf den Zusammenhang mit der Verdrängung hingewiesen, die durch den Akt des Metaphorisierens entsteht: Der substituierte Term verfällt der Verdrängung, erhält aber von diesem Ort aus eine Beziehung zu seinem Substitut aufrecht. Dadurch entsteht eine Differenz, die den Sinneffekt ausmacht. Dieser Sinn als Funke zwischen den Signifikanten metaphorisiert das Reale. Er konstituiert auch eine Wahrheit im imaginären Sinne, die Wahrheit für ein Subjekt, das nicht anders kann, als den Seinsmangel zu metaphorisieren, ihm Sinn zu geben, den es vom Signifikanten erhält. An der

Stelle des Realen befindet sich stets ein verdrängter Signifikant, der substituiert wird, weil er nie dem Realen entspricht, ihm nie entsprechen kann. Wahrheit in diesem imaginären Sinne ist gleichbedeutend mit dem Weg, den ein Subjekt auf sich nimmt und von dem es sich durch das leiten lässt, was sich ihm zuspricht.

Die beiden Stilfiguren konstituieren in ihrem Zusammenspiel die zwei Seiten des Begehrens. Es kennzeichnet sich einerseits durch seine Unruhe, die immer etwas anderes will, sich mit keinem Objekt zufriedengibt. Für den metonymischen Pol gilt, dass *das Begehren an die Stelle des Objektes tritt.* Oder noch präziser: Das Objekt hält als ungenügendes das Begehren aufrecht. Der metaphorische Pol *sucht ein volles Objekt,* das eine Verankerung, einen Halt gewährleistet, den Seinsmangel schließt. Die Subversion durch die metonymische Dimension weist immer wieder darauf hin, dass es diese volle Präsenz, dieses erfüllte Sein nicht gibt. An seiner Stelle droht das Abgründige, das gewöhnlich als Loch vorgestellt wird. Ein Kinderlied illustriert diese beiden Seiten trefflich: »Hansdampf im Schneckenloch hat alles was er will; was er hat, das will er nicht, und was er will, das hat er nicht«, wobei das Schneckenloch den metaphorischen Pol, den des Seins, darstellen mag, das Haben und Nicht-Haben dagegen die metonymische Seite. Der erste Satz des Liedes stellt eine Position dar, die sich dann als unhaltbar erweist: den Traum von Identität, der am Ursprung der Metaphorik steht.

Jedes menschliche Subjekt kann nicht anders, als den Mangel an Sein zu metaphorisieren. Lacan spricht vom *Symptom*[11] als von einer Metapher. Es weist genau die Struktur auf, die wir bei ihr gefunden haben: Ein Term verfällt der Sprachlosigkeit und wird ersetzt durch einen andern, der mit dem verdrängten eine Beziehung unterhält, ihn aber zugleich entstellt. Was scheinbar oberhalb des Strichs erscheint, ist der Signifikant eines Zeichens. Das Symptom entspricht aber Lacan zufolge keinem Zeichen; der Vergleich mit Rauch und Feuer wäre unzutreffend. In der Substitution versteckt sich vielmehr ein gefangener Sinn, den es zu entdecken gilt, Ort einer Wahrheit, die das Subjekt nicht weiß, obwohl es doch seine Wahrheit ist.

Wie kommt es denn, dass ein Wort ein anderes ersetzt und dabei ein Nicht-Wissen entsteht; an der Substitution scheint doch nichts geheimnisvoll zu sein? Was dem Symptom seine überraschende, oft witzige Dimension verleiht, kommt von der Mehrdeutigkeit her, die die scheinbare Zugehörigkeit von Signifikant und Signifikat stört. Mehrdeutigkeit gibt es nur, weil das Symbolische wesensmäßig das Reale verfehlt und von ihm unterhalten wird, weil Metonymie und Metapher unaufhörlich den phallischen Signifikanten substituieren. Somit ist keine Metapher genügend; darin liegt die Bedingung für die Mehrdeutigkeit, in der sich das Rätsel des Signifikanten darstellt. Im Symptom als Metapher bezeichnet der Signifikant, das Wort oberhalb des Balkens, etwas anderes, als es den Anschein macht, aber doch etwas, das mit dem Verdrängten in einer Beziehung steht, was sich, wenn der verborgene Sinn aufgedeckt wird, oft in einem Lacheffekt zeigt. Das Signifikat muss vorgängig selber Signifikant gewesen sein, um von seinem Substitut erreicht zu werden.

DIE BEGRENZUNG VON METONYMIE UND METAPHER

Wenn Freud von Verschiebung und Verdichtung spricht, denkt er dabei an den Primärprozess. Insbesondere in der »Traumdeutung«, aber auch in seinen Büchern über den Witz und über die Psychopathologie des Alltagslebens gibt er zahlreiche Beispiele für die Rhetorik des Primärprozesses. Die ungebundene psychische Energie ermöglicht die tollsten Entstellungen und Verwandlungen. Der an das Realitätsprinzip gebundene Sekundärprozess hemmt dann das Lustprinzip. Da er aber im Dienste des Primärprozesses steht, stellt sich die Frage, ob Verschiebung und Verdichtung auch für das rationale, zweckgerichtete Denken gelten. Die Antwort fällt nicht leicht. Freud fasst den Primär- und den Sekundärprozess als sich gegenseitig bedingend auf. Das zielgerichtete Denken erweist sich dabei immer wieder als vom Primärprozess unterwandert, was sich am deutlichsten in Fehlleistungen zeigt. Einerseits bricht etwas in das Gefüge des rationalen Denkens ein, anderseits verschwinden Namen, Elemente des Sekundärprozesses, im Primärprozess. Die Antwort auf die Frage nach der Eigenständigkeit des Sekundärprozesses muss deshalb differenziert ausfallen. Idealiter gehorcht er anderen Gesetzen, realiter wird er aber immer wieder in Beschlag genommen durch die Vorstellungen des Lustprinzips. Der Term »Rationalisierung« drückt das treffend aus; die scheinbare Abgehobenheit des Denkens von jeder Lust erweist sich als Schein. Daraus lässt sich aber nicht folgern, dass jedes Denken Rationalisierung sei.

Auch Lacan denkt an Grenzen der Stilfiguren des Unbewussten. Im Gegensatz zu Freud fasst er den Primärprozess als sprachlich bedingt auf. Schon die Wahl der der Linguistik entnommenen Termini »Metonymie« und »Metapher« zeigt an, dass die Rhetorik des Unbewussten für ihn innerhalb des Symbolischen geschieht. Freuds Unterscheidung von Primär- und Sekundärprozess hat in Lacans Konzeption innerhalb des Symbolischen ihren Ort. Dieses erweist sich als gespalten, wobei die Spaltung gleichzeitig geschieht. (Dagegen setzt das Denken über diese Spaltung, das zu einem Wissen führt, später ein.) Das heißt, in einem und demselben Sprechakt vermischen sich Motive des Lustprinzips mit dem Realitätsprinzip. Wenn z.B. der Dichter Heinrich Heine seine Figur des Hirsch Hyazinth sagen lässt: »Er (Salomon Rothschild) behandelte mich ... ganz *famillionär*«,[12] so erweist sich darin, dass die metonymische Rede: »Er behandelte mich familiär«, durchkreuzt wird von einer uneingestandenen Absicht, die auf den Andern, den Baron als Spender und Millionär verweist. Diese Fehlleistung – eher eine geglückte Metaphernbildung – führt uns auf die Spur des phallischen Signifikanten und seiner Potenz zurück.
Das Beispiel verdeutlicht, warum Lacan die Stilfiguren des Unbewussten dem Subjekt des Begehrens zuordnet. Die rhetorischen Figuren des Primärprozesses umkreisen den phallischen Signifikanten. Sie werden ebenso von ihm signifiziert, wie sie versuchen, ihn zu signifizieren, ihn zum Objekt zu machen. Ob sich damit in Lacans Theorie das sekundärprozesshafte Denken gänzlich als Werkzeug des phallischen Begehrens auffassen lässt, scheint dennoch zweifelhaft zu sein, gelten doch seine Anstrengungen dem Aufzeigen von Bedingungen des Phallischen und seiner Wirkungen.
Ein Beispiel für ein Sprechen, das sich im Verfehlen als geglücktes erweist und die beiden Seiten des Begehrens aufs trefflichste ausdrückt, beschließt dieses Kapitel. Eine Analysantin variiert den Anfang eines Verses mit den an den Analytiker gerichteten Worten: »Ich wollte, Sie wären ein Känguruh.« Dazu kommt ihr das Bild eines kleinen Känguruhs im Beutel seiner Mutter in den Sinn. Diese Vorstellung lässt sich ohne weiteres als Substitut für die Beziehung zwischen einer menschlichen Mutter und ihrem Kind, oder auch zwischen Analysantin und Analytiker auffassen. Der metaphorische Funke erzeugt dabei die Vorstellungen von Schutz, Geborgenheit und doch nicht Eingesperrt-Sein, auch von der Erfüllung des Begehrens in der guten, mütterlichen Na-

tur. Zwischen Mutter und Kind besteht dagegen ein metonymisches Verhältnis, da im Begriff »Mutter« schon mitenthalten ist, dass sie ein Kind hat.

Bedenkt man, dass dieses Beispiel artikuliert worden ist und die Phantasie, die Ebene des Signifikats visiert, sieht man, dass das Begehren in dieser Dimension unabschließbar ist. Es ruft nach weiteren Metaphern, die allesamt das Reale, die Abwesenheit einer Identität, das Bild phallischer Vollständigkeit nicht einzuholen vermögen. Die metonymische Dimension zeigt sich, wenn man »Känguruh« springen lässt: »Kein (schweizerdeutsch: ›kän‹) Guruh.« Eine neue Metapher (»Guruh«) wird verneint, das Begehren dadurch auf offene Bahnen verwiesen. Geht der Signifikant (»Kein Guruh«) dabei in das Signifizierte ein? Eher muss man sagen, er hebe den Analytiker, den Nicht-Guruh, durch die Verneinung auf die Ebene oberhalb des Balkens, in das Nicht-Sein des Signifikanten. Die positive Bestimmung als Mutter-Ersatz oder als Guruh ist dabei vorausgesetzt, sonst könnte sie nicht verneint werden.

ANMERKUNGEN

1 Lacan, J.: La Signification du phallus, in: Ecrits, p. 685ff (vor allem p. 690); deutsch: Die Bedeutung des Phallus, in: Schriften II, S. 121 ff. (vor allem S. 126).
2 —: ebd., p. 692f; deutsch: S. 128 f.
3 : obd.
4 s. dazu die vordere Umschlagseite der franz. Ausgabe des Seminars XI (Les quatre concepts fondamentaux) und den Kommentar dazu, p. 80 ff.; deutsch: Das Seminar XI (Die vier Grundbegriffe der Psychoanalyse), S. 91 ff.
5 Freud, S.: Jenseits des Lustprinzips, GW XIII, S. 40.
6 Lacan, J.: L'instance de la lettre dans l'inconscient, ou la raison depuis Freud, in: Ecrits, p. 504; deutsch: Das Drängen des Buchstabens, oder die Vernunft seit Freud, in: Schriften II, S. 30.
7 Jakobson, R.: Zwei Seiten der Sprache und zwei Typen aphasischer Störungen, in: Aufsätze zur Linguistik und Poetik.
8 Lacan, J.: L'instance ..., p. 50; deutsch: Schriften II, S. 30 f.
9 —: ebd. p. 508; deutsch: S. 33.
10 Lacan, J.: Le Séminaire XX (Encore), p. 19 f.; deutsch: Das Seminar XX (Encore), S. 19 f.
11 Lacan, J.: L'instance ..., op. cit., p. 528; deutsch: Das Drängen ..., op. cit., S. 55.
12 Dieses Beispiel aus: »Die Bäder von Lucca« hat Freud herausgegriffen, in: Der Witz und seine Beziehung zum Unbewussten, GW VI, S. 157.

WEITERE DEUTSCHSPRACHIGE LITERATUR

Lang, H.: Die Sprache und das Unbewusste, III. Teil, S. 79–165.
Leclaire, S.: Der psychoanalytische Prozess
Michels, A.: Über den Primärprozess, in: RISS, Nr. 3, S. 63–87.
Seifert, E.: Was will das Weib? Kap. 3, S. 91–119.
Tholen, C. G.: Wunsch-Denken, VI. Teil, S. 53–80.
Weber, S.: Rückkehr zu Freud, V. Teil, S. 53–66.

6. DIE REALISIERUNG DES BEGEHRENS: LIEBE UND SEXUALITÄT

Die Aussagen der drei letzten Kapitel gruppierten sich hauptsächlich um einzelne Konzepte, deren Komplexität so weit wie möglich aufgegliedert wurde, um die Zusammenhänge, in denen das Subjekt von Anfang an verwickelt ist, begreifbar zu machen. Nun gilt es, das Getrennte wieder zusammenzudenken, der Fortsetzung dessen nachzugehen, was sich im Spiegelstadium bereits angekündigt hat. Allerdings kann die folgende Arbeit nicht nur eine synthetische sein. Um etwas von dem zu erfahren, wie Lacan Liebe, Sexualität und ihr Ineinanderverwobensein auffasst, werden neue Konzepte vorgestellt und diskutiert werden müssen. Einmal mehr greift er dabei auf Freuds Arbeiten zurück.

DAS GESAMT-ICH, DIE SELBSTERHALTUNG UND DIE LIEBE

In der Faszination des Spiegelbildes findet die Liebe nicht ihren ersten Ausdruck. Der Anblick der Mutter, die die Macht hat, die Bedürfnisse des Kindes zu befriedigen und ihre Vertrautheit stellen eine frühere Form dar. Der wesentliche Unterschied besteht darin, dass sich das Kind bis zum Ausgang des Spiegelstadiums noch nicht als ein Wesen für sich weiß; der Verlust der Mutter, durch den Einbruch der Signifikanten bewirkt, bedeutet für es dasselbe wie der Verlust eines Teils von ihm. Erst durch Trennungen formiert sich sein Ich, dessen Bild es im Spiegel des Andern entdeckt. Was es sieht, lässt sich als Bild der Verkörperung seines Namens bezeichnen, mit dem es gerufen wird. Dem Unveränderlichen des Namens entspricht das Statuenhafte des Bildes. Auch nach der Überwindung dieser Fixierung bleibt die Erfahrung vor dem Spiegel die Grundlage für spätere Beziehungen. Verliebtsein bewahrt immer etwas von diesem Einssein-Wollen mit dem andern. »*Y a d'l'Un*«[1] lautet eine der formelhaften Aussagen Lacans. In diesem Sinne bleibt Liebe narzisstisch;

mit Lacan können wir auch von ihrer imaginären Dimension sprechen.

Bis dahin war weder von Trieben noch von Sexualität die Rede. Der Grund liegt darin, dass Freud die Liebe zunächst davon trennt; er rechnet sie nicht zu den sexuellen Trieben, sondern zum Selbsterhaltungstrieb.[2] Während es bei der Liebe um das *Gesamt-Ich* geht, manifestieren sich die sexuellen Triebe als Partialtriebe. Lacan folgt hierin Freud; mit dem Konzept des Spiegelstadiums kann er zeigen, wie das Gesamt-Ich repräsentiert wird, wobei sich zugleich erweist, dass die Ganzheit einer Fiktion entspricht, nirgends vorfindbar ist. Der Grund liegt darin, dass das Unsichtbare des Symbolischen und des Realen, der phallische Signifikant, der das Gesamt-Ich mitkonstituiert, sich nicht bildlich darstellen lässt. Er bleibt im verborgenen.

Freud unterscheidet zwei Instanzen des Selbsterhaltungstriebs (auch »Ichtrieb« genannt): Das *Real-Ich* und das *purifizierte Lust-Ich*.[3] Diesem schreibt er die Aufgabe zu, zwischen dem für es Guten und Schlechten zu unterscheiden. Das Gute wird ins Ich aufgenommen, das Schlechte ausgestoßen. Das Real-Ich stellt fest, ob eine Vorstellung einem wirklichen oder einem nur vorgestellten Objekt entspricht. Dieses Urteil ist für das Überleben notwendig; nur vorgestellte Objekte verschaffen keine wirkliche Befriedigung. Das Urteil des Real-Ichs gibt Aufschluss darüber, ob eine motorische Aktivität nötig ist, um die Befriedigung der Triebspannung zu erreichen. Diese Funktionen der beiden Ich-Instanzen bilden die Grundlagen des Lust- und des Realitätsprinzips. Aus Freuds Darstellung geht hervor, dass das Realitätsprinzip den kurzschlüssigen Weg des Lustprinzips hemmt; es prüft, ob ein Umweg über die äußere Realität nötig ist, in der es tatsächliche Befriedigung finden kann. Das Realitätsprinzip steht somit im Dienste des Lustprinzips.

Das Objekt der Selbsterhaltung ist die Brust, die für das kleine Kind zuerst wie ein Teil seiner selbst empfunden wird. Mit der trennenden Wirkung der Signifikanten, mit der Symbolisierung des Hungers, verschwindet das erste Befriedigungserlebnis im Unsagbaren des Diesseits der Sprache. Jedes weitere Objekt auf der Ebene der symbolisch vermittelten Realität wird zum Substitut des Unnennbaren. Lacan hat am Beispiel des von Freud erwähnten Traums seiner Tochter Anna, die sich nach einer Magenerkrankung, während der sie nichts essen durfte, im Traum laut die besten Nahrungsmittel wünschte, gezeigt, dass diese nicht einfach Objekte ihres Hungers darstellten, sondern verbo-

tenen Objekten entsprachen.[4] Die verbotenen Objekte eigneten sich anscheinend besser als irgendein beliebiges Nahrungsmittel, das verlorene Objekt zu substituieren.
Dieses Beispiel zeigt zudem, dass der Primärprozess des Traumgeschehens nicht unsprachlich geschieht. Die Gesetze des Signifikanten bei der Suche nach der Befriedigung des Hungers, des Lustprinzips, wirken schon. Nirgends kann von einem Primären, Vor- oder Unsprachlichen ausgegangen werden, auf das das Sekundäre, Sprachliche folgt. Der von Freud als Primärprozess benannte Vorgang erweist sich selber als konstituiert von dem, was bei ihm als das Spätere bezeichnet wird. Gewiss sind Sachvorstellungen, Signifikate, die selber bildhaft sind, im Spiel, sie sind aber strukturiert vom Phallus als Signifikanten. Die Wahrnehmung wird die Spuren der Sprache nicht los; das Primat gehört dem Signifikanten, nicht dem Signifikat. Er konstituiert den Primär- wie den Sekundärprozess, das Lust-Ich wie das Real-Ich.
Zudem hat sich deutlich gezeigt, in welchem Ausmaß der Körper von diesen Vorgängen betroffen ist. Die Prüfung dessen, was ins Ich aufgenommen und was ausgestoßen wird, geschieht unter Mitwirkung der Sinnesorgane. Weil Signifikanten im Spiel sind, entspricht die Funktion der Attribuierung (was ist gut, was ist schlecht) nicht einem Bedürfnis, sondern einem Begehren. Im Aufnehmen und Ausstoßen erkennen wir bereits eine Wirkung des Signifikanten. Gäbe es das gute Objekt schlechthin, gäbe es keinen Fluss des Primärvorgangs, kein Umkreisen des verlorenen, aber nie als solches erinnerbaren Objekts. Lacan erinnert in diesem Zusammenhang an Freuds Begriff der »Urverdrängung«.[5] Freud hatte dort den Zusammenhang zwischen dem Nicht-Symbolisierbaren und dem Unbewussten entdeckt. Das Nicht-Symbolisierbare wird zum Ausgestoßenen, zum Ek-sistierenden im Sinne Lacans. Das, was vom Subjekt symbolisiert werden kann, wird vor diesem Hintergrund des Unsagbaren bejaht. (Später kann das Subjekt auch schlechte Objekte ins Ich aufnehmen. Das geschieht mittels Attribuierung des Adverbs »nicht«. Freud erkannte in diesem Vorgang eine Fortsetzung des Ausstoßungsmechanismus, quasi auf höherer Ebene.)[6]
Lacan erkennt im Real-Ich, so wie Freud es auffasst, physiologische Einwirkungen. Mit Freud spricht er vom *homöostatischen Prinzip,*[7] d.h. von der an das Nervensystem gebundenen Spannungsregulation des Lust-Unlust-Prinzips. Die Spannung reduziere sich nie auf Null, überschreite aber auch nicht eine gewisse

Grenze. Das Real-Ich wird damit zum Ort der Begrenzung der Lust und der Unlust, d.h. der Spannungserhöhung und der Spannungsabfuhr, um mit Freud zu sprechen.

Die Freudsche Darstellung der Funktionen von Real-Ich und Lust-Ich wird von Lacan korrigiert. Das Lust-Ich ist für Lacan die Instanz, die Realität konstituiert, stößt es doch das ihm Unliebsame aus und bildet so den Gegensatz von Innen und Außen, von dem Freud im Zusammenhang mit dem Real-Ich sprach. Dagegen sieht Lacan im Real-Ich wohl die Realitätsprüfung am Werk, jedoch nur, weil die Realität das Subjekt mehr oder weniger interessiert im Hinblick auf die angestrebte Befriedigung. Der entscheidende Unterschied zwischen den Auffassungen Freuds und Lacans liegt darin, dass jener das eine Prinzip, das Lustprinzip, als unsprachlich, unbewusst auffassen will, das andere, das Realitätsprinzip, als sprachlich, bewusst. Wir haben schon in der Diskussion des Symbolischen gesehen, dass für Lacan eine solche Position unhaltbar ist. Wie im Falle der Sachvorstellungen, die er an die Voraussetzung des Signifikanten bindet, bestreitet er auch hier die Unsprachlichkeit des Lustprinzips. Damit wird die Freudsche Unterteilung der Funktionen buchstäblich durchkreuzt, das Lustprinzip mit der Konstitution von Realität, das Realitätsprinzip mit der Suche nach Lust in einen wesensmäßigen Zusammenhang gebracht. Wiederum sind wir einem Beispiel begegnet, wie Lacan die Freudschen Begriffe aufnimmt, sie verwendet, sie aber dann doch umdreht, ihnen einen andern Sinn gibt – einen andern Sinn, den er in anderen Passagen bei Freud findet.

Wie fügen sich nun Gesamt-Ich, Real-Ich, Lust-Ich, Selbsterhaltung und Liebe zusammen? Für Lacan entsprechen diese Instanzen dem Versuch Freuds, das Funktionieren des Subjekts unter dem Aspekt seines Egoismus zu erklären. Bedingt durch den Mangel an Instinkten, hat der Mensch als sprachliches Wesen nur über den andern Zugang zu sich selbst. Da der andere im Medium des Imaginären, des Bildes erfahren wird, das grundsätzlich Bild des wahrnehmenden Subjekts ist, spannt sich zwischen ihm und dem andern das Feld des Narzissmus auf; *Liebe wird damit zur Selbstliebe, auch wenn* sie dem andern gilt. Was vom Real-Ich und dem Lust-Ich nicht in das narzisstische Feld aufgenommen wird – es ist der Signifikant des Phallus im Zusammenspiel mit den Sinnesorganen, der dieses Feld strukturiert – bleibt im Realen. Für das anfänglich ungeteilte Subjekt wird dieses zum Ort, der der Sinngebung bedarf.

Dem Rätsel des verborgenen Signifikanten entspricht das Vorhandensein von Substituten dessen, was das Subjekt verloren hat: Das ursprüngliche Einssein mit dem andern. Über der verlorenen Identität bildet sich die Ebene der Repräsentation. Auf ihr wird der Signifikant des Phallus phantasmatisch als Objekt vorgestellt. Die Ebene der Realität ist damit von der Metaphorik durchzogen. Dies zeigt sich in Gestalt der Partialobjekte, die den Signifikanten des Phallus substituieren. Die früheste Identifizierung, die ein vollständiges Sein intendiert, was unmöglich ist, verschwindet bei diesem Vorgang vielleicht nie ganz, sondern liegt der Herausbildung eines partikularen Objektes – eines Bezugs des Habens – zugrunde. Das Überraschende besteht nun darin, dass Freud, um den Bezug zu Partialobjekten zu kennzeichnen, von einem *sexuellen Trieb,* einem *Partialtrieb,*[8] der sich an den Selbsterhaltungstrieb *anlehne,* spricht.[9] Machen wir also hier einen Sprung und wenden wir uns der Sexualität zu, die – vergessen wir es nicht – bei Freud auf der der Liebe gegenüberstehenden Seite steht.

SEXUALITÄT, LIBIDO UND PARTIALTRIEBE

Im Felde der Sexualität fehlt zunächst jede Ganzheitlichkeit. Freud spricht von der *polymorph-perversen Sexualität,* die sich – von frühester Kindheit an, wie der Selbsterhaltungstrieb – in Partialtrieben äußere. Untersuchen wir zuerst den Triebbegriff. Freud hat in seinen Ausführungen dazu vier Merkmale unterschieden: *Quelle, Drang, Objekt und Ziel.*[10] Nur eines dieser Merkmale lässt sich im Körper lokalisieren: die Quelle. Vom Drang spricht er als von einer konstanten Kraft. Vom Objekt behauptet er, es sei das Variabelste am Trieb. Und in bezug auf das Ziel spricht er von verschiedenen Arten der Befriedigung, z.B. von der zielgehemmten. Das zeigt, für wie bedeutsam Freud den Unterschied zum Instinkt einschätzt, der andern Gesetzen gehorcht, die man als diejenigen der Natur zu bezeichnen pflegt.
Die *Quelle* des Triebes lokalisiert Freud im Körper, genauer gesagt: in besonderen Zonen, die er »erogen«, »libidinös besetzt« nennt. Die *Libido* stellt für Freud die Energie der Sexualtriebe dar.[11] Lacan differenziert hier Freuds Auffassung: Auch er lokalisiert die Libido im Körper. Aber er sieht sie als eine negative Größe, eine Art realen Verlusts, den das Subjekt vor seiner Geburt, wenn die Membranen des Eis brechen, wenn aus dem Fö-

tus ein Neugeborenes wird, erleidet.[12] Der durch die metaphorische Dimension des Symbolischen eingeführte Mangel wird durch denjenigen des Realen unterspült. Die Libido im Sinne Lacans entspricht einer energetischen Leerstelle. Lacan spricht auch von einem *»falschen Organ«;* es sei zugleich das, was ein geschlechtliches Wesen verliere, nämlich die Unsterblichkeit. Im Kreislauf der geschlechtlichen Reproduktion werde den Lebewesen ein reiner Lebensinstinkt entzogen. Hierin sieht Lacan den Grund dafür, dass die Triebe eine enge Beziehung zum Tod haben: Die einzelnen Menschen sind sterblich, das Leben der Gattung setzt sich dennoch fort. Da die Libido, folgt man weiter Lacan, nichts Greifbares ist, sondern etwas, was nichts Seiendes ist, bedarf sie der Repräsentation. Dies geschieht durch die Objekte.

Man kann sich fragen, ob die Annahme einer solch rätselhaften Energie, die an die Anti-Materie der Physik oder an ein Gespenst denken lässt, das seine unkörperliche Gestalt beliebig ändern kann – so stellen sich Kinder Gespenster vor –, notwendig ist. Aber wie soll man sich Phänomene wie das Hingezogensein zu andern, die man ebenso wie Partialobjekte libidinös »besetzen« kann, oder das Erröten, das einen plötzlich überfallen kann, anders erklären? Ohne die libidinöse Dimension bleibt der durch das Symbolische erzeugte Mangel ohne Triebfeder. Die Annahme einer negativen Energie im Realen erlaubt die Vorstellung, dass ursprünglich die andern für jedes Subjekt zu Trägern dessen werden, was es bei der Geburt, bei der Verflüchtigung der Libido, verloren hat und was es wieder sucht. Es entspricht keinem Zufall, dass die Vertreter der Psychoanalyse, die sich besonders mit dem Narzissmus beschäftigt haben, vom Wunsch nach Verschmelzung sprechen.

Nichts weist darauf hin, dass diese Ausführungen Lacans nicht auch für Tiere gelten können. Tatsächlich deutet er einen Zusammenhang zur Zoologie an. Das spezifisch Menschliche wird durch den Andern eingeführt, das heißt durch das Spiel der Signifikanten, die ein Subjekt repräsentieren. Mit dem Auftauchen auf dem Feld des Andern ist die Libido in der Repräsentation aufgehoben, zu der nicht nur die materiellen Signifikanten gehören, die sich das Subjekt angeeignet hat, sondern auch die Signifikate, die ihre Bestimmung vom Signifikanten her erhalten. Hier können wir auf das Beispiel des ersten Objekts zurückgreifen, der Brust, die durch den Signifikanten des Andern zum verlorenen Objekt wird und somit den Verlust symbolisiert, den das Subjekt durch die Libido erleidet. Zwei Arten des Verlusts sind zu unterscheiden: derjenige, der durch die Libido entstanden ist, von demjenigen, der von der Wirkung des Signifikanten herkommt. Deren Zusammenwirken konstituiert die Sexualität. Sie kreist um das verlorene Objekt, das im Phantasma den Signifikanten metaphorisiert. Die Sexualität gehört zur conditio humana. Sie unterscheidet sich von der animalischen, was sich daran zeigt, dass die Objekte nicht Bedürfnissen entsprechen, sondern solche des Begehrens sind.

In dieser zweiten Art des Verlusts, die nur analytisch trennbar ist von der ersten, sieht Lacan den Grund dafür, dass Freud vom *Drang* als von einer konstanten Kraft spricht. Wäre nur die Libido am Werk, müsste von einem Pulsieren gesprochen werden. Das durch die Wirkung des Andern eingeführte Begehren konstituiert zugleich eine zweite Form von psychischer Energie, ein dauerndes Unbefriedigtsein, ja sogar eine Abstinenz gegenüber Objekten, das durch das Pulsieren der sexuellen Triebe und ihre Befriedigung nicht verschwindet. Man kann es auch anders sagen: Die Ebene des Andern symbolisiert den Verlust, den der Mensch bei seiner Geburt dadurch erleidet, dass er in den Zyklus der Reproduktion eintritt. Dieser Verlust wirkt als Quelle der Aktivität des Subjekts. Es vermag ihn niemals zu akzeptieren. Durch Imaginierung glaubt jedes Subjekt an seine Unsterblichkeit, obwohl es weiß, dass dieser Glaube auf einer Illusion beruht.

Freuds Aussage, das *Objekt* sei das Variabelste am Triebe, belegt für Lacan erneut, dass Freud die trennende Wirkung der Sprache erkannt hat. Wäre die Libido alleiniger Wirkfaktor, bliebe unverständlich, warum der Trieb kein ihm entsprechendes Objekt hat, sondern Substitute. Gleichwohl sind die Objekte für Lacan wie für Freud nicht beliebig, aber sie sind solche, die bereits die Ebene des Andern voraussetzen und das Unwiederbringliche symbolisieren. Welches sind die spezifisch menschlichen Objekte? Mit Freud nennt Lacan neben der Brust auch den Kot und den Blick und fügt die Stimme dazu.[13] Diese vier Objekte haben einen direkten Bezug zu den Körperöffnungen; allerdings fehlt die Geburtsöffnung in dieser Reihe. Die Geburt bedeutet die erste Trennung von der Identität mit dem mütterlichen Körper, der nachträglich, vom Andern her gesehen, zum privilegierten Ort der Phantasmen wird. Lacan betont, dass die Objekte, die er nennt, eine Strukturierung des Subjekts durch den Signifikanten voraussetzen. Diesem entspricht kein Objekt, was Lacan veranlasst, auch das Nichts (rien) in die Reihe der Objekte aufzunehmen. Die Reihe der positiv aufgefassten, verlorenen Objekte symbolisiert somit den (mythischen) Zustand vor der Einwirkung des Signifikanten, also das ungeschiedene Einssein mit der Mutter. In diesem Sinn wird die Plazenta zum eigentlichen Objekt, das, anders als die Brust, ebenfalls auf besondere Art den Urverlust bei der Geburt symbolisiert.

Wie schon angedeutet, haben die Objekte einen Zusammenhang mit den *Körperöffnungen* (Mund, Anus, Auge).[14] Zum einen repräsentieren diese im Körperbild den Signifikanten als Differenz, Leerstelle, während die Objekte den (positiv aufgefassten) Signifikanten entsprechen. In diesem Sinne ist im Körper »materialisiert«, was in der Sprache vorgezeichnet ist. Bei dieser Analogie denkt man unwillkürlich an den Vergleich des Körpers mit einem Buch. Zum andern fügt sich die Libido, die Lacan zufolge ihres Verlusts wegen einen Mangel im Subjekt hinterlässt, in die Körperöffnungen ein, symbolisiert sie als nichtexistierendes Organ. Damit wird das Buch des Körpers libidinisiert; es bilden sich erogene Zonen, die an den Rändern der entsprechenden Partialtriebe reizbar sind.

Die Partialtriebe wirken für das Subjekt aktivierend. Ihr Pulsieren wird auf der Ebene des Andern aufgenommen, ein entsprechendes Objekt, das Befriedigung ermöglicht, wird gesucht. Die Suche nach dem Objekt – Kennzeichen des Realitätsprinzips im Dienste des Lustprinzips – erweist sich als ein Wiedersuchen dessen, was für immer verloren und was doch nie erlebbar gewesen ist. Lacan drückt diese Aktivität des Subjekts mit »se faire … « aus, um auf das reflexive Moment, worin sich das reale Subjekt im andern repräsentiert, hinzuweisen. Mittels des andern sucht das Subjekt Befriedigung. Die vier Verben, die er verwendet, entsprechen den vier Objekten des Triebs:[15] *»se faire sucer«,* wörtlich: »sich saugen machen«, im übertragenen Sinn auch: »ansaugen«, »aussaugen« – und: »sich aussaugen lassen« (das Subjekt ist auch auf der Seite des andern, was für die andern Triebarten ebenfalls gilt); *»se faire chier«,* wörtlich: »sich scheißen machen«, im erweiterten Sinne auch: »anscheißen«, »sich anscheißen lassen«; *»se faire voir«,* »sich sehen machen«, »sich sehen lassen«, wobei das entsprechende Objekt nicht das Auge, sondern der Blick des Andern ist; und schließlich: *»se faire entendre«,* »sich hören machen«, »sich hörbar machen«, oder: »sich vernehmbar machen«, im weitesten Sinne: »sich zur Geltung bringen«. Zu bedenken ist dabei, was schon am Beispiel der Brust angedeutet worden ist, dass die Objekte, die das Verlorene substituieren und worauf sich die Triebaktivitäten beziehen, nicht nur Partialobjekte sind. Ebenso, wie sich ein Subjekt mit der Brust identifizieren kann, ist es möglich, dass es sich als Häufchen Dreck darstellt, dass es ganz Blick oder ganz Stimme wird. Hier eröffnet sich das weite Feld der Pathologie.

Sprechen wir nun vom *Ziel* des Triebs. Das scheint schnell erledigt zu sein, was kann es anderes sein als die lustspendende Befriedigung? Das Dazwischentreten des Andern kompliziert wiederum die Sachlage. Die Objekte verlieren dadurch ihre Unmittelbarkeit für das Subjekt, die Substitute sind in symbolische Zusammenhänge eingebettet. Auch das Subjekt tritt nicht in einem Naturzustand den Objekten gegenüber, sondern als eines, das sich in symbolischen Repräsentationen darstellt. Für die Befriedigung heißt das, dass zwischen Subjekt und Objekt eine unaufhebbare Differenz bestehenbleibt – der Grund jeder Leidenschaft, die in ihrer Unbezähmbarkeit weit über das hinausgehen kann, was bei Tieren möglich ist. Lacan sagt darum scherzhaft, bei Tieren gehe es humaner zu als bei Menschen.[16] Da das Subjekt keine volle Befriedigung am Objekt findet, bleibt ein unauffüllbarer Rest, ein Zeichen des unzerstörbaren Begehrens.

Dies zeigt sich weniger im Beschnuppern und Umkreisen des Objekts als vielmehr in seinem Verzehren, im Sich-Unterwerfen bis zum Kadavergehorsam, im Eintauchen in die Sphäre des Blicks des Andern, im Kommandieren über die andern. Diese Formen des Verlangens, die Realisierung der Phantasmen, zeigen in der fortwährenden Anstrengung, die bis ins Tödliche gehen kann, Extreme des Begehrens. Als Beispiel lässt sich der sklavische Gehorsam eines Subjekts gegenüber einem Meister nennen; lieber ihm hörig sein, als dem Alleinsein und dem Tod zu begegnen, heißt in einem solchen Fall die Devise. Man muss hier an das Hegelsche Paradigma von Herr und Knecht denken, das Lacan wiederaufgenommen und neu interpretiert hat. Anders als Hegel sieht Lacan im Knecht denjenigen, der auf den Tod des Herrn wartet, statt mit diesem zu kämpfen; infolgedessen identifiziert sich der Knecht schon mit dem toten Herrn.[17]

Diesen Formen der Triebrealisierung steht die *Sublimierung* gegenüber, die vom Symbolischen getragen wird. Freud spricht dabei von zielgehemmter Befriedigung, die er dadurch kennzeichnet, dass in ihr keine Verdrängung stattfinde.[18] Sublimieren heißt, Phantasien zu artikulieren, die sonst zu realen Handlungen der Befriedigung führten. Für das Konzept der Psychoanalyse ist die Möglichkeit der Sublimation unverzichtbar. Die sog. Grundregel in der analytischen Kur besteht darin, auszusprechen, was einem an Einfällen in den Sinn kommt. Der Analysant sieht sich seinen Gedanken, Phantasien überlassen; anstelle der realen Befriedigung tritt die Artikulation. Der Blickkontakt zwischen Analysant und Analytiker ist ausgeschaltet, um sogar die visuelle Befriedigung des Schautriebs zu verhindern, ihn auf die Mühlen des Sprechens umzuleiten.

Die Unreduzierbarkeit des Andern einerseits, die Suche nach Sättigung auf der Ebene der Realität anderseits bringen es mit sich, dass Lacan von zwei Arten der Befriedigung spricht.[19] Die eine nennt er *»plaisir«*, »Lust«, die andere *»jouissance«*, was wir bereits und nicht ohne Bedenken mit »Genießen« übersetzt haben. Die Lust entspricht dem homöostatischen Lust-Unlust-Prinzip, also der Spannungsregulierung, die durch das Funktionieren des Nervenapparates bedingt ist. Sie gilt für die Ebene des Imaginären, des Verlangens, welches durch die grundsätzlichere Dimension – Lacan schreibt oft »dit-mension«, um auf den Zusammenhang mit dem Sprechen hinzuweisen – des Begehrens subvertiert wird. Wir haben bereits am Beispiel des lallenden Kindes gesehen, dass das Genießen nicht immer mit Spannungsreduktion zu tun hat, sondern im Gegenteil eine lustvolle Spannung artikuliert, die auch im »Fort-da«-Beispiel beobachtbar ist. Wegen der Unreduzierbarkeit und Grundsätzlichkeit des Genießens lässt sich Lust als Konkretisierung, Verkörperlichung des Genießens auffassen. Jede Lust entspricht dann einem Genießen, aber nicht jedes Genießen einer Lust.

DAS RÄTSEL DER GESCHLECHTLICHKEIT UND DES PHALLUS

Bisher wurde nichts über den Geschlechtstrieb gesagt, der gewöhnlich als das die Sexualität kennzeichnende Merkmal verstanden wird. Die bisherigen Untersuchungen zeitigen das merkwürdige Ergebnis, dass es Sexualität ohne Geschlechtlichkeit gibt. Die Partialtriebe sind weder weiblich noch männlich; auch ermöglichen sie keine Gesamtrepräsentation des Subjekts. Diese bildet sich im Spiegelstadium heraus. Zwar spricht Freud davon, dass das männliche Geschlecht eher dem Pol der Aktivität, das weibliche dem der Passivität zuzuordnen sei, aber er relativiert diese Aussage, indem er feststellt, das sei keineswegs immer so.[20] Was heißt das anderes, als dass Männlichkeit und Weiblichkeit im Psychischen, wenn sie in diesem Bereich überhaupt unterscheidbar sind, nicht von Natur aus gegeben sind? Sicher, das Geschlecht ist anatomisch angeboren, aber damit ist nicht automatisch angezeigt, dass es im Psychischen die Idee von Weiblichkeit oder Männlichkeit zum Ausdruck bringt. Wiederum begegnen wir der Ebene des Andern, die einen Bruch zu den physischen Gegebenheiten einführt.

Die Frage stellt sich, wie Geschlechtlichkeit im Psychischen zur Repräsentation kommt, wenn man vom narzisstischen Ich und den Partialtrieben ausgeht, die sich an den Selbsterhaltungstrieb anlehnen und sich nachher verselbständigen. Freud glaubte anfänglich, die Frage so beantworten zu können, dass er einen Genitaltrieb annahm, der bezüglich der Partialtriebe integrierend wirke.[21] Diesen stattete er mit der Funktion der Fortpflanzung aus; die Partialtriebe nannte er so, weil sie in bezug auf das Ziel der Fortpflanzung eine Vorstufe darstellen, oder – wie bei Perversionen – davon abweichen. Von dieser – hier vereinfacht dargestellten – Annäherung an eine naturalistische Theorie löste er sich aus mehreren Gründen: Er entdeckte die sog. *phallische Phase,* während welcher Kinder beiderlei Geschlechts am Primat des Phallus festhalten.[22] Sodann bekam die ihm schon früh bekannte Tatsache der Kastrationsangst eine neue Bedeutung, erkannte Freud doch, dass der Knabe nur durch die Drohung des Verlusts seines Geschlechts Zugang zu ihm findet.[23] Das Mädchen betrachtet sich entweder als kastriert, versucht die Kastration dann zu kompensieren, oder es verleugnet sie. Schließlich lehrten ihn seine klinischen Erfahrungen, dass es der Anblick des andern Geschlechts ist, der die Kastrationsphantasien auslöst. Diese auf dem Boden klinischer Erfahrungen gewonnenen Erkenntnisse verunmöglichten ein naturalistisches Konzept. Freud kam durch seine Erfahrungen zum Schluss, dass es nur eine *Libido* gebe, die *männlich* sei.[24] Diese These setzt voraus, dass sich beide Geschlechter am Idealbild der Vollständigkeit orientieren. Aufgrund dieses Bildes betrachtet sich das Mädchen als kastriert, während der Junge glaubt, dem Idealbild eher zu entsprechen. Die Kastrationsangst folgt aus der Illusion der Mangellosigkeit, die gleichbedeutend mit der Vorstellung ist, den Phallus zu haben. Freud hielt die Kastrationsangst für nicht überwindbar in der analytischen Kur. Dasselbe gilt für den

Penisneid des Mädchens, der sich ebenfalls am Bild der Vollständigkeit orientiert.

Halten wir für unsere Fragestellung fest, dass für Freud der Zugang zum Geschlecht über die phallische Phase führt, in der das Idealbild der Unversehrtheit, Vollständigkeit dominiert. Dieses Ideal haben wir im Spiegelstadium schon angetroffen, und zwar in der Form des Ideals, das die Mutter im Kind inkarniert (erinnern wir uns hierbei des Freudschen Wortes: »His majesty, the baby«). In der phallischen Phase betrifft das Ideal die eigene Person, was zugleich heißt, dass sich das Kind von der Mutter gelöst hat. Von ihr wird – im Namen des Vaters – erwartet, dass sie diese Frustration akzeptiert, dass sie ihr Kind nicht als Phallus besetzt und die von Freud aufgestellte Gleichung von Kind und Phallus[25] nicht realisiert, oder zumindest nicht vollständig realisiert.

Man sieht aus der Art und Weise, wie Freud das Konzept des Phallus gebraucht, dass er damit in erster Linie nicht das Geschlecht meint, sondern das Objekt, das zur Vollständigkeit fehlt. Erst in diesem Sinne wird das männliche Geschlecht ein phallisches. Die Kastrationsangst zeigt sich dann in der Befürchtung, es zu verlieren. Das Mädchen braucht dagegen, wenn es die Penislosigkeit akzeptiert hat, keine Kastration zu befürchten. Sein Ideal der Vollständigkeit kann es auf zwei Arten bewahren: Entweder identifiziert es sich mit der Imago der Mutter, wobei das Kind (oder die Puppe) zum phallischen Objekt wird; oder es identifiziert sich mit dem Phallus als Objekt und wird dadurch für den Mann attraktiv, da er in ihm das zu finden hofft, was ihm fehlt. Nichts drückt besser die »Phallifizierung« der Frau aus als das Kosewort »Baby«.

Wie stellt sich in Lacans Konzept des Phallus der Zugang zum Geschlecht dar? Etwas pauschal gesagt, beschreibt Freud Lacan zufolge die Ebene der Realität, ohne deren Bedingtheit zu erkennen. Es geht Lacan nicht darum, diese Erfahrungen und Erkenntnisse zu bestreiten. Hierin unterscheidet er sich von den Schülern Freuds, die ihm in manchen Punkten nicht folgten und zum Beispiel, wie Jones, eine naturrechtliche Gleichheit der Geschlechter begründen wollten.[26] Lacan nimmt solche Erfahrungen ernst und begründet sie dann besser als Freud. Erst nachher folgt, wenn nötig, eine Kritik. Ausgangspunkt seiner Argumentation ist nicht die Realität, worin sich das Symbolische und das Imaginäre verschränken, sondern die Konstitution der Realität mit dem phallischen Signifikanten als treibendem Faktor.

Die Konzeption des Phallus hat in ihrer grundlegenden Dimension, wie sich im vorhergehenden Kapitel gezeigt hat, nichts mit Sexuierung zu tun. Von seiner Fruchtbarkeit sind beide Geschlechter betroffen. Das Reale wird durch ihn vorstellbar gemacht, in den Bereich des Begrifflichen gehoben. Der Phallus steht am Ursprung jeder Metaphorik; seinetwegen gibt es Phantasmen und Symptome als Substitute des Realen. Diese grundlegende Dimension des Phallus, die sich im Symbolischen niederschlägt, gilt für beide »biologischen« Geschlechter. Entsprechend sagt Lacan ganz entschieden: »*Es ist nicht wahr, dass Gott sie als Frau und als Mann geschaffen hat.*«[27] Dennoch spricht er vom Idealtypus des Geschlechts als Identifikationsmuster jedes Menschen. Der Widerspruch löst sich auf, wenn man bedenkt, dass Lacan nicht immer auf derselben Ebene argumentiert. Das erwähnte Zitat gilt für die Ebene der Signifikanten im Zusammenspiel mit der Libido, nicht aber für die physischen Gegebenheiten des Geschlechts, und schon gar nicht für den imaginären Bereich, in welchem der Phallus zum Objekt wird.

Die körperlichen Merkmale erhalten ihre Bedeutung nicht durch sich selbst, sondern aufgrund der Imaginierung, welche durch das Symbolische vermittelt ist. Anders gesagt: Ohne Symbolisierung, ohne Imagination dessen, was es bedeutet, bleibt das Geschlecht dem Menschen noch fremder, als es mit ihr der Fall ist. Durch die Symbolisierung wird es in die Realität eingegliedert, und auf dieser Ebene gibt es den Idealtypus des Geschlechts. Er entspricht dem, was die Psychoanalytikerin Rivière *Maskerade*[28] genannt hat. Das zeigt sich daran, dass der Idealtypus von Kultur zu Kultur verschieden ist. Als gemeinsamer Nenner jedes kulturellen Musters lässt sich angeben, dass der Mann nicht ist, ohne den in unserer Kultur als Phallus aufgefassten Penis zu haben.[29] Dieses Stück Natur garantiert ihm seine Existenz *als Mann*. Für die Frau präsentiert sich die Situation anders: Da ihr das sichtbare Zeichen fehlt, wodurch sie *als Frau* zum Existieren käme, sagt Lacan: »*Die Frau existiert nicht*«,[30] wobei der bestimmte Artikel, der verneint wird, zu betonen ist; die Frau ist unbestimmt – wie der Phallus. Will sie zum Existieren kommen, bedarf sie ebenfalls eines phallischen Zeichens. Da ihr dieses nicht wesensmäßig zugehört, gilt für den imaginären Bereich, dass sie »nicht ganz« (pas toute) ist. Durch die Substitution des Phallus weist sie darauf hin, dass sie nicht ganz im Phallischen repräsentiert ist.

Genetisch gesehen gilt die phallische Phase für beide Geschlechter, stellen Freud und Lacan übereinstimmend fest. Für das Mädchen heißt das, dass die Klitoris phallischen Wert bekommt, beim Knaben der Penis. Die »Phallifizierung« der Klitoris dauert normalerweise nicht lange. Gleichwohl versucht das Mädchen, das zu erreichen, was es nie gab. Dagegen erleidet der Knabe die Angst, sein Organ zu verlieren. Das Vorbild für diesen Verlust sieht er im Anblick der Vagina – ein Anblick, der manchen dazu führt, im Fetischismus oder in der Homosexualität das Unerträgliche zu ignorieren. Freud hat diese Problematik in einer besonderen Arbeit dargestellt.[31] Die Kastrationsangst rührt nicht nur von diesem Anblick her. Im weiblichen Geschlecht sieht zwar der Knabe die Möglichkeit seiner Kastration gegeben. Ein anderes Motiv für die Befürchtung kommt aber dazu: Ein überlegener Rivale könnte die Kastration tatsächlich ausführen. Wir berühren hier das Problem des Ödipus-Komplexes, das uns im nächsten Kapitel beschäftigen wird.

Soviel lässt sich schon sagen: Die Kastrationsangst mildert sich in dem Maße, wie die phallische Phase untergeht, d.h. wie der Glaube an die eigene Vollkommenheit überwunden wird. Ihr Ideal bleibt erhalten; die körperliche Ausstattung, so wie sie ist, erweist sich im Vergleich zu ihm als mangelhaft. Es wird dann im andern Geschlecht inkarniert. Lacan schreibt Fenichel diese Entdeckung zu; er habe eine Gleichung *»girl«* = *»Phallus«* aufgestellt.[32] Lacan bestätigt ihr Vorhandensein im Unbewussten durch den Hinweis, dass der Name der Geliebten Hamlets, Ophelia, etymologisch auf »Phallus« zurückzuführen sei.[33] Als Ideal erregt er den Mann, auf ihn richtet sich sein Begehren. In diesem Sinne erweist sich sein eigener Phallus als mangelhaft (im Imaginären). Lacan sieht darin eine Wirkung der symbolischen Kastration, die auch das phallische Objekt betrifft.

Wie anders präsentiert sich Lacans Auffassung des Zugangs zur Geschlechtlichkeit gegenüber der Richtung, die er besonders bekämpft: diejenige der Ich-Psychologie.[34] Der Vergleich mit ihr erweist die besondere Position Lacans in diesen fundamentalen Problemen. Für die naturalistische Auffassung gibt es zwar auch einen besonderen Status der Genitalität; die ganzheitlichen Strebungen werden aber auf angeborene Faktoren zurückgeführt. Entsprechend spricht die Ich-Psychologie von Reifung. Sie behauptet, dass das Erreichen der genitalen Stufe gleichbedeutend mit einer besonderen Qualität von zwischenmenschlichen Beziehungen sei, was sich in gegenseitiger Abgrenzung zeige. Es

scheint demnach, als könnte der narzisstische Rahmen überwunden, Zugang zur Andersheit des andern gefunden werden.
Lacans Kritik richtet sich einerseits gegen das Stufen-Denken: Da Genitalität in seiner Konzeption vom Andern abkünftig ist, gibt es sie so früh, wie Sprache da ist. Somit sind die angeblich biologischen Triebstufen bereits geschichtliche, durch das Symbolische strukturierte Triebformationen. Anderseits wendet sich Lacan gegen die idyllisierende Auffassung der Genitalität.[35] Seiner Ansicht nach kann Liebe den narzisstischen Rahmen nicht verlassen, wohl aber ihn erweitern. Er beruft sich in seiner Auffassung auf Freud, der von *genitalem Narzissmus* gesprochen und dabei auch seine Ablehnung des Stufen-Denkens gezeigt habe. Es ist eigenartig: Die Theorie, die die Psychoanalyse als eine Naturwissenschaft sieht, postuliert die Möglichkeit der Transzendenz des narzisstischen Feldes; Lacan, der vom Andern her denkt, behauptet das Gegenteil, erkennt er doch die Unmöglichkeit, das Imaginäre zu verlassen.

»ES GIBT KEIN SEXUELLES VERHÄLTNIS«

In Lacans Konzeption stellt sich der Zugang zur Genitalität auf negative Art dar: Sie wird dadurch erreicht, dass die phallische Phase, in der beide Geschlechter sich am Bild eigener Vollkommenheit orientieren, untergeht. Zurück bleibt ein Zustand des Mangels, der zur Folge hat, dass einem Träger des andern Geschlechts phallischer Wert beigemessen wird. In diesem Sinne besteht das narzisstische Ideal der Vollkommenheit weiter. Für den Mann wird eine Frau, für die Frau ein Mann zum Phallus, wobei zusätzlich sein Geschlecht eine besondere Wertschätzung als phallisches Objekt erfährt. Identifiziert sie sich mit dem Phallus des Mannes, *hat* sie keinen Phallus, sondern *ist* ihn. Dadurch reduziert sich ihr Sein auf den, allerdings nie erreichbaren, daher unmöglichen Status eines Objekts. Diese Chimäre verkörpert sie für den Mann als Jungfrau, als Hure oder als Heilige. Identifiziert sich der Mann mit dem Phallus der Frau, wird er zu ihrem Kind und verliert dadurch seine Männlichkeit.
Die Beziehungsmuster von Mann und Frau enthalten eine Unmöglichkeit: Keines der Geschlechter kann weder Phallus sein noch den Phallus haben. Für beide Geschlechter gilt, dass ihre Existenz eine gespaltene ist. Sie erfahren den Mangel, der darin besteht, dass kein Signifikat den phallischen Signifikanten zu

bezeichnen vermag. Lacan sieht darin den Grund dafür, dass die Untreue für jede Beziehung konstitutiv ist.[36] Stets wird der Mann eine Frau begehren, die für ihn noch mehr den Phallus verkörpert; und die Frau wird ebenfalls dazu geführt, in einem Andern ihr phallisches Ideal zu sehen.

Zur imaginären Repräsentation des Phallus gehört nicht nur das männliche Geschlecht: Wenn der Phallus die Instanz ist, die etwas überhaupt erst zur Existenz erhebt – wir sprachen von seiner Darstellung als Kopula (worin auch die sexuelle Komponente enthalten ist, denn »kopulieren« heißt zusammenfügen) –, so lässt sich diese Funktion im Wort eines *Meisters* verkörpern. Was *er* sagt, wird Gesetz, beseitigt alle Unsicherheiten, alle offenen Fragen. Seine Stimme wird phallisches Merkmal, gegenüber dem noch der Protest den Bezug zum Gehorsam verrät. Diese Funktion eines Meisters lässt sich ebenso einer Meisterin, Herrin zuordnen. Es geht nicht um ein geschlechtsspezifisches Merkmal, sondern um eine strukturierende Macht, die sich in der Realität auswirkt. Könnte man auf dieser Ebene bleiben, die physischen Gegebenheiten unberücksichtigt lassen, würde »Vater« zu einer Instanz ohne Zugehörigkeit zu einem Geschlecht. Erst die Verkörperung in einem Menschen führt zur Vermischung mit der Ebene des Geschlechtlichen. Die Figur eines Meisters entspricht einem Begehren. Anzunehmen ist, dass ein Leben ohne Meister, gesetzt, es wäre möglich, schwerer erträglich wäre als das Wissen um Schutz und garantierte Sinnzusammenhänge.

Das Ungenügen von Mann und Frau, einander zu geben, was das andere Geschlecht nicht hat, führt dazu, dass Lacan sagen kann: *»Es gibt kein sexuelles Verhältnis«* (»il n'y a pas de rapport sexuel«).[37] Er meint damit das Fehlen einer festen Zuordnung, die sich im Sinne einer mathematischen Relation schreiben ließe. Nach allem, was wir über das Theatralische, die Mimesis der Geschlechter gehört haben, kann eine solche Formel kaum mehr überraschen. Sie stellt die Konsequenz der andern Aussage dar: Die Frau existiert nicht. Als unbestimmte, vom phallischen Signifikanten zu bestimmende, kann ihr keine komplementäre Funktion zum Manne zukommen. Vielmehr gilt es für Mann und Frau, eine Beziehung auf der Basis von Möglichkeiten zu begründen, auch wenn sich diese Möglichkeiten nicht als zufällige Wahlen erweisen, sondern durch kulturelle und geschichtliche Bedingungen vorgegeben sind.

Eine tragende Rolle für jede Beziehung, die über einen flüchtigen Kontakt hinausgeht, spielt das Symbolische, in das der Mangel beider eingeht und das einen Pakt ermöglicht. Gewiss eröffnen sich damit Wege und Abwege der Liebe, die Lacan als Versuch auffasst, den Mangel stillzulegen. In diesem Sinne erweist sich Liebe als prekäre Metapher für menschliche Existenz, auch als Versuch, die rebellische Sexualität in eine Ordnung einzufügen. Der sexuellen Beziehung ist aber unausweichlich das inhärent, was Freud »die allgemeine Erniedrigung des Liebeslebens«[38] genannt hat. Die Phallus-Identifizierung auf der einen Seite führt auf der andern zum phallischen Genießen, das das Andere, das, was sich nicht erfassen lässt und das dem Weiblichen zugeordnet wird, stets verfehlt. Wegen dieses sich dem phallischen Anspruch entziehenden Realen, das sich unter dem Gesichtspunkt der Geschlechterbeziehung als Weiblichkeit darstellt, spricht Lacan von der sexuellen Kopulation als von einem verfehlten Akt. Der männliche Teil verfehle das Weibliche. Weil sich immer etwas entziehe, das unerreichbar bleibe und von dem sich nicht einmal etwas sagen lasse, wiederhole sich der sexuelle Akt.

Im Lichte der Lacanschen Phallus-Konzeption wird noch mehr als bei Freud – der in einzelnen Passagen einen angeborenen, heterosexuellen Geschlechtstrieb annahm, andererseits aber, wie gezeigt, von der für beide Geschlechter geltenden phallischen Phase sprach – deutlich, dass *Heterosexualität* als Muster menschlicher Beziehungen keiner Selbstverständlichkeit entspricht. Wenn psychisches Sein durch die reale Geschlechtszugehörigkeit nicht a priori determiniert ist, müssen auch andere Formen von Beziehungen denkbar sein. Dass dem so ist, das ist keine Frage; das Vorkommen von Homo- und Transsexualität weist darauf hin. Geht man von einer Reifungstheorie aus, erscheinen alle Abweichungen vom Ideal der Genitalität als unoder gar widernatürlich. Je mehr dagegen die sprachliche Bedingtheit von psychischem Sein erkannt wird, desto mehr stellt sich die Normalität der Heterosexualität als Rätsel heraus.

Freud schrieb dementsprechend, Heterosexualität sei ebenso erklärungsbedürftig wie Homosexualität.[39] Dasselbe lässt sich von Fetischismus, Sadismus, Masochismus, Voyeurismus, Exhibitionismus, auch von Transvestismus und Transsexualität sagen. Mit Lacan lassen sich darin verschiedene Formen des Begehrens sehen, in denen bestimmte Körperöffnungen zu hauptsächlichen erogenen Zonen geworden sind, oder – wie im Falle des Fetischismus – in denen es darum geht, den unerträglichen Anblick der Körperöffnung, die der Mann nicht hat, zu vermeiden. (Damit soll nicht gesagt sein, dass Fetischismus nur beim Mann vorkommt; die »Phallifizierung« des männlichen Organs von seiten der Frau entspricht ebenfalls einer Fetischisierung.) Die verschiedenen Ausprägungen der »polymorph-perversen Sexualität«, wie sich Freud ausdrückt, zeigen eindrücklich, dass sie nicht an die Fortpflanzungsfunktion gebunden ist. Diese liegt dem Idealtypus der geschlechtlichen Beziehung zugrunde und erweckt den Anschein von Natürlichkeit, wie sie im Tier- und Pflanzenreich vorkommt. Menschliche Sexualität ist aber ein Ausdruck des Begehrens, der keinem Nutzen entspricht, sondern in dem sich das Genießen konkretisiert.

DER VORRANG DES WEIBLICHEN

Freuds Behauptung, es gäbe nur eine Libido, die männliche – eine Behauptung, die er mit der Annahme der Existenz der phallischen Phase für beide Geschlechter begründete –, führt zum Vorrang des männlichen Geschlechts. Zumindest in der imaginären, phallischen Form stellt sich dieses als das vollständige dar. Die Weiblichkeit präsentiert sich dieser Auffassung zufolge als Privation der Männlichkeit, an der sie sich orientiert. Anders gesagt: Weiblichkeit, gemäß Freuds Auffassung, strebt genauso nach dem Phallischen, Vollständigen, wie Männlichkeit – insofern gibt es im Psychischen Freud zufolge keinen Geschlechtsunterschied. Ein solcher tritt erst sekundär auf: Dadurch, dass dem männlichen Organ phallischer Wert zugedacht wird, entsteht das Gefühl eines Mankos auf seiten des weiblichen Geschlechts, was zur überaus umstrittenen Behauptung des Penisneides führt.

Abgesehen von der Schlüssigkeit der Freudschen Aussagen, kann man sich fragen, warum Freud von »Männlichkeit« spricht, ohne diese gegenüber »Weiblichkeit« abzugrenzen. Nirgends sagt Freud, was »weiblich« heißen soll. Entweder muss ein Gegenbegriff zu »männlich« gefunden werden. Diesen Weg haben die Feministinnen eingeschlagen. Freuds Frage: »Was will das Weib«?[40] begünstigt solche Recherchen, verlangt sie doch nach einer Antwort. Oder die Rede von »männlich« und »weiblich«, im Sinne von zwei Substanzen, ist sinnlos. Im ersten Fall müsste eine zweite, weibliche Libido als Pendant zur phallischen, männlichen gefunden werden, im zweiten Fall ließe sich »männlich« durch »menschlich« ersetzen. Beide Wege sind von Freud vorgebahnt. Wir werden sehen, wie für Lacan die Widersprüchlichkeit von Freuds Argumentation ein Licht auf die Schwierigkeit der Sache, die Sexuierung im Psychischen, wirft. Für Lacan hat Freud, wenn er von der phallischen Phase und den phallischen Objekten spricht, die Ebene der Realität beschrieben, in der sich die Objektbeziehungen um das Bild der Vollständigkeit drehen. Auf dieser Ebene stellt sich auch Lacan zufolge die Maskerade der Weiblichkeit dar, die auf die Verwandelbarkeit des Phallischen hinweist. Das Nicht-Existierende, also das, was vom Symbolischen ausgegrenzt wird, was sich nicht imaginieren lässt, ist aber für Lacan nicht einfach nichts, sondern das, was sich durch den Logos nicht einfangen lässt. Es bleibt das Unbestimmbare. Daraus eine Substanz bilden zu wollen, ist unmöglich.

Dadurch, dass Lacan dem Nicht-Existierenden einen besonderen Status gibt, einen sehr prekären, muss er von etwas sprechen, was es nicht gibt. Weil er dieses Nicht-Empirische der Weiblichkeit zuordnet, gibt er ihr in gewissem Sinne das Primat. In welchem Sinne? Nur in dem, dass das Ordnende des Phallus das Unstrukturierte voraussetzt. Dagegen gebührt der Weiblichkeit in dem Sinne kein Vorrang, in dem von ihr erst von einer phallischen Position her gesprochen werden kann. Nicht-Phallisches und Phallisches, Ek-sistierendes und Existierendes bedingen einander.

Lacan vertritt die Ansicht, dass diesem sich jedem konzeptuellen Zugriff entziehenden Ek-sistierenden eine Libido entspricht.[41] Er ist allerdings sehr vorsichtig in seinen Aussagen. Erinnern wir uns, dass Lacan von einem »falschen Organ« spricht, einem, das nicht existiere. Die beiden Sätze: »Die Frau existiert nicht« und »die Libido existiert nicht« zeigen, dass die Libido bei Lacan in erster Linie nicht männlich ist, sondern weiblich. Nennen wir das die erste Libido. Ihre Umschreibung entspricht Lacans Denkweise, die sich am Unbegrifflichen, Negativen orientiert. Die Annahme einer zweiten Libido, der phallischen, rechtfertigt sich dadurch, dass sie vom Phallus strukturiert wird, menschliche Realität konstituiert. Die Rede von zwei Libidos bekommt dann den Sinn, dass nicht alles an der Libido strukturiert ist. Die unstrukturierte Libido entspricht dem primären Zustand, die strukturierte dem zweiten, d. h. dem durch den Phallus strukturierten. Entsprechend unterscheidet Lacan das phallische Ge-

nießen von einem nicht-phallischen. Dieses, der Weiblichkeit zugeordnet, bleibt unbestimmt. Es wird vom phallischen Genießen, welches das Weibliche verfehlt, ausgegrenzt.
Die Rede von Existenz und Nicht-Existenz ist eine logische. Das heißt, dass das Nicht-Existierende genauso für den Mann gilt wie das Existierende für die Frau. Wenn der Phallus nicht alles zu ordnen, sich nicht alles untertan zu machen vermag, bleibt ein Rest von Unbegrifflichem, Ek-sistierendem zurück: der »weibliche« Teil des Mannes. Und wenn anderseits die Aussage von der Nicht-Existenz der Frau nur möglich ist vom Phallischen her, so ist sie um diesen Teil des Existierens auch »männlich«. Die alltägliche Rede von Frau-Sein und Mann-Sein vernachlässigt diese Dimension, indem sie mittels des Imaginären den »weiblichen« Teil des Mannes noch mehr zudeckt als den »männlichen« bei der Frau. Wir begegnen hier wieder der Maskerade der Geschlechter, die im Imaginären die physischen Gegebenheiten interpretieren und verkleiden.
Wenn in der Realität das Unstrukturierte eher dem weiblichen, das Strukturierte dem männlichen Geschlecht zugeordnet ist, so hat dies die Konsequenzen, dass die Frau den Phallus begehrt, um zum Existieren zu kommen, und dass der Mann das Nicht-Phallische abwehrt, um im Existieren zu bleiben. Hier treffen wir wieder auf die Aussagen Freuds, der erkannt hatte, dass sich seine klinischen Erfahrungen innerhalb des Phallischen bewegten. Demnach würde von beiden Geschlechtern das Weibliche abgewehrt. Die Frage stellt sich aber, ob die weibliche Dimension überhaupt erfahrbar ist, oder ob die Rede vom Unstrukturierten oder auch Leeren nicht schon Vorstellungen eines Diesseits des Phallischen sind. Die Frage bleibe dahingestellt. Wie man sie auch immer beantwortet, bleibt doch die klinische Evidenz, dass eher Frauen als Männer von Depressionen betroffen sind, über ein Gefühl von Leere klagen. Der Mann glaubt eher, er wäre einer.

ANMERKUNGEN

1 Lacan, J.: z.B. Le Séminaire XX (Encore), p. 12; deutsch: Das Seminar XX (Encore), S. 12.

2 Freud, S.: Formulierungen über die zwei Prinzipien des psychischen Geschehens), GW VIII S. 234 ff.

3 —: ebd.

4 Freud, S.: Die Traumdeutung, S. 148 (Stud.ausg.).

5 —: Die Verdrängung, GW X, S. 250
s. dazu: J. Lacan: z.B.: La signification du phallus, in: Ecrits, p. 693; deutsch: Die Bedeutung des Phallus, in: Schriften II, S. 129.
6 Freud, S.: Die Verneinung, GW XIV, S. 12 ff.
7 —: Jenseits des Lustprinzips, GW XIII, S. 3 ff.; Lacan, J.: Le Séminaire XI (Les quatre concepts fondamentaux), p. 160; deutsch: Das Seminar XI (Die vier Grundbegriffe der Psychoanalyse), S. 184.
8 Freud, S.: Über Psychoanalyse, GW VIII, S. 45.
9 —: Zur Einführung des Narzissmus, GW X, S. 153 ff.
10 Freud, S.: Triebe und Triebschicksale, GW X, S. 214 f.
11 Freud, S.: Kurzer Abriss der Psychoanalyse, GW XIII, S. 420.
12 Lacan, J.: z.B.: Position de l'inconscient, in: Ecrits, p. 848f; deutsch: Die Stellung des Unbewussten, in: Schriften II, S. 228 f.
13 —: z. B. Le Séminaire XI (op. cit.), p. 159 ff.; deutsch: S. 182 ff.
14 —: ebd.
15 —: ebd.
16 —: Lacan en Italie, p. 41.
17 —: L'aggressivité en psychanalyse, in: Ecrits, p. 121 ff.
18 Freud, S.: Die kulturelle Sexualmoral und die moderne Nervosität, GW VII, S. 156 f.
19 Lacan, J.: z.B. Le Séminaire XX (op. cit.), p. 9 ff.; deutsch: S. 7.
20 Freud, S.: 33. Vorlesung, S. 545 ff. (Stud.ausg.).
21 —: Die infantile Genitalorganisation, GW XIII, S. 294.
22 —: ebd.
23 —: Der Untergang des Ödipuskomplexes, GW XIII, S. 395 ff.; s. dazu auch J. Lacan: La signification ..., op. cit., p. 685 ff.; deutsch: Die Bedeutung des ..., S. 121 ff.
24 —: Drei Abhandlungen zur Sexualtheorie, GW V, S. 123; s. aber auch die 33. Vorlesung, wo er schreibt: »Wir können ihr (der Libido, P. W.) selbst kein Geschlecht geben«, S. 561 (Stud.ausg.).
25 —: Der Untergang ..., op. cit., S. 400 f.
26 Jones, E.: The phallic phase; in: Papers on Psycho-Analysis, p. 452 ff.; vgl. dazu: J. Lacan: Du traitement possible de la psychose, in: Ecrits, p. 555; deutsch: Über eine Frage, die jeder möglichen Behandlung der Psychose hinausgeht, in: Schriften II, S. 88.
27 Lacan, J.: Position de ..., op. cit., p. 850; deutsch: Die Stellung ..., S. 229.
28 Rivière, J.: La féminité en tant que mascérade; in: La Psychanalyse, p.257 ff.; vgl. dazu: J. Lacan: Le Séminaire XI, op. cit., p. 176; deutsch: S. 202.
29 Lacan, J.: Le Séminaire VIII (Le transfert), (unveröffentl.).
30 —: Le Séminaire XX, op. cit., p. 61 ff.; deutsch: S. 71 ff.
31 Freud, S.: Fetischismus, GW XIV, S. 311 ff.
32 Fenichel, O.: The symbolic equation: Girl = Phallus; in: Psychanalytic Quarterly, 1949, XX, Bd.3; S. 303 ff.; s. dazu: J. Lacan: Du traitement possible ..., op. cit., p. 565; deutsch: Üeber eine Frage ... , S. 98.
33 Lacan, J.: Le Séminaire VI (Le désir et son interpretation; unveröffentl.).
34 —: z. B. Le Séminaire I (Les écrits techniques de Freud), p. 39 ff.; deutsch: Das Seminar I (Freuds technische Schriften), S. 41 ff.
35 —: Le Séminaire VIII (op. cit.).

36 —: La signification ..., op. cit., p. 695f; deutsch: Die Bedeutung ..., S. 131 f.

37 —: Le Séminaire XX, op. cit., p. 35f; deutsch: S. 39 f.

38 Freud, S.: Über die allgemeinste Erniedrigung des Liebeslebens, GW VIII, S. 78 ff.

39 —: Drei Abhandlungen zur Sexualtheorie, GW V, S. 29 ff.

40 Jones, E.: Das Leben und Werk von Sigmund Freud, Bd. II, S. 493.

41 Lacan, J.: Le Séminaire XX (op. cit.), p. 61 ff.; deutsch: S. 71 ff.; andererseits: Le Séminaire I (op. cit.), p. 203f; deutsch: S. 230f und: Le Séminaire XX, p. 75; deutsch: S. 87.

WEITERE DEUTSCHSPRACHIGE LITERATUR ZUM THEMA »LIEBE UND SEXUALITÄT«:

Israël, L.: Die unerhörte Botschaft der Hysterie
Kress-Rosen, N.: Das Geschlecht der Hysterischen, in: *RISS*, Nr. 2, 1986
Lang, H.: Die Sprache und das Unbewusste, S. 217–304
Leclaire, S.: Der psychoanalytische Prozess
Leclaire, S.: Das Reale entlarven
Schindler, R.: Vom Festgewachsenen, in: *RISS*, Nr. 7; 1988
Seifert, E.: Was will das Weib?, S. 55–190
Weber, S.: Rückkehr zu Freud, S. 97–124
— : Freud-Legende, S. 171–196
Widmer, P.: Die Maske des Natürlichen, in: RISS, Nr. 7, 1988

7. DIE VERSTRICKUNG DES BEGEHRENS: INZEST UND INZESTVERBOT

Im vorhergehenden Kapitel hat sich gezeigt, dass aus strukturellen Gründen Mann und Frau wohl eine Beziehung miteinander haben können, aber kein Verhältnis im Sinne einer Komplementarität der beiden Geschlechter. Das Bewohnen der Sprache, aus der diese Unmöglichkeit hervorgeht, verweist auf die geschichtliche Dimension jeder Beziehung. Der *genetische* Aspekt der Psychoanalyse rückt damit ins Zentrum, denn er beleuchtet den Werdegang der Menschen von der Kindheit zum Leben als Erwachsene. Dabei geht dieser Werdegang nicht von einem Nullpunkt aus; vorgängig sind immer schon Strukturen da, die wir mit Lacan als Strukturen des Symbolischen erkannt haben. Ihre Gesetze prägen das psychische Sein jedes menschlichen Subjekts. Das Symbolische »besetzt« den menschlichen Körper, der aufgrund seiner Instinktarmut offen ist für den andern, dessen Fürsorge durch seinen ersten Repräsentanten, die Mutter, für das Gedeihen jedes Menschen anfänglich unabdingbar ist.

Die unverlierbare Folie der Vollkommenheit führt dazu, dass die frühe Mutter-Kind-Beziehung als Inbegriff der Komplementarität erscheint. Dies gilt vielleicht für die Mutter, sicher aber für das Kind. Versucht sie ihm durch ihre Fürsorge das zu geben, was es braucht, dankt es ihr ihre Liebe mit seiner Zufriedenheit, die sich bald zu seinem Machtmittel verwandelt, das Begehren der Mutter zu prüfen. Diese scheinbar duale Beziehung wird durch einen Dritten aufgebrochen, sei es, dass die Mutter von allem Anfang an im Namen des Dritten, des Vaters handelt, sei es, dass der reale Vater als trennende Instanz einzugreifen versucht. Wie dem auch sei, Mutter und Kind sehen sich mit diesem Dritten konfrontiert, der die Dyade aufschließt. Sie begegnen dem Inzestverbot, einem Gesetz, das mit dem Vater in engster Beziehung steht.[1]

Mit welchem Recht lässt sich von einem Inzestverbot für das Kind sprechen? Wir haben gesehen, wie die Sexualität keineswegs nur Erwachsene betrifft. Mit dem Eintritt ins Leben ist sie da, zugleich an einen ersten Verlust, bewirkt durch das Verflüchtigen der Libido, gebunden. Ihre Strukturierung durch die Wirkungen des Symbolischen, vermittelt durch das Begehren des Andern, führt dazu, dass das Körperbild als Ganzes zur erogenen Zone wird. Es repräsentiert die verlorene Ganzheit, die der Andere im Kind inkarniert. Dieses glaubt, im Spiegelbild sei sein ursprünglicher Verlust aufgehoben. Seine Ganzheit möchte es dem Andern zeigen. Das trennende Moment des Spiegelstadiums erweist damit seine Kehrseite: die Abhängigkeit vom Urteil des Andern. Das Kind begehrt das Begehren des Andern. Seine Hinwendung zu ihm zeigt an, dass es sich auf ihn hin entwirft; dessen Befriedigung wird zu seiner Befriedigung. In dieser Situation lässt sich vielleicht von einem *inzestuösen Begehren* sprechen, jedoch kaum von einem Begehren nach Inzest. Von einem solchen kann erst dann die Rede sein, wenn das Kind selber nicht mehr phallisches Objekt sein will, sondern wenn es als Subjekt den Phallus als Objekt begehrt. Diese Situation ergibt sich dann, wenn das Kind von seiner Position des Symbolischen her, das es sich angeeignet hat, das sucht, was ihm fehlt. Dann wird die Mutter, der erste Repräsentant des Andern, dessen Gesetz im begehrten Inzest zu überschreiten versucht wird, für das Kind zum phallischen Objekt, und in dieser Position wird es mit dem Inzestverbot konfrontiert.

Diese einleitenden Bemerkungen erinnern erneut an das Spiegelstadium. Dessen Fortsetzung soll nun anhand dessen, was Freud und Lacan über Inzest und Inzestverbot aussagen, dargestellt und diskutiert werden. Die Thematik eignet sich besonders gut, grundlegende Unterschiede der beiden Auffassungen zu verdeutlichen, stellt Freud doch das personale Geschehen ins Zentrum seiner Betrachtung, während Lacan von den Strukturen her denkt. Die Akteure werden bei ihm zu Repräsentanten, die konkretisieren, was an sich strukturell vorgegeben ist.

INZEST UND INZESTVERBOT BEI FREUD

Das Inzestverbot und seine Herleitung gehören zu den Eckpfeilern der Freudschen Psychoanalyse. Um dieses rankt sich der *Ödipuskomplex* mit der ihm inhärenten Dramatik. Kurz zusammengefasst besagt er, dass jeder Mensch in seiner Kindheit zuerst die Mutter begehrt und den Vater hasst. Im geforderten Verzicht auf die kindlichen Wünsche – eine Wirkung des Inzestverbots – sieht Freud den Grund für den Hass des Kindes gegen den Vater. Freud schrieb zur Herleitung des Inzestverbots »Totem und Tabu«.[2] Was ontogenetisch immer wieder passiere, führt er darin auf die Vorzeit der Menschheitsgeschichte zurück. Damals habe eine Urhorde, regiert von einem despotischen Urvater, bestanden. Dieser sei im Besitz aller Frauen gewesen; er habe seinen Söhnen den Zugang zu den allein ihm gehörenden Frauen verboten und dadurch das Inzestverbot eingeführt. Die gegen ihn revoltierenden Söhne hätten den Urvater getötet und verzehrt. Statt aber den zuvor verbotenen Inzest zu realisieren, hätten die Brüder darauf verzichtet. Freud nennt zwei Gründe für diesen Verzicht: die nachträgliche Identifizierung der Söhne mit dem väterlichen Verbot und die gegenseitige Rücksicht, die sie davor bewahrt habe, miteinander in Streit zu geraten.

Für Freud bestand kein Zweifel daran, dass das Inzestverbot die Kehrseite des Inzestwunsches darstellt, und dass sich diese Konstellation des ursprünglichen Triebwunsches und seiner Abwehr in jeder Generation wiederholt. Im allgemeinen gelte dies auch für das weibliche Geschlecht, bestehe doch bis zur phallischen Phase kein Unterschied in der psychischen Entwicklung der beiden Geschlechter. Freud zeigt, dass in der Geschichte, aber auch in ihrer literarischen Darstellung und Verarbeitung immer wieder inzestuöse Wünsche durchbrechen und Morde geschehen: so beispielsweise in der Geschichte des Moses, im Drama des Ödipus, in der Tragödie des Hamlet. Letztlich sah Freud ein evolutionäres Schema am Werk, das sich auch durchsetze, wenn in der Geschichte von Einzelnen kein Inzestverbot ausgesprochen werde. Die Annahme eines solchen Faktors erlaubte es Freud, an die Lehre Darwins anzuknüpfen und dadurch die Schranke zwischen Naturgeschichte und Menschheitsgeschichte zu überspringen, diese als Fortsetzung von jener aufzufassen. Die Andersheit der Menschheitsgeschichte ist aus dieser Sicht durch den Einbruch des Gesetzes und seine Verinnerlichung seitens der ihm Unterworfenen bedingt.

Diese rudimentäre Darstellung eines wichtigen Teils der Freudschen Metapsychologie soll den folgenden vier Gesichtspunkten, unter denen wir die Aussagen Freuds näher untersuchen, einen Rahmen geben:

An wen richtet sich das Inzestverbot? Die Antwort ist leicht zu finden: Es gilt für die Generation der Nachkommen. Ihre sich von früher Kindheit an ausprägende Sexualität, die sich zuerst vorwiegend an die Eltern richtet, trifft auf das Inzestverbot. Als

Folge davon manifestiert sich der Ödipus-Komplex, der von der Latenzphase und einem erneuten Wiedererwachen der sexuellen Triebe gefolgt wird.
Als Paradigma für die infantile Sexualität sieht Freud die Beziehung zwischen *Sohn und Mutter.* Es sind diese kindlichen Ansprüche an die Mutter, die auf das Verbot treffen. Da sich Freud zufolge, wie bereits dargestellt, die Geschlechterdifferenz im psychischen Sein erst nach der phallischen Phase bemerkbar macht (wenn überhaupt), nimmt er an, dass die ersten Ausprägungen der Sexualität für beide Geschlechter gelten.[3] Entsprechend gilt das Verbot für Jungen und Mädchen. Nach der Entdeckung des weiblichen Geschlechts durch das Mädchen nehme das Inzestverbot für es eine andere Bedeutung an; es werde zum Verbot, vom Vater ein Kind zu kriegen. In jedem Fall müsse das Inzestverbot den inzestuösen Gelüsten der Nachkommen eine Schranke setzen.
Gegen die Auffassung, das Inzestverbot gelte nur für die Nachkommen, lässt sich einwenden, dass damit nichts anderes gesagt ist, als dass alle von ihm betroffen sind, da jeder Mensch Nachkomme eines andern ist. Freud geht aber davon aus, dass es in der Vorzeit der Geschichte einen gab, der selber offenbar nie Sohn gewesen ist: der *Urvater.* Hier begegnen wir einem Gedanken, den Lacan später einen mythologischen genannt hat und der einer logischen Implikation entspricht. Denn der Satz »alle Väter sind auch Söhne« verweist auf die Ausnahme, die die Regel bestätigt, nämlich, dass einer nie Sohn gewesen ist. Dieser Eine braucht nicht existiert zu haben, wichtig ist allein, dass der All-Satz diese Ausnahme des Einen impliziert. Demnach wäre der Urvater auch nicht vom Inzestverbot betroffen gewesen, hat er es doch erst – für die andern – begründet.
Es bleibe dahingestellt, ob Freud das Mythologische in seiner Figur des Urvaters erkannt oder ob er geglaubt hat, dass sie einer wirklichen geschichtlichen Gestalt entspricht. Freuds Annahme hat jedenfalls ihr Gegenstück in der Geschichte eines jeden Kindes: Anfänglich sieht es im Vater denjenigen, der über dem Gesetz steht, bis es entdeckt, dass sein Vater, wie jeder andere auch, in einer Folge von Generationen steht und dadurch dem Gesetz unterworfen ist. Dasselbe lässt sich über das Verhältnis zur Sprache sagen. Jeder hat erfahren, dass sie vor seiner Geburt schon da war. Dennoch drängt sich der Schluss auf, einer habe sie erfunden, habe allem erst einen Namen gegeben und habe selbst über der Sprache gestanden. Wir begegnen hier einem Ge-

danken wieder, den wir in den Ausführungen über das Symbolische angetroffen haben.

Wenn sich das Inzestverbot Freuds Auffassung zufolge an die Nachkommen richtet, so kann man sagen, jeder Mensch sei davon betroffen, mit Ausnahme eines Einzigen (den es als geschichtliche Gestalt nie gegeben hat). Dieser weiten Bedeutung, die man dem Inzestverbot geben kann, steht die engere gegenüber, die besagt, mit »Nachkommen« sei immer nur die jeweilige Generation der Kinder gemeint. Freud denkt vor allem an diesen Adressatenkreis, wenn er vom Inzestverbot spricht, denn die Erwachsenen haben es bereits erfahren und in der Regel akzeptiert. Freud interessiert vor allem der Übergang von einem triebabhängigen, kindlichen in einen kulturellen, erwachsenen Zustand. Das Erreichen dieser Position setzt seiner Ansicht nach die Annahme des Inzestverbots voraus, das die Insignien der väterlichen Macht trägt.

Wer bewirkt das Verbot? Diese Frage steht in einem komplementären Verhältnis zu derjenigen nach den Adressaten des Verbots. Wenn es vor allem die Nachkommen sind, an die sich das Verbot richtet, liegt der Schluss nahe, dass es die Eltern sind, vor allem die *Väter* in der Nachfolge des Urvaters, mit deren Gesetz die inzestuösen Wünsche zusammenprallen. Sie wären demnach die bewirkenden Instanzen des Verbots. Dieser Schluss trifft zwar zu, es gilt aber noch einen Aspekt zu berücksichtigen, worauf Freud in späteren Schriften aufmerksam macht: Nur in seltenen Fällen wird ein Kind hören, dass das Inzestverbot ausgesprochen wird. Der Ödipus-Komplex mit all seinen Symptomen macht sich dennoch immer bemerkbar.[4] Freud bemüht hier die *phylogenetische Erbschaft* als Erklärung dafür, warum sich Kinder vor Vätern ängstigen, die keineswegs, wie einst der Urvater, mit Kastration drohen. Unter dem Einfluss erbbedingter Einflüsse gebärden sie sich so, als suchten sie das väterliche Verbot, indem sie beiläufig gesagte Worte, irgendwelche Anspielungen als Hinweise für eine drohende Kastration auffassen. Die der Realität entnommenen Anzeichen werden vom Kind als Bestätigung, als äußere Verdoppelung des angeborenen Schemas verstanden, das nicht nur inzestuöse Wünsche, sondern auch ihr Verbot enthält.

Die Antwort auf die Frage, wer das Inzestverbot in Freuds Darstellung bewirkt, muss also beide Komponenten berücksichtigen: das tradierte, phylogenetische Erbe und das väterliche Verbot, das in manchen Fällen ausbleiben mag.

Wer ist Objekt des Inzests? In Freuds Werk rückt zuerst die *Mutter*, Frau des Vaters, in den Vordergrund. Durch ihre Rolle als Gebärerin und als erste nährende und pflegende Person stellt sie für beide Geschlechter das Objekt der kindlichen Sexualtriebe dar. Nach der Entdeckung des weiblichen Geschlechts durch das Mädchen nimmt der Vater die Position des inzestuösen Objekts ein. Davon hat Freud weniger gesprochen, wie übrigens auch von den geschwisterlichen Beziehungen. Er thematisiert auch wenig, dass das Kind zum inzestuösen Objekt der Eltern werden kann. Um so bedeutungsvoller sind die wenigen Hinweise dazu, die der späteren Diskussion des Inzestthemas erlauben, an Freud anzuknüpfen.[5]

Den Inbegriff des verbotenen Objekts bei Freud stellt die Mutter dar. Das Kind muss im Verlaufe seiner Entwicklung zustande bringen, seine Beziehung zur Mutter zu sublimieren. Unter dem Druck des Inzestverbots, das als verinnerlichtes zum Über-Ich wird, wendet sich der Knabe von der Mutter ab. Das geschieht auch beim Mädchen, jedoch aus einem anderen Motiv: Für es ist nicht die befürchtete Kastration durch den Vater wegleitend, sondern das Gefühl einer realen Benachteiligung, deren Ursache es zuerst in der Mutter lokalisiert. Es erwartet vom Vater, was es von der Mutter nicht bekommen hat. Der Junge wendet sich dagegen nicht dem Vater zu (es sei denn, er verharre dem Vater gegenüber in einer passiven Position), sondern Frauen außerhalb der Familie. Das Mädchen bleibt deshalb stärker innerfamiliär gebunden als der Junge, für den unter dem Druck des Inzestverbots keine Bleibe in innerfamiliären Beziehungen ist. Aber auch das Mädchen sieht sich bei erneuter Versagung gezwungen, das auf den Vater gerichtete inzestuöse Begehren aufzugeben, es auf einen andern Mann zu verlagern. Von beiden Geschlechtern ist eine *Trauerarbeit* und eine Umbesetzung auf andere Objekte gefordert.

Diesen Verschiebungen unter der Einwirkung des Inzestverbots steht gegenüber, dass die inzestuösen Wünsche als verdrängte weiterbestehen. Unter dem vom Inzestverbot bewirkten Objektwechsel dauern die alten *ödipalen Fixierungen* an. Ebenso werden einzelne Züge des verbotenen Objekts auf die erlaubten Objekte übertragen. Freud hat das klar erkannt. Die Inzestproblematik dehnt sich paradoxerweise gerade auf die Felder aus, die jenseits des Zaunes des Verbotenen liegen. Die Freudschen Einsichten sind hier ohne weiteres mit der volkstümlichen Rede vereinbar, die davon spricht, dass jemand in der geliebten Person die Mutter oder den Vater sieht. Weil diese frühen Fixierungen letztlich unzerstörbar sind, kann eine völlige Überwindung des Ödipus-Komplexes nie gelingen. Nicht nur Züge des verbotenen Objekts bleiben erhalten, sondern auch solche der verbietenden oder versagenden Instanz, selbst da, wo sie nirgends in greifbarer Form vorhanden ist.

Worin besteht das Wesen des Inzestverbots? Freud beschäftigte sich in »Totem und Tabu« mit der seiner Ansicht nach bis zu diesem Zeitpunkt fehlenden Einsicht in das Wesen des Inzestverbots. Für ihn ist es das Mittel, die Wünsche nach Inzest abzuwehren. Aber warum sind sie überhaupt verboten, was ist anstößig daran? Die Frage führt auf den Urvater, der im Besitz aller Frauen war. Das Inzestverbot steht im *Dienste seines Genusses* und seiner Macht, die er für sich allein beansprucht.[6] Dieses historisch-mythologische Vorbild wiederholt sich in jeder Geschichte eines Verbandes: Immer erscheint der Vater als derjenige, der um seines Genusses willen den inzestuösen Wünschen seiner Nachkommen im Wege steht. Letztlich stellt der totale Anspruch des Urvaters auch die entscheidende Barriere gegen den Geschwister-Inzest dar.

Die Inzest-Wünsche werden von Freud oft als nicht weiter hinterfragbar, als biologisch vorgegeben dargestellt. Manchmal hebt er sie über den Bereich der Natur hinaus, nämlich dann, wenn er von der *Identifizierung* der Nachkommen mit dem Vater spricht. Was dem Vater erlaubt ist, beanspruchen auch seine Kinder für sich. Dieser Identifizierung mit dem Vater ist Hassliebe inhärent. Einerseits wollen die Kinder so werden wie er, nehmen ihn als ihr Vorbild. Anderseits beanspruchen sie seinen Platz, den sie nur einnehmen können, wenn er getötet wird. Was hat sie dazu bewogen, auf das zu verzichten, um dessentwillen sie den Vater getötet hatten? Wir finden zwei Motive in »Totem und Tabu«. Das eine gründet auf der gegenseitigen Rücksichtnahme der Brüder. Sie wollten nicht um des Besitzes der Frauen wegen in Streit geraten.[7] Der Verzicht stiftet hier ein soziales Band, gewoben aus sublimierter Homosexualität. Das andere Motiv entsteht aus dem Verzehren des toten Vaters, worin Freud den Vorläufer der Introjektion sieht.[8] Mit dem Vater haben die Brüder auch das Gesetz in sich aufgenommen, was sich in einer Neustrukturierung des Psychischen zeigt. Das von Freud später so benannte Über-Ich erscheint als Erbe des zuerst äußerlichen, nun verinnerlichten Gesetzes. Es trägt die Merkmale der Liebe zum Vater, in dessen Namen die Inzest-Wünsche zensuriert, ver-

drängt und verschoben werden. Das Ich muss zwischen diesen archaischen Wünschen und dem verinnerlichten Gesetz einen Ausgleich finden, was ihm nur gelingt, wenn es einerseits dem Gesetz gehorcht und andererseits danach trachtet, außerhalb seines Geltungsbereichs das Verlorene wiederzufinden, man könnte sagen: das Inzestverbot auf erlaubte Art zu überschreiten.
Mit der mythologischen Darstellung der Ermordung des Urvaters hat Freud den *Zusammenhang zwischen Sprache, Gesetz und totem Vater* entdeckt. Und da in der phylogenetischen Erbschaft der tote Vater, also das Gesetz, tradiert wird, ist der Konflikt zwischen dem Inzestwunsch und seinem Verbot immer schon vorgegeben, auch wenn die realen Eltern nicht verbieten.
Zu diesen drei Wesensmerkmalen des Inzestverbots (Aufrechterhaltung des Genusses des Urvaters und in der Folge jeden Vaters; Stiftung eines sozialen Bandes unter den Brüdern; Verinnerlichung durch Introjektion als Zeichen nachträglichen Gehorsams und Liebe), die alle auf die Gestalt des Vaters verweisen, gesellt sich ein mütterliches: Das Begehren der Mutter nach dem Phallus führt sie in die Versuchung, diesen im Kind zu inkarnieren.[9] Damit ist eine Theorie des Inzests und seines Verbots angedeutet, die Freud nicht selber ausgearbeitet hat.

INZEST UND INZESTVERBOT BEI LACAN

Obwohl Lacan zu einem großen Teil Freuds Werk kommentiert, erweitern seine Aussagen bezüglich des Inzestverbots das von Freud abgesteckte Feld beträchtlich, wenn sie es nicht sogar sprengen. Diese Behauptung soll anhand der vier Aspekte, unter denen die Freudsche Darstellung untersucht wurde, belegt werden. Dabei wird sich erweisen, dass Lacans Äußerungen über das Inzestverbot nicht einer Systematik gehorchen. Oft scheint er sich gänzlich an Freuds Ausführungen anzulehnen. Dann gibt es aber – nicht immer als solche kenntlich gemacht – Distanzierungen, die schließlich dazu führen, daran zu zweifeln, ob Ödipus-Komplex und Inzestverbot unüberholbare Größen sind.
ad) *An wen richtet sich das Inzestverbot?* Schon bei dieser Frage zeigen sich Unterschiede zu Freuds Aussagen. Lacan legt mehr Gewicht auf die *Eltern* als Adressaten des Inzestverbots als Freud. Ihrem auf die Kinder gerichteten Begehren schenkt er große Aufmerksamkeit. Sein bereits erwähnter Satz: »Das Begehren ist das Begehren des Andern« verweist die Sexualität in

den Bereich der Netze der symbolischen Ordnung, dessen erste Repräsentanten für das Kind die Eltern sind. Vom ersten Tag an, vielleicht noch früher, wird das noch unspezifizierte Begehren durch die Ebene der Signifikanten strukturiert und entfremdet, wobei der Mutter-Sprache erstrangige Bedeutung zukommt. Als Trägerin des mütterlichen Begehrens ermöglicht ihre Aneignung dem Kind, sich zu artikulieren. Von Beginn seines Lebens an genießt und erleidet es die Fürsorge der Mutter, deren Gaben für es zum Zeichen ihrer Liebe werden. Sein Begehren heißt, ihr Begehren zu erfüllen, ihr Phallus zu sein, oder sie zu seinem Phallus zu machen.[10] Lacan sieht hier die Notwendigkeit einer Schranke: Es muss so sein, dass etwas *Drittes* diese Dyade, die im Grunde genommen einer Monade entspricht, öffnet. Dieses Dritte ist im Symbolischen selbst enthalten; es ermöglicht den Kontakt zu den andern derselben Sprache. Damit ist auch schon die Verknüpfung des Symbolischen mit dem Vater angedeutet, wobei mit »Vater« nicht nur der leibliche Vater gemeint ist, sondern auch der »*Name-des-Vaters*«, in dessen Namen eine Mutter ein Kind aus ihrem Schoß entlässt. Das Inzestverbot richtet sich somit zuerst an die *Mutter*. Ihr Begehren nach dem Phallus muss andere Wege gehen als den, der über das Kind führt. Als Instanz des Inzestverbots wirkt das Symbolische in seiner trennenden Dimension. Von der Mutter ist die Offenheit auf den Dritten hin gefordert, der im Vater verkörpert wird. Lacan weist in diesem Zusammenhang darauf hin, dass es entscheidend ist für das Kind, welches Gewicht die Mutter dem Wort des Vaters gibt.

Bei dieser Argumentation darf nicht übersehen werden, dass nicht allein die Mutter den Phallus begehrt. Auch der Mann ist diesem Begehren unterworfen. Nur im Imaginären wird sein Geschlecht mit dem Phallus gleichgesetzt, und selbst dann gibt es größere und kleinere Phalloi. Im Sinne Lacans ist es deshalb ebenso möglich, dass ein Vater »sein« Kind mit dem Phallus identifiziert, wie dies die Mutter tun kann. An dieser Stelle trifft sich Lacan mit den Analysen von Lévi-Strauss, der bekanntlich im Frauentausch das Inzestverbot am Werk sieht.[12] Für die Generation der Töchter besteht die Vorschrift, die Zugehörigkeit zur Herkunftsfamilie oder zum Clan, in dem sie aufgewachsen sind, aufzugeben. Heiraten innerhalb der Verwandtschaftsbeziehungen oder desselben Verbandes sind verboten. Adressaten des so aufgefassten Inzestverbots sind die *Väter* in ihrer Beziehung zu den Töchtern. Dies zeigt, dass die Väter nicht a priori die trennende Instanz verkörpern; ihr Begehren nach dem Phallus kann auch bei ihnen zu einem Überhang der unsublimierten, metaphorischen Dimension führen.

Mit dem Satz »Das Begehren ist das Begehren des Andern« ist zwar den Eltern hinsichtlich der Strukturierung der kindlichen Wünsche ein Primat zugesprochen. Sind diese Wünsche einmal formiert, so sind – in Lacans Darstellung wie in derjenigen Freuds – auch die Nachkommen vom Inzestverbot betroffen. Die einzudämmenden Inzest-Wünsche sind dabei als in einer Weise strukturiert gedacht, die schon Freud beschrieben hat: durch Identifizierung, vor allem mit dem gleichgeschlechtlichen Elternteil.[13]

Diese Identifizierung des Kindes hat zwei Gesichter: ein imaginäres und ein symbolisches. Die imaginäre Identifizierung führt zur Vorstellung, den Vater oder die Mutter zu ersetzen. Die symbolische beruht dagegen auf einer Anerkennung der väterlichen oder mütterlichen Position. Wenn das Kind sich mit dem gleichgeschlechtlichen Elternteil auf solche Art identifiziert, verinnerlicht es zwar Züge von ihm, aber das Objekt der Rivalität entfällt. Das Kind will nicht länger den Platz des Elternteils einnehmen, das Vorbild ersetzen und auf dieser Grundlage den Elternteil des andern Geschlechts begehren, sondern so sein *wie* sein Vater oder seine Mutter. Es anerkennt sie und deren Beziehung. Das setzt eine Trauerarbeit voraus, ohne welche eine Verschiebung auf außerfamiliäre Liebesbeziehungen nicht gelingt. Die Psychoanalyse spricht in diesem Zusammenhang seit Freud von der Überwindung der Situation der *Urszene*. Diese Anerkennung der elterlichen Beziehung stellt, wie klinische Erfahrungen zeigen, für jeden Menschen ein Problem dar. Aus dieser Verstrickung mit der Urszenen-Situation herauszutreten, ihr »Abfall« zu werden, wie Lacan sagt, um dann selber Beziehungen außerhalb der Ursprungsfamilie zu haben, darin besteht die Wirkung des Inzestverbots für die Nachkommen.

Die Frage stellt sich, wer das Inzestverbot ausspricht. Ergeben sich die Trennungen, die stattfinden – diejenige zwischen Mutter und Kind, zwischen Kind und Eltern –, nicht vielmehr aus den Wirkungen der elterlichen Begehren? Lacan spricht jedenfalls weder von der Artikulation des Inzestverbots, noch verlangt er, dass ein solches ausgesprochen werden müsse. Gleichwohl sei es, auch ohne Artikulation, schon da. Im Gegenteil ließe sich in seinem Sinn behaupten, ein Aussprechen führte zu einem konträren Effekt, zu einer unbewussten Fixierung an das verbotene Objekt und zu einer permanenten Rivalität mit dem verbietenden Elternteil.

Die Gegenüberstellung von »Erwachsenen« und »Kindern« ist in psychoanalytischer Sicht fragwürdig. Das Unbewusste hält sich nicht an solche Unterscheidungen. Die Relativität des psychischen Alters gilt auch für die Imagines der andern: Ein Kind kann z.B. für einen Erwachsenen unbewusst eine Mutter- oder Vater-Imago repräsentieren. Die Frage nach den Adressaten des Inzestverbots erfährt damit eine zusätzliche Umlagerung: Es sind weniger die Generationen als vielmehr die unbewussten Wünsche angesprochen, quer durch die verschiedenen Lebensalter hindurch. Von Lacans strukturalem Verständnis des Inzestverbots her – das Primat gehört der synchronen, nicht der diachronen Dimension – wird dieser Sachverhalt ohne weiteres verständlich. Es ist die Dimension des Imaginären, die durch ihre Herkunft aus dem Spiegelstadium dazu führt, Differenzen, die vom Trennenden des Symbolischen her ins Spiel gebracht werden, einzuebnen, die zum Adressat des Inzestverbots wird.
ad) *Wer bewirkt das Verbot?* Diese Frage führt zu komplexeren Erwägungen, als wenn man allein von Freuds Werk ausgeht. Der Grund liegt einerseits darin, dass es grundsätzlich problematisch ist, bei Lacan in einem naiven Sinn von Verbot zu sprechen. Wenn man das tut, dann sind eher die Eltern als die Kinder davon betroffen; wer könnte aber das Inzestverbot bei den Eltern durchsetzen? Andererseits kommt die Schwierigkeit in noch größerem Ausmaß daher, dass Lacan, wie gesagt, viel mehr als Freud die strukturellen Aspekte betont, die ihrerseits die personalen umfassen. Das zeigt sich etwa dann, wenn Lacan vom »Vater« spricht und dabei den imaginären vom symbolischen und diesen vom realen Vater unterscheidet. Der *imaginäre Vater* entspricht der mythologischen Figur des Urvaters, jener Ausnahme, die nicht wie alle andern der symbolischen Kastration unterworfen ist. Den *symbolischen Vater* setzt Lacan mit dem *toten Vater* gleich und stellt damit einen Bezug zum Mord am Urvater in Freuds »Totem und Tabu« her.[13] Das Symbolische erscheint somit als Folge dieser Tötung imaginärer Allmacht. Deshalb »verkörpert« sich der symbolische Vater im Gesetz, im Inzestverbot. Im *realen Vater,* der nicht mit dem leiblichen Vater identisch zu sein braucht, sieht Lacan die Person, die das Kind anerkennt und die Dyade Kind-Mutter offenhält. Das Kind sieht in ihm zuerst eine allmächtige Figur, bis es merkt, dass diese wie alle Menschen dem Symbolischen unterworfen ist. Das zeigt sich in seiner Endlichkeit, in seiner Situierung in einer Genera-

tionenfolge, auch in seinen Begehren, Schwächen und in seinem Versagen.[14]

Die Frage, wer das Inzestverbot bewirkt, lässt sich somit nicht mit der Nennung bestimmter Personen beantworten. Ein hereditäres Schema kommt für Lacan nicht in Frage. In einer ersten Annäherung kann man sagen, dass Lacan im Inzestverbot eine Wirkung des Symbolischen erkennt. Das überrascht nicht, da das inzestuöse Begehren strukturell aufgefasst werden muss. Der imaginär-inzestuösen Seite steht die symbolische Dimension des Andern gegenüber. Wir stoßen damit wieder auf die Lacansche Grundformel, mit der er das Phantasma kennzeichnet: »$ ◇ a« (S. 64). Das Subjekt wird als im Symbolischen situiert aufgefasst; es sucht sein Sein im Objekt. Insofern dieses Objekt direkt mit der Herkunft des Subjekts, mit der Unmittelbarkeit, zu tun hat, wird es zum Objekt des Inzests. Man begreift, warum Lacan nicht nur die genitale Vereinigung mit dem »Primärobjekt« als Inzest auffasst, sondern auch die regressive Form des Wiedereintauchen-Wollens in den Mutterleib. Dieser repräsentiert für jedes Subjekt den Ort vor jedem Verlust, vor seiner Bestimmung durch das Symbolische, das es ausliefert an die Rätsel der Existenz.

Wer garantiert die Durchsetzung des Inzestverbots? Kann es jemand anders sein als seine Adressaten? Aber sie brauchen nicht auf den Andern zu hören. Auch wenn Lacan in der Sprache etwas Göttliches sieht – in späten Schriften kreiert er das Wort »*dieure*«,[15] worin »Dieu« (Gott) und »dire« (sprechen) enthalten sind –, ist damit noch keine Garantie für die Respektierung des Inzestverbots enthalten. Das juristische Gesetz stellt den Versuch dar, dem Inzestverbot einen Rückhalt zu geben, die Übertretung unter Strafe zu stellen. Inwiefern das wirksam sein kann, bleibe dahingestellt.

ad) *Wer ist Objekt des Inzests?* Die in den beiden vorhergehenden Abschnitten dargestellten Modifikationen der Lacanschen Auffassungen gegenüber der Freudschen (Betonung der strukturellen Aspekte; Fragwürdigkeit, inwiefern noch von einem Inzestverbot gesprochen werden kann) werden zusätzlich erweitert, wenn es um die Frage nach dem Objekt des Inzests geht. Zunächst ergibt sich, dass, wenn das Inzestverbot die Eltern betrifft, »ihre« Kinder zu verbotenen Objekten des inzestuösen Begehrens werden. Unter inzestuösen Bedingungen werden sie zu Fetischen, was durch die vorangegangene symbolische Kastration, die dadurch verdeckt, zugeschüttet bleibt, möglich wird.

Entsprechendes gilt für die Kinder, von denen gefordert wird, die Besitzansprüche an die Mutter und das Begehren nach dem väterlichen Phallus aufzugeben. Aus dieser Perspektive besehen, ist die Thematik des Inzests und seines Verbots auf die *phantasmatische Vollkommenheit* gerichtet, auf den Glauben, das Objekt a vermöge die symbolische Kastration ungeschehen zu machen. Im Sinne der Psychoanalyse gilt, dass die Objekte grundsätzlich verlorene sind. Ob sie bei den Eltern oder bei andern Personen wiedergesucht werden, ist unter diesem Gesichtspunkt sekundär. Da diese Objekte zuerst in bezug auf den mütterlichen Körper verlorengehen, verweist ihre Suche auf das ungeschiedene Einssein mit der Mutter, auf den Zustand vor der Konstituierung der Subjektivität. Dieses Wiederfinden-Wollen der verlorenen Einheit hat etwas Inzestuöses an sich, sogar dann, wenn dies außerhalb des mütterlichen Körpers geschieht, weil unbewusst immer etwas von der Suche nach der Brust, nach dem Blick der Mutter, nach dem Einssein vorhanden ist. Allerdings führt diese Auffassung dazu, dass die Bedeutung des Adjektivs »inzestuös« aufgebläht wird – ich erwähnte es schon –, was anderseits gerechtfertigt ist, denkt man an all die Zwangshandlungen und Rituale, die die Ethnologen beschrieben haben und die sich als fortgesetzte Abwehr inzestuöser Bestrebungen erwiesen haben.[16]

Lacan spricht dem *Blick* eine besonders inzestuöse Aura zu.[17] Sehen; sehen, dass der andere einen sieht oder nicht sieht; sehen, dass der andere sieht, dass er gesehen wird; sich selber sehen sehen usw. All dies verweist auf das Spiegelkabinett menschlicher Beziehungen, das seinen Anfang im Spiegelstadium nimmt. Die symbolische Kastration eröffnet das Unbegrenzte des imaginären Bereichs, in dem der eine Antwort im andern sucht auf das Rätsel seiner Existenz, das ihn konstituiert. Der erste Andere ist die Mutter, der das Kind Allmacht zuschreibt. Wenn das Kind im Blick den fehlenden Teil der verlorenen Identität sieht, bleibt es in seinem Bann, kann es den Gesichtskreis der Mutter nicht verlassen.[18]

Ein solches Bild einer beinahe totalen Erfüllung des Begehrens zeigt zugleich seine Kehrseite: das Gefangensein in der dyadischen Situation. Von diesem imaginären Ausgangspunkt her erscheint die Position des Vaters – Verkörperung des Dritten – nicht als repressiv, sondern als befreiend. Lacan hat mit der Aussage: »*Das Begehren ist das Begehren nach dem Gesetz*«[19] auf die Kehrseite des inzestuösen Begehrens hingewiesen. Erneut wird damit die Rede vom Inzestverbot fragwürdig. Warum ein Verbot, wenn doch die Annäherung an die Erfüllung eher einem Alptraum als einem paradiesischen Zustand gleichkommt?

ad) *Worin besteht das Wesen des Inzestverbots?* Dadurch, dass Lacan das Inzestverbot nicht primär als historische, sondern als strukturell bedingte Gegebenheit versteht, die Geschichtlichkeit erst ermöglicht, erscheinen bei ihm Wesen und Funktion des Inzestverbots in einem andern Licht als bei Freud.

Im Zentrum des Inzestverbots bei Lacan steht das Abwesende, Reale, Urverdrängte, um das das Symbolische sich dreht und das ihm Zusammenhalt verleiht.[20] Was bei Freud an den Urvater gebunden ist, an eine geschichtliche Person, ist bei Lacan um den *phallischen Signifikanten* zentriert. Da Lacan Freuds Mythos struktural interpretiert und dabei an der Verknüpfung mit der väterlichen Instanz festhält, erscheint in Lacans Theorie der Phallus im Symbolischen auch als *Name-des-Vaters.*[21] Das Inzestverbot wird damit zu einem Gesetz im Namen des Vaters. Wir haben bereits gesehen, dass der phallische Signifikant Lacans Auffassung zufolge mit Kreation, Schrift und Gesetz zu tun hat. Als logisches Konzept gilt er für Mann und Frau, da beide das Symbolische bewohnen. Für beide Geschlechter lässt sich angeben, was mit »Inzest« gemeint ist: das Nicht-Akzeptieren des Mangels und damit der Vorherrschaft des Symbolischen.

Dagegen ließe sich einwenden, der Mangel sei unüberholbar, Inzest – verstanden als volle Erfüllung – sei unmöglich. Das trifft von den strukturellen Gegebenheiten her gesehen zwar zu; jedes Subjekt hat aber die Möglichkeit, diese zu verleugnen, sie abzuwehren. Spricht man von Inzest, so meint man nicht die wahre Aufhebung des Mangels – das ist unmöglich –, sondern die Realisierung des Phantasmas vollkommener Erfüllung.[22]

Im Sinne Lacans lässt sich das Inzestverbot als Synonym zur Entfremdung durch das Symbolische auffassen. Gehorchen die Menschen den Gesetzlichkeiten des Symbolischen, oder versuchen sie, sich als Herren über die Sprache zu gebärden? Die *psychoanalytische Ethik* läuft solchen Vermessenheiten entgegen. Das zeigt sich in der Grundregel der analytischen Kur, die verlangt, die Einfälle, die einem durch den Kopf gehen, auszusprechen. Jeder Analysant erfährt dadurch sein Subjektsein, seine Unterworfenheit unter die Gesetze des Andern. In diesem Sinne lässt sich die Grundregel als Schranke vor dem Inzest auffassen. Einerseits kommt dem so aufgefassten Inzestverbot etwas Befreiendes, das Dyadische Aufsprengende zu. Dieses befreiende

Moment beschränkt sich bei Freud auf die Anerkennung und Liebe des Vaters sowie auf die Gründung des sozialen Bandes unter den Brüdern. Bei Lacan betrifft es auch die heterosexuelle Seite (z.B. Mutter-Sohn-Beziehung), in der er nicht nur den Inbegriff der Erfüllung sieht, vor allem nicht für die Generation der Kinder. Sie würden durch inzestuöse Verhältnisse nicht nur in Schuld und Kastrationsängste gestürzt, sondern müssten überdies ihre andauernde Mutter-Bindung damit bezahlen, dass außerfamiliäre sexuelle Beziehungen nicht erlaubt wären. So gesehen brauchte man nicht von einem Inzestverbot zu sprechen, denn was ergibt es für einen Sinn, das zu verbieten, was nicht begehrenswert ist?
Wenn Lacan dennoch an diesem Term festhält, dann aus strukturellen Gründen: Das Begehren nach totaler Geborgenheit, nach einem Ende der Entfremdung, nach dem Paradies als dem Urbild vollkommenen Glücks, wie es der biblische Mythos anzeigt, kommt vom Primärprozess her. Da dieser am Ziel der Wahrnehmungsidentität festhält, sorgt er dafür, dass ein Überwinden einer inzestuösen Beziehung durch den Sekundärprozess nie ganz gelingen kann. Das zeigt sich daran, dass das Wunschbild völliger Erfüllung – ein anderer Name für Inzest – gerade nach Trennungen immer wieder entsteht. Es begrenzt den Horizont menschlicher Offenheit vom Spiegelstadium an. Da Narzissmus und Verspiegelungen nicht nur verwandtschaftliche Beziehungen, sondern jede Art menschlichen Zusammenlebens betreffen, ist dieses niemals völlig frei von inzestuösen Spuren – eine Einsicht der Psychoanalyse seit ihren Anfängen. Es besteht aber ein erheblicher Unterschied, ob durch den Primärprozess eine inzestuöse Strömung einfließt, oder ob ein Subjekt die vom Sekundärprozess vorgezeichneten Gesetzlichkeiten überschreitet, um sich dem Begehren nach Einssein hinzugeben. Erst im zweiten Fall lässt sich sinnvollerweise von Inzest sprechen. Die Auffassung dessen, was »Inzest« genannt wird, holt hier die etymologische Bedeutung ein, die keineswegs an Verwandtschaftliches gebunden ist: »Incestus« heißt »unkeusch«, »unrein«.

ETHISCHE ASPEKTE

Das Wechselspiel von Trennungen und Vereinigungen, von Symbolischem und Imaginärem findet seinen ersten Ausdruck im

Ödipus-Komplex. Freud fasste ihn als unüberholbaren, das psychische Sein strukturierenden Konflikt auf, der sich nach seinem Untergang, d.h. nach der Trennung von den ersten inzestuösen Objekten (vor allem von der Mutter) in entstellter Form wieder manifestiert.

Das Inzestverbot strukturiert den Ödipuskomplex. Diesem Konzept zufolge ist die Mutter Inbegriff des verbotenen Objekts. Dadurch wird sie zum Begehrenswerten schlechthin, und die Anstrengungen des Subjekts richten sich darauf, das Verbot zu überschreiten. In diesem Sinne verkehrt sich das Inzestverbot in sein Gegenteil: *Es schafft allererst das Begehrliche,* auf das das Subjekt bei Strafe der Kastration verzichten muss. Das Über-Ich als verinnerlichte Instanz des väterlichen Verbots mahnt das Subjekt dauernd an seinen Verzicht und an das, was ihm eigentlich begehrenswert erscheint. Mehr noch: Das Verbot begünstigt das Eintreten in Rivalität mit dem verbietenden Vater. Nur scheinbar wird das Verbot als Repression bekämpft, in Wirklichkeit wird es begehrt, weil *die Rivalität den Glauben aufrechterhält, es existiere ein Objekt des Begehrens, das volle Erfüllung verheiße*.

Dadurch, dass Lacan das Konzept des Signifikanten als eines abwesenden einführt, kann er zeigen, dass der Glaube an das volle Objekt des Begehrens illusionär ist. Auch die Vereinigung mit der Mutter beseitigt den Mangel nicht. Damit erweist sich das Szenario von Verbot und Verbotenem als ein Theater, um das Reale, das sich als Mangel bemerkbar machen würde, zu verdecken. Dieses Theater dient dazu, der Begegnung mit der symbolischen Kastration auszuweichen, nicht erfahren zu müssen, dass es kein Objekt gibt, das das Begehren des Subjekts vollständig sättigt. In diesem Sinne sagt Lacan, es sei leichter, das Verbot zu erleiden, als die (symbolische) Kastration auf sich zu nehmen.[23]

Lacans Ethik postuliert nicht die Abschaffung des Konzepts des Ödipus-Komplexes, das wäre töricht, sondern die Einsicht in seine Bedingtheit, die mit der Einführung des Realen möglich geworden ist.[24] Freuds vermeintlich nicht subvertierbare psychische Realität erweist sich demnach als Symptom, als hergestellt. Dies aufzudecken, ist Aufgabe der Analyse. Weder von der Sprache noch vom Realen her ist an sich irgend etwas verboten. Das Verbot hat eine maskierende, aber durchschaubare Funktion: Als Symptom tritt es an die Stelle des Unmöglichen. Dadurch wiegt es das Subjekt im Glauben, was es begehrt, sei grundsätz-

lich erfüllbar, es sei nur eine Frage der Macht, wer im Besitz des vollkommenen Objekts sei.[25] Die Analyse führt das Subjekt zu einer Enttäuschung, indem sie es damit konfrontiert, dass das Begehren unerfüllbar bleibt. Damit entzieht die Lacansche Ethik der Rivalität mit dem Vater den Boden. Die Analyse führt zur Einsicht, dass das Verbot nicht so sehr gefürchtet als vielmehr begehrt wird. Freud hat das geahnt, als er schrieb, das Verbot trete auch dann auf; wenn niemand es ausgesprochen habe. Die von ihm angenommene Wirksamkeit des erbbedingten Schemas erweist sich in der Perspektive Lacans allerdings als Ausdruck des Verlangens des Subjekts, ein Objekt zu haben, um das es sich streiten kann und das seiner Existenz Sinn gibt.
Paradoxerweise zeigt sich die Nichtigkeit des Begehrens nach Inzest gerade dann, wenn der Inzest gewollt wird. Die Analyse zeigt dann, dass die Niederlage im Rivalenkampf mit dem Elternteil als Mittel dient, den Glauben an das volle Objekt zu bewahren und das verloren Geglaubte anderswo wiederzusuchen.[25] So gesehen führt das Begehren nach Inzest zur Enttäuschung darüber, dass niemand vom Mangel verschont ist und keine Komplementarität oder Vereinigung ihn rückgängig machen kann. Die Analyse zeigt auch, dass dem Rivalen in dem Maße Macht zugedacht wird, wie das Subjekt am Phantasma der Vollkommenheit des inzestuösen Objekts festhält. Lacan paraphrasierend könnte man sagen: Offenbar ist es leichter, einen Rivalen im Besitz eines vollkommenen Objekts zu wähnen, als seine phallische Schwäche zu ertragen.

ANMERKUNGEN

1 s. dazu Freud, S.: Totem und Tabu, vor allem den IV.Teil: Die infantile Wiederkehr des Totemismus, GW IX; ferner: Lacans Seminarien III, IV, VII, X, XIX und XX–XXIV, sowie zahlreiche Referenzen über die Funktionen des Vaters, des Gesetzes etc.
2 Freud, S.: Totem und Tabu, op. cit.
3 Freud, S.: z.B. Der Untergang des Ödipuskomplexes, GW XIII, S. 393 ff.
4 —: z. B. Das Ich und das Es, GW XIII, S. 263 f.
5 —: z. B. Drei Abhandlungen zur Sexualtheorie, GW V, S. 47 ff.
6 —: Totem und Tabu, op. cit., S. 154 ff.
7 —: ebd. S. 174.
8 —: ebd. S. 173.
9 —: Einige psychische Folgen des anatomischen Geschlechtsunterschieds, GW XIV, S. 27 f.

10 Lacan, J.: z. B. La signification du phallus, in: Ecrits, p. 693; deutsch: Die Bedeutung des Phallus, in: Schriften II, S. 129 f.

11 —: z.B. D'une question préliminaire à tout traitement possible de la psychose, in: Ecrits, p. 557 ff. und 575 ff.; deutsch: Über eine Frage, die jeder möglichen Behandlung der Psychose vorausgeht, in: Schriften II, S. 90 ff. und 108 ff.

12 Lévi-Strauss, C.: Les structures élémentaires de la parenté.

13 Lacan, J.: z. B. Subversion du sujet et dialectique du désir, in: Ecrits, p. 812 f.; deutsch: Subversion des Subjekts und Dialektik des Begehrens, in: Schriften II, S. 188 f.; oder: Le Séminaire VII, L'éthique de la psychanalyse, p. 171 f. und 211 ff.

14 Zur Unterscheidung des realen vom symbolischen und vom imaginären Vater, s. z. B. Le Séminaire VII, op. cit., p. 354 ff.

15 Lacan, J.: Le Séminaire XX, Encore, p. 44; deutsch: Das Seminar XX, Encore, S. 50.

16 Freud, S.: Totem und Tabu, op. cit., S. 145 ff.; Lévi-Strauss, C.: Mythologica.

17 Lacan, J.: Le Séminaire XI, Les quatre concepts fondamentaux, p. 63 ff.; deutsch: Das Seminar XI, Die vier Grundbegriffe der Psychoanalyse, S. 71 ff.

18 Eine passende Illustration dazu liefert das Märchen von Jorinde und Joringel (Grimm).

19 Lacan, J.: z.B. Le Séminaire X, L'angoisse, Sitzung vom 16.1. und 27.2.1963 (unveröffentlicht).

20 —: z. B. in: Le Séminaire XXII, R. S. I., in: Ornicar, Nr. 5, p. 54.

21 —: ebd.

22 In diesem Zusammenhang erwähnt Lacan oft das Inzestverbot bei den Hindus, das nach vollzogenem Inzest die Entmannung verlange und dass sich der Täter »mit dem Schwanz zwischen den Zähnen« entferne.

23 Lacan, J.: z. B. Le Séminaire VII, op. cit., p. 354.

24 —: ebd.; s. auch: Le Séminaire XXII, op. cit., Ornicar, Nr. 5, p. 54.

25 —: z. B. Le Séminaire VII, op. cit., p. 155 und 354;

26 —: ebd., p. 357. Ödipus hatte für Lacan keinen Ödipuskomplex, wie er oft bemerkte.

WEITERE DEUTSCHSPRACHIGE LITERATUR ZUM THEMA »INZEST UND INZESTVERBOT«:

Dolto, F: Das unbewusste Bild des Körpers

Lang, H.: Die Sprache und das Unbewusste, IV. Teil

Juranville, A.: Das lacanianische Ding, in: *RISS,* Nr. 4 und 5

Mooi, A. W. M.: Der symbolische Vater, in: Der Wunderblock, Nr. 16

Seifert, E.: Was will das Weib? I. Teil

Tholen, G. C.: Wunsch-Denken; Teile VIII–X

Widmer, E.: Kastration und Inzestverbot bei Françoise Dolto; in: *RISS* Nr. 5

Widmer, P.: Ein schwieriger Begriff: die Kastration; in: texte, Nr. 2, 1984

— : Jenseits des Inzestverbots, in: *RISS,* Nr. 2, 4 und 6

8. DER VERLUST DES BEGEHRENS: DIE PSYCHOSEN

Die Inzestproblematik weist eine Nähe zu derjenigen der Psychose auf. Das zeigt sich darin, dass bei beiden der Mangel, gleichbedeutend mit der symbolischen Kastration, zugeschüttet wird. Dieses Verschwinden lässt sich dann nicht als zu einer Psychose gehörend auffassen, wenn der Mangel verleugnet wird. Im Falle der Psychose fehlt die grundlegende Gespaltenheit des Subjekts vollständig. Mit Lacan lässt sich von einem Mangel des Mangels sprechen. Psychose lässt sich als *Verlust der Subjektspaltung* definieren, als Verlust der Differenz zwischen dem Symbolischen, dem Imaginären und dem Realen. Inzest kommt deshalb der Psychose nahe, stellt vielleicht sogar einen Versuch dar, das Trennende des Symbolischen abzuschütteln.

FREUDS UND LACANS INTERESSE FÜR DIE PSYCHOSEN

In Freuds Werk nehmen die Psychosen – im Vergleich zu den Neurosen und Perversionen – einen eher zweitrangigen Platz ein. Dieses Urteil gilt allerdings nur für den klinischen Teil; im Bereich der von Freud so genannten Metapsychologie sieht es anders aus. Zahlreiche Arbeiten zeugen von einer intensiven theoretischen Auseinandersetzung mit verschiedenen Formen der Psychose, wie Paranoia, Schizophrenie, Manie und Melancholie. Diese Spaltung hat sich ergeben, weil Freud die Psychosen als für psychoanalytische Behandlungen ungeeignet hielt.[1]
Nichts zeigt besser die Diskrepanz zwischen dem Bemühen, die Struktur dem Verständnis zu erschließen, und dem klinischen Aspekt – noch heute eine Domäne der nicht-psychoanalytischen Psychiatrie – als Freuds Arbeit über den Senatspräsidenten Schreber.[2] Um seine Wiedereinstellung am Gericht zu erreichen, veröffentlichte er 1903 mit rückhaltloser Offenheit seine eigene

Krankengeschichte unter dem Titel »*Denkwürdigkeiten eines Nervenkranken*«.[3] Auf diese Schrift bezog sich Freud in seiner Arbeit über Schreber und die Paranoia; er kannte Schreber nicht persönlich.

Generationen nach Freud muss man aus psychoanalytischer Sicht noch immer Freuds Skepsis bestätigen. Zwar sind Fälle von Genesung bekannt, aber es ist fraglich, ob psychotische Strukturen unter dem Einfluss psychoanalytischer Behandlung überwindbar sind. Das bedeutet aber nicht, dass diese damit a priori abzulehnen ist.

Gilt die Skepsis den Behandlungsmöglichkeiten der Psychotiker durch die psychoanalytische Methode, so ist sie weniger angebracht für das Verständnis der Psychosen. Es ist Lacans Verdienst, wiederentdeckt zu haben, was Freud an Einsichten bereits erarbeitet und an Problemen formuliert hatte. Lange Zeit geriet vieles davon in Vergessenheit, vor allem Freuds überaus kühn anmutende Behauptung, die Psychose sei Folge des unbewältigten Ödipuskomplexes, der im Wahn entstellt wiederkehre.[4] Diese Einsicht erwies sich als so ungeheuerlich und bedrohlich, dass sie innerhalb der Psychoanalyse dem Vergessen anheimfiel. Zwar hielt man daran fest, dass Psychosen im Feld zwischenmenschlicher Beziehungen entstehen, aber der Akzent wurde viel mehr auf die frühe Mutter-Kind-Beziehung gelegt als auf den Konflikt mit dem Vater. Eine solche Auffassung führt zum Versuch, vom Präverbalen, vom Null-Zustand auszugehen, um dann allmählich eine Struktur aufzubauen. Am bekanntesten ist dabei wohl die Arbeit von M. Sechehaye[5] geworden.

Lacan hat wiederentdeckt, was Freud in die Wege geleitet hat: ein strukturales Verständnis der Psychosen. Das, was als brüchige Struktur erscheint, fasste er nicht genetisch, sondern topisch auf. Während der ganzen Zeit seines Schaffens hat er sich mit Psychosen beschäftigt. Bereits seine Dissertation stellt eine Fallgeschichte einer paranoiden Frau dar.[6] Sein drittes Seminar handelt sodann von Psychosen, eine Arbeit in den »Ecrits«[7] ebenfalls, und schließlich hat er bis in seine letzten Lebensjahre mit Psychotikern gearbeitet, unter anderem in Form von Krankenvorstellungen in einer psychiatrischen Klinik. In seiner Schule sind in der Folge viele Arbeiten über Psychosen entstanden, und es gibt psychiatrische Kliniken mit Personal, das in der Schule Lacans ausgebildet worden ist.

Soll die Akzentverschiebung auf das Topische heißen, dass Lacan der frühen Kindheit und der Mutter-Kind-Beziehung keine

Bedeutung zumisst? Das zu folgern wäre ein Irrtum. Es geht Lacan vielmehr darum, nachzuweisen, dass der strukturellen Betrachtungsweise, ausgehend vom Symbolischen, Priorität gebührt, und dass das genetische Moment ohne übergreifende Struktur, die vorweg da ist, undenkbar ist. Wir sind dieser strukturellen Betrachtungsweise schon oft begegnet, letztmals im Konzept des Ödipuskomplexes, bei dem Lacan der Freudschen Auffassung, die sich an den daran involvierten Personen orientiert, entgegenhält, dass deren Positionen ihre Beziehung zu den ihnen vorausliegenden Gesetzen des Symbolischen anzeigen.

DER VERSPERRTE ZUGANG ZUM NAMEN-DES-VATERS: DIE VERWERFUNG

Der menschliche Werdegang verläuft dann normal, wenn er den vom Symbolischen vorgezeichneten Strukturen folgt. Beim Psychotiker finden sich bedeutsame Unterschiede; sie zeigen sich da, wo die Dyade von Mutter und Kind nicht auf den Dritten hin geöffnet wird. Das geschieht, wenn die Mutter ihr Kind besitzen, als ihren Phallus, ihr Eigentum besetzen will. Eine solche Mutter wird Mittel und Wege finden, jeden Weg, der aus der Dyade herausführt, zu verlegen. Der Köder einer totalen Befriedigung aller Wünsche erweist sich hier als wirksam. Es gibt auch tödliche Verläufe solch gestörter Mutter-Kind-Beziehungen, in denen die Mutter nicht erträgt, dass sich das Kind von ihr ablöst. Das kann schon bei der Geburt geschehen und zu schweren Depressionen führen. Wenn die Mutter hier nicht Trauerarbeit geleistet hat, nicht akzeptiert, dass das Kind nicht ihr gehört, dann ist die Gefahr groß, dass ihr mit einem Fetisch identifiziertes Kind psychotisch wird.

Ließe sich das Übel so auf die Mutter zurückführen, auf ihr Begehren nach dem Phallus? Das kann nicht genügen. Sollte denn, zumal in einer Männergesellschaft, wie immer wieder gesagt wird, nicht der Vater die Macht haben, die Dyade von Mutter und Kind aufzubrechen? Es müsste eine Macht sein, die der Mutter ermöglicht, ihr Begehren anders zu befriedigen als durch Besitz des Kindes und durch Missachtung des Vaters. Und was könnte das anderes sein als dessen Liebe, die das Kind mit der notwendigen Enttäuschung konfrontiert, nicht alles für die Mutter sein zu können? Was aber, wenn der Vater seinerseits um die Liebe des Kindes buhlt? Lacan hat diesen Aspekt als auslösenden Faktor der Psychose besonders betont.[8] Er zeigt sich in der Rivalität der Eltern um die Gunst des Kindes – wen hast du lieber, Papa oder Mama? –, was das Kind zu einer Reaktion des Ekels veranlasst.

So wie das Begehren der Mutter oder die elterliche Rivalität psychotisierend sein kann, kommt es auch vor, dass der Vater für das Kind unannehmbar ist.[9] Wenn er unwahr, possessiv, gewaltsam ist, wenn er den Funktionen des Symbolischen nicht entspricht, zerstört er den Zugang zu dessen Struktur. Bei alldem bleibt es ungewiss, ob stets auslösende Faktoren der Psychose auffindbar sind. Psychotisch sein ist eine Möglichkeit menschlichen Seins. Sie hat mit dem Traum absoluter Freiheit zu tun, mit dem Nicht-Unterworfensein unter irgendein Gesetz. Versuchen wir, mit Lacan anzugeben, was denn die Psychose kennzeichnet; sie nicht länger auf äußere Faktoren zurückzuführen, sondern gleichsam von innen her zu denken.

Sich in die Struktur der Psychosen hineinzudenken, gelingt allerdings nur von einer nicht-psychotischen Position her. Es braucht die Anstrengung, sich vorzustellen, was wäre, wenn die Bedingungen der Normalität nicht gegeben wären. Diese müssen zuerst reflektiert werden. Ausgangspunkt dafür ist bei Lacan die Beziehung des Symbolischen zum Subjekt. Damit sich das Symbolische vom Realen differenziert und dabei das Feld der Imagination eröffnet, braucht es eine Instanz, die von Lacan *Name-des-Vaterst*[10] genannt wird. Diese Instanz situiert er im Andern. Sie gibt dem Symbolischen seine Konsistenz. Der Name-des-Vaters erfüllt auf der Ebene des Symbolischen die *Funktion des Phallus,* des sich stets entziehenden Signifikanten. In einer ersten Annäherung verweist der Name-des-Vaters auf den Geschlechtsnamen, aber auch auf Gott. Beides sind Versuche, den Namen-des-Vaters vorstellbar zu machen. Diese Instanz wird vom mütterlichen Begehren getragen, das im Namen dieser trennenden Funktion das Kind von ihrem Körper trennt.

Eigentlich ist der Name-des-Vaters nicht vorstellbar, er entspricht einer Differenz, einer Leerstelle, welche das ungeteilte Einssein der drei Register des Symbolischen, Imaginären und Realen scheidet. Damit bewirkt dieser Signifikant das unabschließbare Spiel von Metapher und Metonymie. Der Name-des-Vaters wird für das Kind normalerweise zu der Instanz, an der sich sein unstrukturiertes Begehren bricht. Sie steht dem Einssein-Wollen des Kindes mit dem mütterlichen Körper im Wege, bewirkt den Verlust vollkommener Befriedigung, vollkommenen Genießens. Der Vater als Repräsentant des Dritten zieht darum im ödipalen Konflikt den Hass des Kindes auf sich. Die Liebe zum Vater erweist sich erst später; das Kind muss zuerst erfahren, dass der Name-des-Vaters es *in die Kultur einführt* und dass er seine ungerichtete Sexualität reguliert, ihr eine phallisch-genitale Struktur gibt.[11]

Lacan sagt über den Psychotiker, dass er den Namen-des-Vaters verworfen habe. Den Begriff der »*Verwerfung*« hat Lacan bei Freud entdeckt, der diese Form der Abwehr von der Verdrängung unterschied.[12] Es blieb Lacan vorbehalten, diesem Begriff seine umfassende Bedeutung zu geben. »Verwerfung«, das meint ein Nicht-zur-Kenntnis-Nehmen, eine vor jedem Urteil liegende Nicht-Annahme des Namens-des-Vaters. Damit bleibt die Ebene des Symbolischen, die dem Menschlichen seine ihm eigene Dimension verleiht, stark reduziert. Vor allem ergibt sich ein Ausfall der Metaphorisierung. Das Symbolische bleibt vom Realen und Imaginären ungetrennt. Der Psychotiker kennt deshalb keinen Mangel. Die Verwerfung führt zu einer narzisstischen Regression in das Spiegelstadium und zu einer Triebentmischung. Dabei nehmen die oralen und skoptischen Triebe überhand. Die Verwerfung manifestiert sich in einer übermäßigen Abhängigkeit von andern, in einem Sprachzerfall. Dieser zeigt sich als Delirium, Wahn, Konkretismus, Halluzinationen, oder in Form abgebrochener Sätze.

Freud fasste die Halluzinationen als Versuche auf, die beschädigte Struktur wiederherzustellen, in der Terminologie Lacans: den Namen-des-Vaters zu errichten, Metaphern zu bilden. Freud und Lacan zeigen das anhand von Schrebers Wahngebilde, in welchem dieser sich wünschte, Gottes Weib zu sein. Freud sah die Ursache dieses Wahns in der missglückten Vater-Sohn-Beziehung.[13] Schrebers Vater, Arzt und Förderer der Volksgesundheit durch Turnen, bekannt geworden durch die Propagierung der sog. Schrebergärten, war für seinen Sohn als Vorbild und Träger des Namens-des-Vaters unannehmbar. Die Psychose wurde ausgelöst, als sein Sohn zum Senatspräsidenten befördert wurde, eine Position mit einer besonderen Beziehung zum Gesetz, wie Lacan betont. Die Verwerfung des Namens-des-Vaters, die Schreber zum Schreiber machte, erschien als Kastrationskomplex. Dieser manifestierte sich nicht als Phantasie auf der symbolischen Ebene, sondern zeigte sich im Realen als Vorstellung, entmannt zu werden.

Dafür, dass die Konflikte, die unter nicht-psychotischen Bedingungen im Symbolischen erscheinen, sich bei der Psychose im Realen aufdrängen, hat Lacan eine prägnante Aussage formuliert: *Was nicht symbolisiert wird, erscheint im Realen.*[14] Durch den Einsturz des Trägers des Symbolischen, des Namens-des--Vaters, verliert das Subjekt die es repräsentierende Ebene der Signifikanten. Es fällt damit in die unvermittelte Dimension zurück, die sich mit gleichem Recht »real« oder »imaginär« nennen lässt und die auch über das, was an Symbolischem übrigbleibt, gebietet. Nicht darum handelt es sich in der Psychose, dass es des Symbolischen verlustig ginge, sondern dass es des Mangels ermangelt, dass die Differenz, die die kulturelle von der physischen Ebene unterscheidet, eingeebnet wird. Hier liegt der Grund dafür, dass das psychotische Subjekt sich nicht mehr durch seinen Eigennamen repräsentiert fühlt, sondern sich eher mit einem Tier identifiziert oder sonst mit etwas Sichtbarem. Gleichzeitig verliert es die Fähigkeit, sich von den anderen zu unterscheiden. Sein Innen zeigt sich außen, seine Aggressionen verwandeln sich in das Gefühl tödlicher Bedrohung, die von den anderen herkommen. In dieser Nicht-Unterscheidung zwischen Subjekt und anderen liegt der Grund für die Überwertigkeit der oralen und skoptischen Triebe. Die Fresslust zeigt sich als Angst, gefressen zu werden, die Skoptophilie als Drohung, gesehen und verfolgt zu werden, was zum vergeblichen Versuch führt, den andern loszuwerden. Es gelänge nur durch Suizid.
Durch die Verwerfung des Namens-des-Vaters wird nicht das sprachliche Sein die Erfahrungsbasis des Lebens, sondern der Körper. Der Psychotiker hat nicht einen Körper, sondern er ist ihn. Dieses Körperlich-Sein, dieser Körper ohne Mangel, von dem Neurotiker träumen, gibt den die symbolische Ebene unterlaufenden Trieben die Vorherrschaft. Das vollständige Sein ist blickhaft. Es gibt das Sehen und noch mehr das Gesehen-Werden, aber nicht das Sehen, dass man gesehen wird. Das Bild einer vollkommenen Identität droht, dem der Psychotiker in wahnhaften Entstellungen zu entrinnen sucht: Nicht ich, sondern er, nicht Liebe, sondern Hass, nicht Aktivität, sondern Passivität. Freud hat diese *wahnhaften Vertauschungen* eingehend beschrieben.[15] Dem vollständigen Sich-im-Sein-Wähnen entspricht die Identifizierung mit dem Phallus als Objekt, also mit dem mütterlichen oder väterlichen Objekt des Begehrens. Wenn dieses Sein einen Sinn hat, dann den, den Mangel im Andern zu beseitigen, *im Unmittelbaren zu* sein, in dem nichts fehlt. Der

Psychotiker opfert damit sein Nicht-Sein, das durch den Namen-des-Vaters ins Spiel käme.

Für die Sexualität heißt das, dass ein Psychotiker nicht männlich sein kann. Männlich sein bedeutet, zu wissen, dass man nicht genügt, dass man einen Körper, ein männliches Organ hat, das mangelhaft funktioniert. Es heißt aber auch, offen zu sein für andere Begegnungen, zu begehren. Phallus zu sein bedeutet dagegen, keinen Mangel zu haben. Hier liegt der Grund dafür, warum Schreber eine Frau werden wollte.[16] In seiner Gleichsetzung von Frau und Phallus als einem Wesen jenseits der Kastration glaubte er, sein männliches Organ – Repräsentant des Mangels – sei zuviel. Durch die Annahme, er sei Gottes Weib, glaubte er sich der Dimension des Mangels enthoben. Das zeigte sich in seiner Vorstellung, dass nicht er Gott begehrte, sondern Gott ihn zum Weib nehmen wollte. Gott sei auf ihn angewiesen, schrieb Schreber.

VERSCHIEDENE ARTEN VON PSYCHOSEN

Freud und Lacan haben vor allem über die Paranoia geschrieben. Es lohnt sich aber auch, dem nachzugehen, was sie über die andern Formen der Psychose gesagt haben, über Schizophrenie, Manie und Melancholie. Die Unterschiede sind nicht leicht auszumachen; vor allem erweist sich die Abgrenzung zwischen Paranoia und Schizophrenie als schwierig. Geht man von den drei Registern des Symbolischen, Imaginären und Realen aus, erscheint die Aufgabe einfach. Dann lässt sich die Paranoia dem Imaginären, die Schizophrenie dem Symbolischen zuordnen. Der Paranoiker befände sich dann gänzlich in seiner Vorstellung des Seins, und die verworfene Dimension des Symbolischen erschiene ihm im Realen. Dagegen wäre der Schizophrene ganz im Symbolischen situiert, und in der Halluzination zeigte sich das Imaginäre, die Ebene des Signifikats. Diese Klassifizierung stimmt darum nur annähernd, weil die Verwerfung des Namens-des-Vaters dazu führt, dass die drei Register undifferenziert bleiben. Anders gesagt: Diese Einteilung erweist sich als um so gültiger, je weniger die Bedingung einer vollständigen Psychose gegeben ist.

Dies vorausgesetzt, lässt sich vom *Paranoiker* sagen, dass für ihn der Blick von größter Bedeutung ist. Im visuellen Feld dominiert weniger sein Sehen als das Gesehen-Werden. Dagegen fehlt das

Sehen, dass er gesehen wird; dieses setzte ein Verhältnis zu sich selbst voraus, das nicht vorhanden ist. Die paranoide Struktur bleibt dem Spiegelstadium verfallen, in dem sich noch keine Unterscheidung von Ich und Du gebildet hat. Von daher die wahnhaften Vertauschungen, wie sie sich bei Schreber, dem Inbegriff eines Paranoikers, manifestiert haben. Im Verfolgungswahn zeigt sich entstellt das verworfene Symbolische, das häufig in Gestalt von Polizisten personifiziert wird – ein Reflex des ungelösten ödipalen Konfliktes, der fehlenden Beziehung zum Namen-des-Vaters. Schrebers Halluzination der Entmannung durch Gott stellt auf grässliche Weise dar, was geschieht, wenn das Begehren sich der symbolischen Kastration entzieht und die Phantasie real wird.

Der *Schizophrene* stellt sich umgekehrt zur Problematik des Seins. Er will nicht ganz drinnen sein, sondern außerhalb. Deshalb identifiziert er sich nicht mit einem Bild; er verwirft es. Auch der Blick spielt für ihn eine andere Rolle: Wenn er ihn flieht, so nicht in der Absicht, einen Verfolger loszuwerden, sondern um nicht an das eigene Sein erinnert zu werden. Sein Nicht-Sein zeigt sich in der *Identifizierung mit Signifikanten,* also mit Sprache ohne ihre Bedeutung.[17] Im Extremfall manifestiert sich sein Sprechen als Delirium. Wird der Paranoiker von Mächten verfolgt, so schwebt der Schizophrene über allem, lebt in den Wolken. Er setzt sich über das Konkrete, Widerständige hinweg. Die Ebene der Bedeutung, das, was er verworfen hat, erscheint ihm in göttlicher Form. Darin manifestiert sich auch ein Wahn, wie beim Paranoiker. Der Unterschied besteht darin, dass dieser die Bedeutung, das Signifikat nicht begehrt, sondern dessen Übermaß flieht und in seinen Halluzinationen Signifikanten begehrt, während der Schizophrene dem verworfenen Signifikat im Realen begegnet. Die beiden Formen stellen Extreme dar, die als unvermittelte auseinanderfallen. Dem Nicht-Psychotiker gelingt es dagegen, die Signifikanten mit dem Signifikat zu verbinden, das Nicht-Sein auf das Sein zu beziehen, zu sein, ohne ganz im Sein zu sein; nicht zu sein, ohne gänzlich im Nicht-Sein zu sein.

Für den Psychotiker wie für den Nicht-Psychotiker erweist sich nicht nur die Problematik des *Seins* als wichtig, sondern auch diejenige des *Habens.* Die Folie einer imaginären Ganzheit (Paranoia) oder des Nicht-Seins (Schizophrenie) verknüpft sich nicht nur mit dem Glauben, im Unmittelbaren zu sein oder ihm zu entfliehen, sondern auch mit dem Glauben an *das* Objekt, das allen Mängeln, aller Not ein Ende bereiten würde. Und da das erste Objekt, das verlorengeht, die Brust ist, strukturieren sich um dieses verlorene Objekt zwei andere Formen von Psychose: *Manie* und *Melancholie*. Der Maniker wähnt, nichts verloren zu haben. Deshalb sein überschwenglicher Narzissmus. Da anfänglich die Brust nicht ein partielles, vom Subjekt getrenntes Objekt ist, sondern das darstellt, was alles stillt, was ihm fehlt, glaubt der in dieser Position fixierte Maniker, er besitze die ganze Welt, alles und jedes sei ihm dienstbar. Dieser Überschwang kippt leicht in den gegenteiligen Zustand um, den der Melancholie.[18] An die Stelle des den Mangel füllenden Objekts tritt ein schwarzes Loch, das den Melancholiker zu verschlingen droht. Identifiziert er sich damit, so endet die Melancholie tödlich, er stürzt in es hinein, wie Empedokles in den Vulkan.

Der Maniker glaubt, das Signifikat zu haben, von ihm gänzlich erfüllt zu sein. Sogar die Signifikanten werden ihm zu Teilen des Signifikats, da er diesem den Vorrang einräumt. Es gibt für den Maniker kein »Löchern« der Signifikanten, damit bleibt auch die Dimension der Frage zugeschüttet. Im Gegenzug dazu wird der Melancholiker mit der wahren Seite der Signifikanten konfrontiert, mit der Höhlung, dem Loch, das durch sie aufgerissen wird. Aber es gibt für ihn kein Objekt, kein Signifikat, das die entsetzliche Konfrontation mit der Leere, dem Nichts milderte. Wie bei der Polarität von Paranoia und Schizophrenie lässt sich auch bei jener von Manie und Melancholie sagen, dass die Verwerfung des Namens-des-Vaters zwei Extreme zum Vorschein bringt, die die väterliche Instanz, wenn sie bejaht worden ist, vermittelt. Der Nicht-Psychotiker kennt beide Dimensionen dieser Psychosen, aber in wesentlich gemilderter Form. »*Himmelhoch jauchzend, zu Tode betrübt*«, dieses Wort, das für die Zeit der Adoleszenz so bezeichnend ist, weist darauf hin. Das Gefühl eigener Größe, Unversehrtheit einerseits, der Schmerz, die Trauer beim Verlust eines geliebten Menschen andererseits, stehen ebenfalls in enger Beziehung zu Manie und Melancholie. Sie lassen sich in dem Maße mildern, wie es gelingt, dem Objekt nicht alle Bedeutung zuzumessen, von ihm nicht alle Befriedigung zu erwarten, zu akzeptieren, dass Liebe ohne Mängel ein größeres Unglück bedeutet als eine unvollkommene.

Auf der Ebene der Kommunikation lässt sich – vielleicht nicht in allen Formen der Psychose, sicher aber bei Paranoia und Schizophrenie – ein Auseinanderklaffen von zwei Dimensionen beobachten: Das *Lexikalische* trennt sich von der *Botschaft.*[19] Die Wörter gruppieren sich nicht mehr um das verlorene Objekt, dessen Verlust vom Namen-des-Vaters bewirkt wird, welcher die metaphorische Dimension einführt. Die Aussage, die Botschaft situiert sich nicht innerhalb der Sprache und in dieser innerhalb von sinnvollen Sätzen, sondern der Psychotiker, sein Körper *ist* die Bedeutung. Oft fehlen ganze Sätze, es gibt nur Fragmente. Die Sätze werden da abgebrochen, wo sich das Subjekt selber bezeichnen sollte. Statt dessen tritt der Körper an die Stelle des Sinns, was die Kommunikation mit Psychotikern bisweilen bedrohlich werden lässt. Diese fundamentale Störung bleibt so lange verdeckt, wie es dem Psychotiker gelingt, sich die Art und Weise, wie nicht-psychotische Menschen sprechen, anzueignen. Durch die fehlende Sublimierung, durch das Verbleiben im Körperlichen werden die Sprachfragmente konkretistisch. Sie bleiben ohne Sinn innerhalb der Sprache, das psychotische Subjekt wird nicht von ihr repräsentiert. Der Sinn löst sich nicht vom Körper ab. »Ich schlucke Informationen«, sagte einst ein Psychotiker.[20] Er kann dem Wort »Information« allein den Wert zumessen, der einen Bezug zu seinem sicht- und spürbaren Körper hat.

Dieser Sprach-Konkretismus – für Nicht-Psychotiker nicht immer unverständlich – ist vom Wahn zu unterscheiden, der auf das Problem des Ortes des Subjekts hinweist. Der Nicht-Psychotiker spricht vom Ort des Andern aus, der vom Namen-des-Vaters strukturiert wird. Dadurch lässt sich der Bezug zur Welt und zu den andern symbolisieren. Die Vorstellung entsteht, dass sich das nicht-psychotische Subjekt der Sprache bedienen kann, um seine Erfahrungen mitzuteilen. Dieser leere Ort, den Kinder irgendwo im Körper lokalisieren, wenn man sie fragt, wo ihr Ich sei, fehlt bei Psychotikern, insbesondere bei denen, die wahnhaft sprechen. Ihr Ich ist überall und nirgends, in der Wahrnehmung wie im Wahrgenommenen. In den Halluzinationen ist vielleicht ein schwach ausgeprägtes Empfinden einer Distanz zum Wahnhaften da. Es bleibt meist zugedeckt von der Aufdringlichkeit der Halluzinationen – Bilder oder Stimmen –, die als außersubjektive Realität aufgefasst werden.

Lacans prägnantes Wort: Was nicht symbolisiert wird, erscheint im Realen, lässt sich am Beispiel einer Fallgeschichte Freuds, des als »Wolfsmann« in die Geschichte der Psychoanalyse eingegangenen russischen Emigranten verdeutlichen.[21] Er, der in der Analyse eine psychotische Phase erlitt, berichtete von einer Kindheitserinnerung, die eindrücklich zeigt, zu welchen Folgen der Verlust der Vatermetapher führt. Er machte sich einst mit einem Messer an einer Baumrinde zu schaffen, als er plötzlich von der Vorstellung, begleitet von einem unsäglich starken Gefühl, befallen wurde, er habe sich den kleinen Finger abgeschnitten. In diesem Moment, der sich später als illusionär erwies, fühlte er sich außerstande, sich an einen Andern zu wenden, von seinen Empfindungen zu sprechen.

Dieses eindrückliche Beispiel zeigt, wie sich die Nicht-Annahme des Mangels, die fehlende symbolische Kastration, in einen realen Mangel verwandelt, in eine für das Subjekt als wirklich empfundene Kastration. Das Beispiel zeigt auch, wie der Baum, in den er hineinkritzeln wollte, nicht einfach ein Stück Außenwelt darstellte, sondern selber vom Symbolischen besetzt war. Möglicherweise stellte er den Stammbaum dar, dessen Zweig der Patient selber war. Wie könnte die Verletzung eines solchen Baums, aus dem das Subjekt entsprossen ist, bloße Äußerlichkeit bleiben?

ANMERKUNGEN

1 Freuds Arbeiten über Psychosen:
—: Psychoanalytische Bemerkungen über einen autobiographisch beschriebenen Fall von Paranoia (Dementia paranoides), GW VIII, S. 189 ff.
—: Mitteilung eines der psychoanalytischen Theorie widersprechenden Falles von Paranoia, GW X, S. 233 ff.
—: Trauer und Melancholie, GW X, S. 427 ff.
—: Über einige neurotische Mechanismen bei Eifersucht, Paranoia und Homosexualität, GW XIII, S. 193 ff.
—: Der Realitätsverlust bei Neurose und Psychose, GW XIII, S. 361 ff.
Freuds Skepsis gegen die Behandlung von Psychosen zeigt sich z. B. in: GW V, S. 21 f.; VIII, S. 400 f.; X, S. 295; XIV, S. 68 und 301

2 Freud, S.: Psychoanalytische Bemerkungen …, op. cit.

3 Schreber, D. P.: Denkwürdigkeiten eines Nervenkranken.

4 Freud, S.: Psychoanalytische Bemerkungen … , op. cit., S. 291 f.

5 Sechehaye, M.: Tagebuch einer Schizophrenen.

6 Lacan, J.: De la psychose paranoiaque dans ses rapports avec la personnalité;
7 —: D'une question préliminaire à tout traitement possible de la psychose, in: Ecrits, p. 531 ff.; deutsch: Über eine Frage, die jeder möglichen Behandlung der Psychose vorausgeht, in: Schriften II, S. 61 ff.
8 —: ebd. p. 578f; deutsch:S. 112.
9 —: ebd.
10 —: ebd.,p. 577 ff.; deutsch:S. 110 ff.
11 —: L'aggressivité en psychanalyse, in: Ecrits, p. 116 ff.; oder: Le Séminaire III (Les psychoses) p. 230 f.
12 Freud, S.: Aus der Geschichte einer infantilen Neurose, GW XII, S. 117; Lacan, J.: D'une question ..., op. cit., p. 577 ff.; deutsch: Über eine Frage ..., op. cit., S. 110 ff.; Le Séminaire III, p. 21 ff. und viele andere Passagen.
13 Freud, S.: Psychoanalytische Bemerkungen ... , op. cit., S. 291.
14 Lacan, J.: z.B. in: Le Séminaire III, op. cit., p. 21 ff.
15 Freud, S.: Über einige neurotische Mechanismen ... , op. cit., S. 193 ff. und: Das Ich und das Es, GW XIII, S. 271 ff.
16 Lacan, J.: D'une question ... , op. cit., p. 561 ff.; deutsch: Über eine Frage ..., op. cit. S. 98 ff.
17 Freud, S.: Mitteilungen eines der psychoanalytischen ... , op. cit., S. 300; Lacan, J.: Le Séminaire III, op. cit., p. 12 ff.; vgl. dazu auch: G. Pommier: D'une logique de la psychose, p. 152 ff. Dieses Kapitel verdankt viel der Lektüre dieses Buches.
18 Freud, S.: Trauer und Melancholie, op. cit., S. 427 ff.
19 Lacan, J.: D'une question ... , op. cit., p. 539ff; deutsch: Über eine Frage ..., op. cit., S. 71 ff.
20 Das Beispiel wurde mir von Hermann Lang mitgeteilt.
21 s. dazu: S. Freud: Aus der Geschichte ... , op. cit., S. 28-157.

WEITERE DEUTSCHSPRACHIGE LITERATUR:

Dolto, F.: Der Fall Dominique

Lang, H.: Die Sprache und das Unbewusste, IV. Teil

Lefort, R. und R.: Die Geburt des Andern

Mannoni, M.: Ein Ort zum Leben. Die Kinder von Bonneuil

— : Das zurückgebliebene Kind und seine Mutter

— : Der Psychiater, sein Patient und die Psychoanalyse

Turnheim, M.: Der Unglaube in der Psychose, in: Wo Es war, Nr. 1

— : Das Genießen in der Psychose, in: Wo Es war, Nr. 3/4

Weber, S.: Vorwort zu D. P. Schrebers »Denkwürdigkeiten eines Nervenkranken«

Widmer, P: Ein verkanntes Objekt: Die Stimme, in: texte Nr. 4, 1983

9. DER KREISLAUF DES BEGEHRENS: DIE VIER DISKURSE

Kehren wir zu den nicht-psychotischen Strukturen zurück. Lacan hat gezeigt, dass sie sich nicht nur gegenüber der Psychose, sondern auch unter sich abgrenzen lassen. Für die Differenzierungen sind die Positionen des Subjekts in seinen Beziehungen zum Symbolischen und zum (verlorenen) Objekt entscheidend. Das Ensemble dieser Elemente bildet das, was Lacan einen *Diskurs* nennt. Der Term kommt vom lateinischen »discurrere«, was »umherlaufen« heißt. Ein Diskurs läuft; angetrieben wird er von einer Frage, deren Antwort er sucht. Ihr Finden wäre gleichbedeutend mit dem Finden der *Wahrheit*.

Lacan hat die Diskurse, über die er gesprochen hat, in Formeln, sog. Mathemen, dargestellt. Eine schematische Übersicht über die Elemente, die dabei im Spiel sind, und ihre Anordnungen zeigt das Kästchen, auf das bei der Erklärung der einzelnen Diskurse zurückgegriffen werden kann.

DAS BESONDERE DER PSYCHISCHEN WAHRHEIT

Freud wie Lacan beziehen sich immer wieder auf das Wahrheitsproblem, und man kann sagen, dass die Psychoanalyse von Anfang an nichts anderem verpfichtet war als der Suche nach Wahrheit. Dennoch haben weder Freud noch Lacan eine Theorie der Wahrheit aufgestellt. Freud war anfänglich der Meinung, die Erinnerungen der Patienten führten ihn zu einer objektiven Erkenntnis von vergangenen Ereignissen. Als er jedoch erkannte, dass es »im *Unbewussten kein Realitätszeichen*[1] gibt, musste er diesen Anspruch fallenlassen. Immerhin war damit die Türe zu einer Auffassung von Wahrheit aufgestoßen, die sich nicht an der Übereinstimmung eines Urteils mit einer Sache orientiert, sondern den Wahrheitsbegriff von der Beziehung des Subjekts zum Mangel her auffasst, aus dem ein imaginärer Lebensentwurf erwächst. Ein erstes Beispiel einer solch imaginären, psychischen Wahrheit stellt das Spiegelstadium dar. Psychische Wahrheit bemisst sich an der Artikulation der Lebensnot, des Verlusts. In diesem Sinne spricht Lacan in seiner Rede von Rom

Die Termini: S_1, der Meistersignifikant (auch: der Herrensignifikant)
S_2, das Wissen
a, das Objekt (auch: die Mehrlust)
$\$$, das Subjekt

Die Plätze: $$\frac{\text{das Agens}}{\text{die Wahrheit}} \qquad \frac{\text{der andere}}{\text{die Produktion}}$$

Die Diskurse: $$\frac{\text{Diskurs des Herrn}}{\text{Diskurs der Hysterie}} \qquad \frac{\text{Diskurs der Universität}}{\text{Diskurs der Psychoanalyse}}$$

- Für jeden dieser vier Diskurse gilt, daß die vier Termini in derselben Reihenfolge auftreten (im Uhrzeigersinn): S_1, S_2, $\$$, a.
- Für jeden Diskurs gilt zudem, daß die Plätze gleich bleiben.

  Ein Diskurs unterscheidet sich dadurch von einem andern, daß die Reihe der Termini an einem andern Platz beginnt.

  Anders gesagt: Ein Diskurs unterscheidet sich dadurch von einem andern, daß jedem Platz ein anderer Term zugeordnet wird.

Die Matheme der vier Diskurse präsentieren sich wie folgt:

Diskurs des Herrn

$$\frac{S_1}{\$}\ \begin{matrix}\longrightarrow\\ \longleftarrow\end{matrix}\ \frac{S_2}{a}$$

Diskurs der Hysterie

$$\frac{\$}{a}\ \begin{matrix}\longrightarrow\\ \longleftarrow\end{matrix}\ \frac{S_1}{S_2}$$

Diskurs der Universität

$$\frac{S_2}{S_1}\ \begin{matrix}\longrightarrow\\ \longleftarrow\end{matrix}\ \frac{a}{\$}$$

Diskurs der Psychoanalyse

$$\frac{a}{S_2}\ \begin{matrix}\longrightarrow\\ \longleftarrow\end{matrix}\ \frac{\$}{S_1}$$

vom *vollen* Sprechen, von der »parole pleine«, das er der »parole vide«, dem *leeren* Sprechen entgegenhielt. Diese Gegenüberstellung enthält die beiden Seiten der Rhetorik des Unbewussten, die metaphorische und die metonymische. Wahrheit kann es für Lacan nur durch *Metaphernbildungen* geben, weil sie den Seinsmangel aufheben und auf diese Art menschliche Realität kreieren. Hier sei an die Ausführungen in den Kapiteln 5 und 6 erinnert.

Zu dieser Art, Wahrheit zu denken, gehört nicht nur, dass sie an das sich artikulierende Subjekt gebunden ist, sondern auch, dass sich Wahrheit und Unwahrheit nicht ausschließen. Was als Wahrheit in einem bestimmten Zeitpunkt geglaubt wird, erweist sich später als Unwahrheit, als Illusion, als Täuschung, Vorspiegelung. Wenn Wahrheit an die Antizipation gebunden ist, dass die Not der Gegenwart überwindbar ist, verdeckt sie durch den imaginären Entwurf zugleich das Abgründige des Mangels. Enttäuschungen berichtigen dann die Hoffnung auf ungetrübte Freuden. Die imaginäre Wahrheit sieht sich immer wieder mit ihrer nichtigen Seite konfrontiert, dem »Wozu überhaupt?«. Angesichts solcher Ernüchterungen verändern sich die imaginären Positionen der Subjekte im Laufe ihres Lebens. In diesem provisorischen Status zeigt sich eines der Merkmale von Wahrheit.

Das Problem der Wahrheit lässt sich auch von der Seite der verlorenen Objekte her angehen, die das Subjekt spalten. Wahrheit orientiert sich dann an der Idee der Ungeteiltheit, Ganzheit des Subjekts, die durch die Metaphorik halbwegs aufgehoben wird. Wahrheit wird damit zu etwas Unerreichbarem, für das es keine Sprache gibt, zum Unmöglichen, das keinen Ort hat, nirgends ist und eben darum der Metaphorisierung bedarf. In diesem Sinne sagt Lacan: »*La vérité ne se laisse que mi-dire*« – »*die Wahrheit lässt sich nur halbwegs sagen*«.[2] Dabei muss angemerkt werden, dass über die Unmöglichkeit, die ganze Wahrheit zu sagen, sich eine Wahrheit zweiten Grades wölbt, jene, die die Wahrheit sagt, wenn sie behauptet, die Wahrheit ließe sich nur halbwegs sagen. Durch den Bezug von Wahrheit und Realem als unmöglich Erreichbarem rückt die Wahrheit in die Nähe des Begehrten. Sie darf aber nicht mit einem Objekt verwechselt werden, da sie das Verlorene *sagt*. An die Voraussetzung der Sprache gebunden – Lacan betont immer wieder, dass es ohne Sprache keine Wahrheit gebe – stellt Wahrheit den Bezug her zwischen dem Symbolischen und dem Realen. Dieses wird durch die Objekte der Triebe vorgestellt, so dass sich das Imaginäre zwischen das Sym-

bolische und das Reale schiebt, das Heterogene miteinander verbindet und zum Existieren bringt.
Vier Elemente sind in diesem Tanz um die Wahrheit im Spiel (siehe dazu die schematische Übersicht S. 136):

- das Subjekt
- das Symbolische
- das Reale
- das Imaginäre.[3]

Da man nicht anders kann, als das Reale zu imaginieren, genügt ein einziges Zeichen dafür. Lacan nennt es das Objekt a. Dann wären es drei Elemente, die jeden Diskurs konstituieren. Diese Annahme wäre nicht falsch, wenn Lacan das Symbolische nicht noch in S_1 und S_2 unterteilte. Mit S_1 bezeichnet er die Repräsentation des phallischen Signifikanten auf der Ebene des Symbolischen. (Dieser Signifikant verkörpert auch den Namen-des-Vaters, der für das Verständnis der Psychosen wichtig ist.) Da S_1 für sich allein ohne Bestimmung bleibt, bedarf es der Prädikate (S_2). Somit lauten die vier Termini: S_1, S_2, $, *a*.
Die Zahl vier spielt auch sonst eine besondere Rolle, wie aus den Schemata hervorgeht: Lacan nennt vier Diskurse, von denen jeder vier sich gleich bleibende Plätze enthält, die von den genannten vier Variablen so besetzt werden, dass sich jede Diskursformel durch eine Vierteldrehung gegenüber der vorhergehenden gewinnen lässt. Jede Diskursformel – Lacan nennt sie Matheme – ist demzufolge zwei andern benachbart, während die restliche ihre genaue Umkehrung darstellt.
Die vier Diskurse sind nach dem *Meister* (auch: Herr), der *Universität* (auch: Wissenschaft), der *Hysterie* (auch: Hysterischen) und der *Psychoanalyse* (auch: des Analytikers) benannt. Erwähnt sei noch, dass Lacan in einem Vortrag in Italien vom Diskurs des Kapitalisten gesprochen hat, auf den er später meines Wissens nicht mehr zurückgekommen ist.[4]
Die vier Plätze, die in jedem der vier Diskurse konstant bleiben, heißen, oben links angefangen in der Richtung des Uhrzeigersinns: Agens, anderer, Produktion und Wahrheit. Die schon vorgestellten, rotierenden Elemente sind wie folgt terminiert: Meister- oder Herrensignifikant (S_1), Wissen (S_2), Objekt (a), (auch: Mehrlust), Subjekt ($).
Solche Formeln und Abkürzungen wecken Fragen, wie etwa: Was ist ein Mathem? Warum vier Plätze und vier Elemente und

nicht eine andere Zahl? Welcher Art könnten die Erkenntnisse sein, die mit den Diskursformeln vielleicht zu gewinnen sind? Geht es um Einsichten in gesetzmäßige Zusammenhänge, wie sie die Naturwissenschaften aufzustellen versuchen? Wie könnte aber eine Objektivität – das Kennzeichen der Wissenschaft – behauptet werden, wenn das zu erkennende Material aus Sprache gebaut ist, also nicht zur außermenschlichen Natur gehört? Meldet nicht die Hermeneutik ihren Geltungsanspruch an, wenn es um Kommunikation und Intersubjektivität geht?
Lacans Vorgehen versteht sich zweifellos nicht von selbst. Algebraische Formeln auf Redeformen angewandt, das scheint paradox zu sein. Entziehen sich diese nicht jeder fixierenden Formalisierung? Eine Antwort wird durch die Kontroversen von Geistes- und Naturwissenschaft, Erklären und Verstehen, Positivismus und Hermeneutik erschwert.
Kant kann als Beispiel dafür dienen, wie strenge Bestimmungen der Architektonik des transzendentalen Subjekts das Lebendige des Verstandes und der Vernunft keineswegs fixieren. Bei Kant wie bei Lacan werden a *priorische Strukturen* freigelegt, die für menschliches Sein konstitutiv sind. Kant fragt nach den Bedingungen und Grenzen der Möglichkeit von Erkennen und Handeln, Lacan dagegen nach den Voraussetzungen menschlicher Subjektivität und den Wirkungen seines Bewohnens der Sprache. In diesem Sinne steht er dem späten Heidegger näher als Kant. Bis zu einem gewissen Grade lässt sich Kants Untersuchung der Bedingungen von Erkenntnis als auf den Strukturen beruhend verstehen – es sind die Strukturen des Signifikanten – wie sie Lacan ausgearbeitet hat. Dessen Ansatz verlässt den Rahmen der traditionellen anthropologischen Fragestellung, um das menschliche Subjekt als Effekten des Signifikanten, als »parlêtre«, zu verstehen.
Außer den Diskursmathemen hat Lacan andere a priorische Strukturen entdeckt, in denen das Subjekt eingelagert ist. Zu denken ist etwa an die grundlegenden Begriffe wie Begehren, Verlangen und Bedürfnis, die Lacan mit einem Graphen anschaulich macht;[5] an die Viererstruktur, wie sie uns im Z-Schema begegnete (S. 65); an die in der Sprache der Prädikatenlogik formulierten Positionen der Geschlechter;[6] oder an den Borromäischen Knoten, dem seine letzten Seminare galten und der im nächsten Kapitel vorgestellt wird.

Die bereits genannten vier Elemente sind nötig, um eine Diskursformel darzustellen: S_1, S_2, a und $\$$. In den beiden Kapiteln über das Symbolische und über das Subjekt erwies sich die prekäre Position des von den Signifikanten repräsentierten Subjekts. Einerseits nimmt es den Platz der Differenz *zwischen* den Signifikanten ein – damit ist es nicht-existierend –, anderseits den Platz des Signifikats, unter dem Balken. Das lässt sich formalisieren:

$$\frac{S_1 \longrightarrow S_2}{\$}$$

$S_1 \longrightarrow S_2$ bezeichnet dabei die Bewegung der Signifikanten; S_1 bedarf zu seiner Prädizierung eines andern Signifikanten, eines Signifikanten des Andern, der rückwirkend S_1 seine Bestimmung gibt. Das Subjekt ist auf dieser Ebene insofern repräsentiert, als es sprechende Instanz ist. Die Signifikanten durchqueren es und lassen es sprechen. Aber damit hat das Subjekt noch keinen Halt gefunden; es bedarf dazu der Verankerung im Objekt.

Das Objekt kommt durch die Imaginierung der Leerstelle (zwischen S_1 und S_2), als Phantasma ins Spiel. Durch das Objekt erhält die sonst haltlose Signifikantenkette einen Grund. Erst im Zusammenwirken der Signifikanten und des Objekts lässt sich von einem strukturierten Begehren sprechen. Das Objekt bringt das Begehren deswegen nicht zum Stillstand, weil zwischen dem Phantasmatischen, Imaginären und dem Realen eine Differenz besteht. Diese bewirkt, dass das Objekt zugleich Ort der Möglichkeit ist, sich zu befriedigen, wie auch Ort der Unbefriedigung des Begehrens. In diesem Sinne spricht Lacan davon, dass das Objekt das Begehren aufrechterhält, es ist »cause du desir«, Ursache des Begehrens, das stets nach mehr Lust verlangt. Im Mathem hat das Objekt a seinen Platz neben dem Subjekt, da es dessen Leerstelle phantasmatisch füllt und dabei zum Ort des Genießens wird. Damit ergibt sich eine erste Diskursformel, die so aussieht:

$$\frac{S_1}{\$} \longrightarrow \frac{S_2}{a}$$

Lacan bezeichnet sie als diejenige des Meisters. Dieser Diskurs wird hier vorangestellt, weil er grundlegend ist: Insofern ein Subjekt spricht, ist der Diskurs des Meisters durch die grammatischen Strukturen (zu unterscheiden von der logischen Form) da. Dazu ein Beispiel: S_1 stehe für den Eigennamen. Auf die Frage nach dem eigenen Sein gibt der Eigenname keine Antwort, das grammatikalische Subjekt bedarf der Prädikate. Wie de Saussure gezeigt hat, besteht das signifikante Netz aus Differenzen. S_1 bestimmt sich also durch das, was nicht S_1 ist. Dieses Heraustreten aus der Identität kommt einem Verlust gleich; S_1 bestimmt sich nicht aus sich selbst, sondern von andern Signifikanten her, die ihrerseits auf andere verweisen. Es ist also unmöglich, dass sich das Subjekt auf der signifikanten Ebene abschließend bezeichnen kann. Hegel hat diese Dialektik von Subjekt und Prädikat in der *»Phänomenologie des Geistes«* anhand des Subjekts »Gott« und des Prädikats »Sein« beschrieben.[7] Zu diesem einen Identitätsverlust gesellt sich ein zweiter, der von der Kluft zwischen Sprache und ihrem Diesseits bedingt ist. Sprache und ihr Diesseits, das Unaussprechliche, Reale, Andere, grenzen sich gegenseitig aus und ein. Wir begegnen hier wiederum den beiden Effekten, die das Symbolische auf das Subjekt hat, der Trennung (Separation) und der Entfremdung (Alienation).

In seiner logischen Form setzt Lacan den Diskurs des Meisters der *Philosophie* gleich. Durch ihre Frage nach dem Sein – die in der Philosophie Heideggers kulminiert, der an die vorsokratischen Denker anknüpft – wird die Philosophie auf die Bedingungen ihres eigenen Fragens zurückgeworfen. Dieses wird als Wirkung dessen verstanden, was sich ihm vom Sein her zuspricht. Diese Form des Denkens, die mit jedem Herrschaftsanspruch bricht und sich dem Anderen öffnet, ist in der Geschichte von Philosophien mit Machtansprüchen immer wieder zugeschüttet worden; daher die Nähe des Herren-Diskurses zur Tyrannis und deren Gesetzen, in denen definiert wird, was rechtens ist und was nicht. In seiner undialektischen Form drückt das Mathem den Herrschaftsanspruch eines Ersten (S_1) über alle Andern (S_2) aus, ohne zu bedenken, dass es kein Erstes ohne ein Zweites gibt, dieses darum nicht weniger wichtig ist als das Erste. Lacan hat darum, um die Unmöglichkeit einer Herrschaftsbegründung (die, wenn sie sich dennoch durchsetzte, nur eine Gewaltherrschaft sein kann) darzustellen, den Pfeil zwischen S_1 und S_2 mit »Unmöglichkeit« überschrieben:

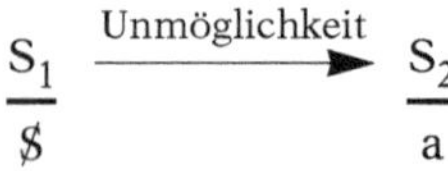

Um zu definieren, was ist und was nicht ist, braucht es Eindeutigkeit, diktiert vom Meister und seinem Diskurs. Durch die definitorische Macht grenzt er unaufhörlich etwas aus, was sich der sprachlichen Bestimmung entzieht. Einige Lacanianer haben deshalb diesen Diskurs mit der Paranoia in Zusammenhang gebracht. Das Objekt a entspricht dann dem, was als verworfenes dem Meister im Realen erscheint. In diesem Zusammenhang stellt sich die Frage, ob dieser Vorgang an Personen gebunden ist, oder ob nicht jedes Rechtssystem etwas ausgrenzt, vielleicht sogar verwirft, das dann im Realen in bedrohlicher, unheimlicher Form wiederkehrt.

Lacan kommt wiederholt auf Hegels Paradigma von Herr und Knecht zu sprechen.[8] Dabei ordnet er den linken Teil des Diskursmathems dem Herrn, den rechten dem Knecht zu. Der Herr hat sich im Kampf um die Selbstbehauptung der Gefahr des Todes ausgesetzt, ist aber, um Herr zu sein, auf die Anerkennung des Knechtes angewiesen, der für ihn arbeitet und ihm Genuss verschafft. (Auch hier gilt, dass das Prädikat, der Knecht, das Subjekt, den Herrn, definiert, anderseits ohne diesen nicht bestehen würde.) Das Wissen des Knechts (S_2) hat sich dem Herrn (S_1) unterworfen, ohne wahrhaben zu wollen, dass sie aufeinander angewiesen sind, was an sich nicht eine Hierarchie impliziert. In Lacans Version dieses klassisch gewordenen Paradigmas wagt der Knecht auch dann keinen Aufstand gegen den Herrn, für den er sich abrackert, wenn er bemerkt hat, dass jener nur Herr ist, weil er einen Knecht hat. Der Knecht wartet – auf den Tod des Herrn. Indem er den Tod des Herrn antizipiert, ist dieser für ihn schon tot; der Knecht identifiziert sich somit mit einem Toten.

Wie kommt Lacan dazu, das Objekt a, das in diesem Diskurs des Meisters am Platz der Produktion steht, mit dem Genießen zu identifizieren? Bisher erschien das Objekt a als Phantasma anstelle des Realen. Das ist auch jetzt der Fall. Das Objekt erfüllt für das Subjekt die unmöglich erreichbare Funktion, seinen Mangel zu decken; diese Funktion ist mit Genießen verbunden, die gleichsam als Zeichen des »Im-Sein-Seins« aufgefasst wird. Entsprechend sagt eine Redensart: »Alle Lust (eine Form des Genießens) will Ewigkeit«; mit »Ewigkeit« ist das Zeitlose gemeint, worin alles ungeschieden, eins mit sich selber wäre. Der Knecht verschafft mit seiner Arbeit dem Herrn nicht nur ein Objekt, das phantasmatisch seinen Mangel füllt, sondern es ist ein libidinöses Objekt, ein Objekt des Genießens, das ihn, den Herrn, von der Produktion des Knechts abhängig macht. Weil immer noch ein größerer Genuss als möglich erscheint, spricht Lacan (in Anlehnung an Marx, der vom Mehrwert spricht, den sich der Kapitalist aufgrund seines Privatbesitzes an Produktionsmitteln aneignet) vom »plus-de-jouir«, was sich mit »Mehrlust« nur schlecht übersetzen lässt (genauer wäre: »Mehrgenuss«).

DER DISKURS DER HYSTERIE

Im Meisterdiskurs steht S_1 am Platz des Agens. Drehen wir diesen Diskurs um einen Viertel im Uhrzeigersinn, erhalten wir den Diskurs der Hysterie:

$$\frac{\$}{a} \longrightarrow \frac{S_1}{S_2}$$

Das Subjekt, zuvor am Platz der Wahrheit, wird zum Agens. Es wendet sich an den Meistersignifikanten (S_1) am Platz des andern. Nun gibt es den Meister nicht ohne diejenigen, die ihn dazu machen. In diesem Sinne gebührt dem Diskurs der Hysterie Vorrang gegenüber demjenigen des Meisters. Ohne dass wir uns auf Spekulationen über Vorgeschichtliches einlassen, lässt sich diese Aussage am Ort der Entstehung der Psychoanalyse verifizieren. Die Hysterika haben Freud den psychoanalytischen Diskurs begründen lassen, nachdem der hysterische Diskurs zuvor keine andern Meister als solche der Ignoranz und der Gewalt gefunden hatte.

Freud und seine Patientinnen – seine Entdeckungen, seine Irrtümer, seine Berichtigungen, Neuformulierungen, diese Geschichten sind oft nachgezeichnet worden. Am Ende des langen Weges hat Lacans Arbeit spürbar gemacht, dass Freud in seinem unablässigen Befolgen der Spuren der Hysterie seinen Nachfolgern eine *»Erbsünde«*[9] hinterlassen hat, ohne die es keine Psychoanalyse gäbe. Diese Erbsünde besteht darin, das Begehren der Hysterischen, ihr Appell an einen Meister zu hören, es mit einem Wissen beantworten zu wollen. Dieses Wissen wird aus zwei

Gründen nie genügen: Zum einen vermag es lediglich die phantasmatische Seite des Objekts (am Platz der Wahrheit) zu begreifen, nicht aber das, was sich der Symbolisierung entzieht; zum andern, weil die Hysterischen weniger am Wissen als am Begehren nach dem Begehren des Andern interessiert sind. Sie trachten danach, einen Meister zu haben, um ihn zu dominieren, um ihm zu sagen, dass seine Aufgabe niemals gelöst ist.

Was hat sich Freud nicht alles einfallen lassen, um seine Passion, das psychisch Reale, auf festen Boden zu stellen, seine Wahrheit zu entdekcken. Das Trauma, die Urszene, die Sexualität, das Unbewusste, das Verdrängte, der Ödipus-Komplex, die Weiblichkeit – ein Arsenal von Begriffen, die das Reale nicht zu erreichen vermochten, sondern im Gegenteil immer wieder von neuem ein Diesseits von Begrifflichkeit schufen, was Freud zu fortgesetzten Überarbeitungen nötigte. Lacan hat diese Beziehung zwischen dem Wissen und dem Objekt als eines des »Unvermögens« bezeichnet:

$$\frac{\$}{a} \quad \begin{matrix} \longrightarrow \\ \text{Unvermögen} \\ \longleftarrow \end{matrix} \quad \frac{S_1}{S_2}$$

Das Begehren der Hysterischen erzeugt gleichwohl nicht nur Irrtümer, sondern auch Wissen, und sei es auch Wissen um das Unmögliche. Freuds oft kritisierter *Szientismus* schützte ihn dabei vor dem verführerischen Liebesanspruch der Hysterie. Anders erging es Breuer, dessen Wissenschaftlichkeit gegenüber seinem Schwängerungsbegehren, das ihn in einer Behandlung mit einer Patientin überkam, nicht standhielt. Das führte zu einem »acting-out«, zu einer überstürzten Reise nach Venedig, wo er mit seiner Frau ein Kind zeugte.[10]

Die Praxis der Analyse erweist sich auf andere Art als fruchtbar, entdeckt doch der Analysant Verkanntes aus seiner Lebensgeschichte und strukturell bedingte Zusammenhänge. Die Analyse kann deshalb zu einem faszinierenden Abenteuer werden. Hinter dem Sinn lauert aber die Leere der Melancholie, die Begegnung mit dem Nicht-Sinn. Um der Begegnung mit ihr auszuweichen, wenden sich die Hysterischen an den Andern. Die *Liebe* soll sie vor dem Sturz in die Depression bewahren und ihnen Seinsgewissheit geben. In der Übertragung auf den Analytiker wird dieser nicht so sehr als der gesehen, der weiß, sondern eher als derjenige, der selbst ein Begehren nach Liebe hat, dessen Lücke die Hysterikerin ausfüllen möchte. Nicht sie möchte ihn lieben, sondern sie tut alles, dass er möchte, dass sie sein »Gelucke« sei, um auf den etymologischen Ursprung von »Glück« hinzuweisen. Freud hat darin die verführerische Seite der Hysterischen erkannt; die Analyse kann nur unter der Bedingung der Versagung dieses Verlangens vorankommen – um des Begehrens willen.

Dadurch, dass Lacan den hysterischen Diskurs in das Tableau der fundamentalen Diskurse aufgenommen hat, hat er ihn entpathologisiert. Für Lacan ist das hysterische Subjekt dasjenige, das als nicht festgelegtes die Bestimmung durch den Andern sucht, sich an ihn wendet, dessen Begehren begehrt, um sich als dessen Objekt darzustellen. In diesem Sinne lässt sich jeder, der sich mit seiner Frage nach seinem Sein an einen Andern, an den er glaubt, wendet, als hysterisch bezeichnen. Gleichwohl hat dieser Diskurs, wegen unterschiedlicher Positionen zum Phallus, einen engen Bezug zum weiblichen Geschlecht, wie klinische Erfahrungen zeigen. Lacan weist darauf hin, dass die Frauen ein Interesse am Phallischen haben, das sie im Meister inkarniert sehen.

In diesem Zusammenhang stellt sich die Frage nach dem Unterschied zwischen Hysterie und Weiblichkeit. Etymologisch gesehen heißt der griechische Term »hysteron« »später«. Ein Bezug zur Weiblichkeit deutet sich damit an: Hysterie als eine spätere Ausprägung der Weiblichkeit. Im Lichte von Lacans Ausführungen über »Die Frau, die nicht existiert«, lässt sich sagen, dass der Term »Hysterie« auf den Übergang vom Nicht-Existieren zum Existieren hinweist. Um zum Existieren zu kommen, hätten die Frauen ein Interesse am Phallischen, behauptet Lacan. Er erinnert an die Genesis, an Evas Sprechen mit der Schlange, oder an die Jungfrau Maria mit ihrem Fuß auf dem Kopf der Schlange.[11]

Die in der Literatur erwähnten Beziehungen zwischen einer Hysterika und ihrem Meister bestätigen Lacans Aussage. Es sind Beziehungsformen, die auch im Alltag feststellbar sind und die oft die Übertragung in der analytischen Kur kennzeichnen. Die Hysterika erwartet, dass der Analytiker den Platz des Meisters einnimmt, analog zum Arzt oder zu einem Guruh. Sie ist aber enttäuscht, wenn er dies tut, da dann ihre nicht-hysterische Weiblichkeit, das Abgründige des Begehrens, verdeckt wird. Es lässt sich in einer Abwendung, in einer Zurückweisung oder im Ausbruch der Enttäuschung, der über sie kommt, wiederentdecken. Das zeigt, dass das, was sie verlangt, nicht das ist, was sie begehrt.

Die Affinität zur Weiblichkeit darf nicht darüber hinwegtäuschen, dass *Weiblichkeit primär als logische Kategorie,* unabhängig vom interpretierten, biologischen Geschlecht, verstanden werden muss. Jeder, der sich an einen andern wendet, von dem er eine Antwort auf seine Frage erwartet, rückt in die Nähe des hysterischen Diskurses, und sicherlich jeder, der an einen Meister glaubt. Lacan dehnt diese Beziehung zu einer sinngebenden Instanz auch auf die Religion aus. Er geht so weit, nicht nur bei Sokrates, sondern sogar bei Hegel hysterische Züge zu entdecken. Er nennt diesen »den sublimsten der Hysteriker«.

DER DISKURS DER PSYCHOANALYSE

Der als dritter vorgestellte Diskurs rückt das Element an den Platz des Agens, das dafür »verantwortlich« ist, dass keiner der Diskurse sich selber genügt, dass es ein unzerstörbares Begehren gibt: Das Objekt a. Es wird im Diskurs des Meisters zum Abfall, zur Restgröße, die von den Signifikanten produziert, aber notwendigerweise auch verkannt wird. Im Diskurs der Hysterie nimmt es den Platz der Wahrheit ein, womit Genießen und Wahrheit konjugieren, aber im Sprachlosen verbleiben. Im psychoanalytischen Diskurs soll dieses Objekt a an der Stelle des Agens sprechen: wo *es war, soll ich ankommen*.

$$\frac{a}{S_2} \longrightarrow \frac{\$}{S_1}$$

Zunächst sieht dieses Diskursmathem nicht danach aus, dass überhaupt gesprochen wird. Warum sollen sich a und $\$$ nicht sprachlos ergänzen? Das ist aber unmöglich, denn wie könnten sich zwei Elemente, die in ihrem Kern nicht existieren, ergänzen? Das Subjekt lernten wir als eine Leerstelle, Differenz zwischen den Signifikanten kennen, das Objekt als ein »Loch« im Sein, das phantasmatisch gefüllt wird. Lässt sich auf der phantasmatischen Ebene der Repräsentation eine Beziehung denken? Da scheint tatsächlich eine intime Beziehung der beiden Elemente möglich zu sein. Liebende glauben jedenfalls, eine Komplementarität herstellen zu können. Das gelingt aber nur um den Preis der Verkennung, denn die Signifikanten subvertieren die hergestellte Komplementarität, die Identifizierung der

Liebenden als Subjekt und als komplementäres Objekt. Nicht um eine Beziehung des Unvermögens zwischen Subjekt und Objekt handelt es sich hier, sondern um eine der Unmöglichkeit:

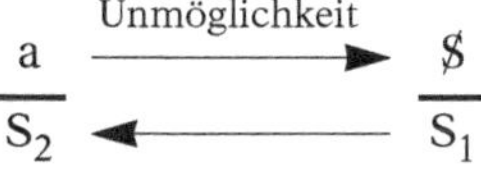

Die analytische Rede verpflichtet den Analysanten zur Ehrlichkeit. Das heißt für ihn, dass er dem Weg der von der Grundregel vorgezeichneten Spur folgen muß. Indem er *es* sprechen lässt, wird seine Artikulation immer wieder auf die signifikanten Ketten verwiesen, die das Unmittelbare des Seins, des Objekts, mittelbar werden lassen. Durch sein Sprechen verfehlt er gerade das, was er durch es erhaschen möchte. An dem Punkt treffen sich das Sprechen des Analysanten und das *Begehren des Analytikers*. Dieses hält das notwendige Verfehlen im Sprechen des Analysanten offen. Aus ihm entsteht unablässig die Frage des Subjekts nach seinem Sein – ein Ausdruck seines Begehrens und gleichzeitig eine Wirkung der Versagung des Analytikers, die der Analysant oft als Versagen empfindet.

Auch wenn der Analytiker nicht spricht, ist sein Begehren ein Faktor, der die Analyse ermöglicht, sie hingegen nicht garantiert. Als Statthalter des Unbewussten und der Phantasmen des Analysanten trägt dieser Diskurs seinen Namen; er heißt nicht nur »psychoanalytischer Diskurs«, sondern auch *»Diskurs des Analytikers«*. Durch sein Zuhören und durch seine Interventionen ermöglicht der Analytiker dem Analysanten, das Unbewusste mit seinen Symptomen und Phantasmen ins Sprechen kommen zu lassen. Dieser sieht sie, nach der bekannten Formel: »Die menschliche Sprache bildet eine Kommunikation, in der der Sender vom Empfänger seine eigene Botschaft in umgekehrter Form empfängt« (S. 66) im Analytiker verkörpert. Der Analytiker geht seinerseits davon aus, dass der Analysant unbewusst weiß. Das heißt, der Analytiker nimmt an, dass der Analysant ein Wissen hat, das sich nicht weiß.

Zwei Antizipationen stehen sich gegenüber: Die eine, perverser Art, auf Erfüllung, Vollständigkeit. Diese Vorstellung möchte am liebsten, dass es den trennenden Balken im Mathem nicht gäbe. Im Widerstand der Übertragung wird sich diese Antizipation so manifestieren, dass der Analysant dem Analytiker zu geben versucht, was ihm fehlt, oder er will ihn dazu verführen, ihn zu komplettieren (es ist aber auch möglich, dass der Analytiker selbst dem Phantasma der Komplementarität verfällt; dann verliert er seine Position als Analytiker, sofern ihn nicht der Analysant wieder an seinen Platz setzt). Unter diesen Voraussetzungen geriete die Analyse zu einer Komplizenschaft gegen die symbolische Kastration, weil die Schließung des Begehrens vorgegaukelt wird.

Dem steht die andere Antizipation gegenüber, die sich an der Entdeckung von Verkanntem, Illusionärem, Phantasmatischem orientiert. Den sich im Fortgang der analytischen Kur manifestierenden *Widerstand* ortet Lacan durchaus nicht nur auf der Seite des Analysanten, sondern mehr noch auf der des Analytikers.[12] Er zeigt an Fallbeispielen, wie unangemesse Interventionen des Analytikers die Analyse ins Stocken geraten lassen, so dass der Analysant mehr mit den Problemen beschäftigt ist, die aufgrund solcher Eingriffe entstanden sind, als mit seinen eigenen.

Auch wenn eine klare Unterscheidung kaum möglich ist, darf daraus nicht geschlossen werden, jede Intervention sei gerechtfertigt; Lacan hat das immer wieder betont. Es ist Sache des Analytikers, sich nicht von den Verführungen des Analysanten täuschen zu lassen. Besteht nicht die Angst des Analysanten darin, dass sich der Analytiker verführen, täuschen lässt? Ohne Begehren und Wissen des Analytikers kann die Analyse auf dem schmalen Weg dessen, was sich an Wahrheit des Subjekts sagen lässt, nicht vorankommen.

Im Mathem des psychoanalytischen Diskurses steht das Wissen (S_2) am Platz der Wahrheit. Die Frage stellt sich, ob das Wissen wahr sein kann.[13] Lacan spricht, wie bereits gesagt, von einem »mi-dire« der Wahrheit – sie bleibt stets ein Versprechen. Nehmen wir dieses Thema noch einmal auf. *Symptom und Phantasma* stellen eine Schranke des Unbewussten dar. Das Symptom manifestiert sich als Zwang, als bisweilen unsinniges Gesetz, dessen verborgener Sinn entzifferbar ist. Es dient zur Verschleierung eines dem Ich unliebsamen Sachverhalts, dessen Entdeckung das »hinter« dem Symptom verborgene Sinngefüge erschüttert. Eine Frau für einen Mann, eine religiöse Beziehung, ein Zwang, etwas tun zu müssen, eine massive Einschränkung etc. stellen solcherart Symptome dar. Auch das Phantasma hat eine maskierende Funktion. Es verdeckt das abgründige Reale mit einer Vorstellung, gibt dem Subjekt einen Halt. Das zum Imaginären gehörende Phantasma gebärdet sich als Reales, als psychischer Kern. In einem Moment des Schreckens wird seine Funktion erfahrbar. Das Aussprechen des Phantasmas, die Entdeckung seines Sinns unterwandern es, bedrohen aber das Subjekt mit der Auflösung seines Gefühls der Kohärenz. Darin zeigt sich die Entdeckung der Wahrheit über das Phantasma, über das »mi-dire« hinaus als blitzhaftes Aufleuchten eigener Auflösung. Nach der »Durchquerung« des Phantasmas bildet es sich wieder. Freud hat dafür eindrucksvolle Beispiele gegeben, einerseits dort, wo er über den Fetischismus schreibt, anderseits in der Arbeit »Ein Kind wird geschlagen«.[14]

Die immer wieder sich formierende Sedimentierung von Phantasmen und Symptomen bewirkt, dass die psychoanalytische Kur grundsätzlich unabschließbar ist – es gibt immer noch mehr zu analysieren. Sie erschöpft sich dann, wenn der Analysant den Analytiker fallen lässt, wenn der Mohr seine Pflicht getan hat. Die Trennung erweist sich selber noch als fruchtbarer Moment, als Beginn einer Trauerarbeit. In ihr begegnet das Subjekt, bis zu einem gewissen Ausmaß auch der Analytiker, noch einmal der Bedingtheit von Symptom und Phantasma.

DER DISKURS DER UNIVERSITÄT

Wenn wir den Diskurs der Psychoanalyse um einen Viertel im Uhrzeigersinn drehen, erhalten wir den Diskurs der Universität:

$$\frac{S_2}{S_1} \longrightarrow \frac{a}{\$}$$

Das Wissen (S_2) steht nun an der Stelle des Agenten; es adressiert sich an das Objekt am Platz des anderen. S_1 am Platz der Wahrheit wird ebenso wie das Subjekt zu einer Restgröße. Dieses verliert in diesem Diskurs jede Besonderheit, denn sein Ideal besteht in der *Objektivität,* in der das Subjektive austauschbar ist; die Erkenntnisse müssen für jedermann überprüfbar sein. Darin liegt beschlossen, dass das Subjekt der Wissenschaft die Dimension der Wahrheit nicht zu erreichen vermag; an ihre Stelle tritt die *Richtigkeit,* die sich an »technischer Verfügbarkeit« über das Gegenständliche orientiert, um dies in der Terminologie von Habermas auszudrücken:

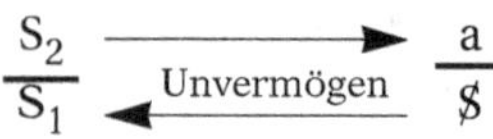

Geschichtlich gesehen hat der universitäre Diskurs den des Meisters abgelöst. Das Wissen impliziert von sich aus keine soziale Hierarchie, steht somit der Demokratie näher, in der freier Zugang zum Wissensvorrat herrscht. Vor diesem Hintergrund spricht die Psychoanalyse schon lange von der Gesellschaft als von einer »vaterlosen«.[15] Diese gesellschaftliche Wandlung legt aber nur um so mehr die Funktion des Namens-des-Vaters (S_1) bloß, ohne die ein Diskurs seinen Zusammenhalt verlieren würde. In diesem Sinne kann keine Gesellschaft vaterlos sein; die Funktion des toten Vaters, wie ihn Freud in »Totem und Tabu« in mythischer Form dargestellt hat, ist unabdingbar notwendig, um die Signifikanten und die signifikaten Ebenen miteinander zu vermitteln und anderseits zu trennen.

Lacan setzt den universitären Diskurs mit der *Pädagogik* in Beziehung. Danach soll das Reale der Menschen steuerbar werden. Entsprechend ist die Politik schon seit langem bestrebt, das Glück für die Menschen verfügbar zu machen. »Sozialpolitik« heißt das Schlüsselwort dazu; sie bedarf zu ihrer Durchsetzung immer wieder der Eruierung der Bedürfnisse. Hier erweisen sich die Grenzen dieses Vorhabens, insofern die Bedürfnisse vom Begehren zu unterscheiden sind. Der grundlegende Seinsmangel, Subjektivität überhaupt, lässt sich weder durch eine noch so ausgedehnte Güterproduktion, noch durch gerechte Verteilung beheben, wie Utopien behaupten. Der Diskurs der Universität, der auch die Technik antreibt, gerät damit in Gefahr, zur Ideologie zu werden, zu suggerieren, die Erfüllung aller Wünsche wäre möglich, sei nur eine Frage des technischen Fortschritts. Allerdings entscheidet auch hier, wie bei den andern Diskursen, das Mathem nicht über das Niveau eines Diskurses. Es sind aufgeklärte Formen denkbar, die davon ausgehen, dass das Objekt a nicht einholbar ist, dass es kein volles Objekt des Begehrens geben kann, dass das Wissen begrenzt ist und die grenzenlose Nutzbarmachung der Natur zu Totalitarismus führt. Der universitäre Diskurs stellt das genaue Gegenteil des hysterischen Diskurses dar. Das, was im universitären Diskurs in Vergessenheit gerät, das Subjekt und der Name-des-Vaters, rückt im hysterischen Diskurs in den Vordergrund. Der hysterische Diskurs stört den Wissenschaftsbetrieb, weil er ihn mit der Dimension der Subjektivität konfrontiert und ihm darüber hinaus demonstriert, dass er Wahrheit vergisst, dass er sich lediglich an Richtigkeit orientiert. Der universitäre Diskurs kann seinerseits dem hysterischen Diskurs entgegenhalten, dass dieser sich an das Bild eines Meisters hängt, damit jede Weiterentwicklung des Wissens blockiert und politisch zum Konservativismus und zur Ungleichheit der Menschen tendiert. Beide Diskurse können von ihrem Antipoden lernen, auf die Bedingungen ihres eigenen Fragens und vor allem auf das zu achten, was buchstäblich unter den Strich fällt, vergessen, verleugnet oder verworfen wird. Es ist der Diskurs der Psychoanalyse, der sich dieses Unberechenbaren, Verkannten annimmt. Die Frage stellt sich dann, ob der Diskurs der Wissenschaft ihren Anspruch, der zum Totalitären führen kann, durch den Einfluss der Psychoanalyse berichtigt. Das Begehren der Wissenschaftler ist hierfür entscheidend.

ANMERKUNGEN

1 Freud, S.: Briefe an Wilhelm Fliess, Brief 139 vom 21.9.97, S. 284.
2 Lacan, J.: z. B. in »Conférences et entretiens dans des universités nord-américaines«, in: Scilicet, Nr. 6/ 7, p. 35.
3 Lacan, J.: Le Séminaire XVII (L'envers de la psychanalyse), unveröfftl.
4 »Lacan in Italia«, p. 40. Der Diskurs des Kapitalisten präsentiert sich wie folgt: $\frac{\$_1}{S_1} \times \frac{S_2}{a}$
5 s. dazu: J. Lacan: Subversion du sujet et dialectique du désir, in: Ecrits, p. 793 ff.; deutsch: Subversion des Subjekts und Dialektik des Begehrens, in: Schriften II, S. 165 ff.
6 Lacan, J.: Le Séminaire XX (Encore), p. 73; deutsch: Das Seminar XX (Encore), S. 85.
7 Hegel, G. W. F: Phänomenologie des Geistes, S. 59 f.
8 Hegel, G. W. F: Phänomenologie des Geistes, S. 145 ff.
9 Lacan, J.: Le Séminaire XI (Les quatre concepts fondamentaux), p. 16; deutsch: Die vier Grundbegriffe der Psychoanalyse, S. 19.
10 Lacan, J.: Le Séminaire XI, op. cit., p. 144; deutsch: S. 165.
11 s. dazu J. Lacan: Das Symptom, in: *RISS*, Nr. 1, S. 41.
12 Lacan, J.: Variantes de la cure-type, in: Ecrits, p. 334 f.; die ersten beiden Seminarien, worin Lacan die Topik des Imaginären entwickelt, führen von selbst zu diesem Ergebnis.
13 s. dazu: J. Lacan: La science et la vérité, in: Ecrits, p. 855 ff.; deutsch: Die Wissenschaft und die Wahrheit, in: Schriften II; S. 231 ff.
14 Freud, S.: Fetischismus, GW XIV, S. 310 ff.; Ein Kind wird geschlagen. GW XII, S. 195 ff.
15 Mitscherlich, A. und M.: Auf dem Weg zur vaterlosen Gesellschaft.

WEITERE DEUTSCHSPRACHIGE LITERATUR ZU DEN VIER DISKURSEN:

Chemama, R.: Einige Überlegungen zur Zwangsneurose, ausgehend von den »Vier Diskursen«; in: *Der Wunderblock,* Nr. 5/6

Gallas, H.: Kleists »Penthesilea« und Lacans vier Diskurse; in: *Der Wunderblock,* Nr. 16

Haas, N.: Zu Jacques Lacans Diskursmathemen; in: *Der Wunderblock,* Nr. 5/6

Lipowatz, A.: Diskurs und Macht

— : Die Verleugnung des Politischen

Mai, L.: Zu den vier Diskursmathemen; in: *Der Wunderblock,* Nr. 10

Widmer, P.: Medizinischer, psychotherapeutischer und psychoanalytischer Diskurs; in: *PSYCHE,* Heft 3, 1983

Diskurs; in: *PSYCHE,* Heft 3, 1983

10. DIE VORAUSSETZUNG DES BEGEHRENS: DER BORROMÄISCHE KNOTEN

Im Spätwerk Lacans nimmt der Borromäische Knoten eine Schlüsselstellung ein. Mit ihm hat Lacan versucht, die Topologie des psychischen Seins darzustellen.[1] Die »Bausteine« dazu lagen schon bereit: Es sind die Register, welche Lacan für die Psychoanalyse entdeckt hat, das Symbolische, das Imaginäre und das Reale. Im Borromäischen Knoten sind sie – meistens als Ringe gezeichnet – so angeordnet, dass ein Ring die beiden andern, nicht miteinander verbundenen, verknüpft. *Wenn einer der Ringe herausgelöst wird, sind damit auch die beiden andern frei.*[2]

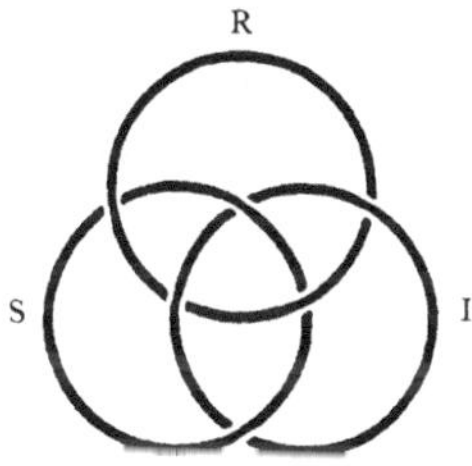

R: Reales
S: Symbolisches
I: Imaginäres

EIGENSCHAFTEN UND HERKUNFT DES BORROMÄISCHEN KNOTENS

Die Darstellung dieser Topologie weist auf *drei Voraussetzungen* menschlichen Seins hin.[3] Eine heißt, dass es gibt, dass etwas da ist, gesetzt (Reales). Eine zweite heißt, dass es Symbolisches gibt; ohne dieses ließe sich nichts sagen (Symbolisches). Und die dritte Voraussetzung – die Reihenfolge ist beliebig – behauptet das Zusammenhalten, die Konsistenz des Borromäischen Knotens (Imaginäres).

Diese drei Voraussetzungen sind immer gegeben, sofern menschliches Leben da ist. Eine Position außerhalb des Borromäischen Knotens kann es nicht geben. Jede Aussage geschieht innerhalb dieser Voraussetzungen. Richtet man die Aufmerksamkeit auf eines der drei Register, so ist dessen Wirksamkeit in der Infragestellung schon vorausgesetzt; der Gegenstand der Untersuchung ist selber im Akt der Untersuchung enthalten. Es gibt *keine Meta-Ebene,* keine sichere Warte, die es erlauben würde, von außerhalb das Wesen des Borromäischen Knotens zu erfassen.

Machen wir die Probe aufs Exempel: Versuchen wir etwas über das Symbolische zu sagen. Offensichtlich gelingt das nur im Medium des Symbolischen. Das Symbolische des Symbolischen – seine Reflexion – gehorcht denselben Gesetzen wie das Symbolische; es ist aus demselben Stoff. Aus dieser Zirkelschlüssigkeit lässt sich aber nicht folgern, dass es vergebliche Mühe wäre, etwas über das Symbolische zu sagen. Es kann durchaus Gegenstand der Untersuchung sein, wie das Beispiel der Linguistik zeigt.

Ähnliches geschieht, wenn ich etwas über das Reale oder das Imaginäre sagen will. Dass sich die Aussagen auf etwas beziehen, was ist, eine Verbindung von Aussagen und Ausgesagtem voraussetzen, ist ebenso unabdingbar wie der Sachverhalt, dass es überhaupt gibt. Hinzu kommt, dass der Borromäische Knoten nicht nur aus drei miteinander in bestimmter Weise verknüpften Registern besteht, sondern in sich selber borromäisch ist. Als dargestellter ist er im Imaginären; als in sich unterschiedener enthält er das Symbolische; und als unauflöslicher gehört er zum Realen.

Was vielleicht noch mehr verblüfft, ist der Sachverhalt, dass *jedes Register in sich den Borromäischen Knoten* enthält.[4] Jedes ist real (als unreduzierbares), symbolisch (als eines) und imaginär (als vorgestellte Form, als Ring). Dementsprechend lassen sich ein Knoten des Symbolischen von einem des Imaginären und von einem des Realen unterscheiden. Mit dem Knoten des Symbolischen kann die Topologie des Sprechens dargestellt werden. Im Akt des Sprechens, der signifikanten Äußerung, verknoten sich Zukunft, Gegenwart und Vergangenheit auf unauflösliche Weise. Der Knoten des Imaginären bezeichnet die Schrift, die zum Bereich des Vorstellbaren gehört. Der Knoten des Realen lässt sich auf den Körper beziehen. Einiges von ihm verknüpft sich mit dem Symbolischen (alles, was mit der Voraussetzung und Wirkung des Sprechens zu tun hat) und mit dem Imaginären (das Körperbild, wie es sich im Spiegelstadium konstitu-

iert), anderes, das reale Andere bleibt außerhalb des Symbolischen und/oder des Imaginären.
Diese Beschreibungen bedürfen der weiteren Erforschung und Ausarbeitung. Aus ihnen geht hervor, dass sich die Momente des Knotens höchstens auf einer sehr abstrakten Ebene durch Definitionen einfangen lassen. Es ist deshalb erforderlich, ihre jeweilige Funktion zu erkennen. Mit dem Term »Reales« wird so Verschiedenes wie »Was immer am selben Platz ist«, »der Körper«, »das Widerständige«, »das Unbewusste«, »der Wiederholungszwang«, »das Nicht-Existierende«, »das Ek-sistierende«, »das Unmögliche« bezeichnet, und wenn das Reale mit dem Verb »realisieren« in Zusammenhang gebracht wird, ergeben sich noch einmal andere Bezüge; dann rückt es in die Nähe von »auflösen« (von etwas Fixiertem), also von »analysieren«.
Lacan hat den Borromäischen Knoten, der im Wappen der Familie Borromäus enthalten ist, als Formprinzip in der *christlichen Trinitätslehre* vorgefunden. »Vater«, »Sohn« und »Heiliger Geist« bilden dort die dreifaltige Einheit Gottes. In diesem Zusammenhang fragt sich, ob Lacan die Psychoanalyse ins Christentum führen will. In seinen Seminaren bezieht er sich häufig auf die christliche Religion, nennt sie sogar einmal »die wahre Religion«.[5] Daraus lässt sich aber meines Erachtens nicht die Christianisierung der Psychoanalyse durch Lacan ableiten. Für ihn stellt der Borromäische Knoten eher die unreduzierbare Topologie dar, mit der er zeigen kann, wie die Religionen, namentlich das Judentum und das Christentum, das Geheimnisvolle, Offene, Unwißbare durch Personifikationen zudecken. Lacan spricht von Perversionen, in seiner Schreibweise werden sie zu »père-versions«.[6] Seiner Lesart gemäß tritt das unbegreifbare Reale an die Stelle des Vaters, das Symbolische an die Stelle des Sohnes und das Imaginäre an diejenige des Heiligen Geistes.
In dieser Lacanschen Lesart des Borromäischen Knotens stellt sich, wie auch in derjenigen der christlichen Trinität, die Frage nach der Geschlechtsdifferenzierung im Bereich des Psychischen. Es sieht so aus, als wäre der Borromäische Knoten eine männliche Angelegenheit. Die Rede von »Vater« und »Sohn« darf aber nicht sexistisch gelesen werden. Im Knoten des Symbolischen ist jedes sprachliche Wesen »Sohn«. Lacan bezeichnet damit eine logische Kategorie, die die Ebene der menschlichen Existenz betrifft. Eine Sexuierung – immer noch im logischen Sinne gemeint – gibt es durch das Nicht-Existierende, das Ek-

sistierende, Unbestimmbare, das, was durch das Symbolische immer verfehlt wird, das Andere des Symbolischen.

DIE TOPOLOGIEN FREUDS UND LACANS IM VERGLEICH

Wie lässt sich der Borromäische Knoten mit der Topologie Freuds in Verbindung bringen? Hat Lacan auch hier auf Freuds Arbeiten zurückgegriffen? Der späte Freud hat eine Topologie mittels sog. psychischer Instanzen (Es, Ich, Über-Ich) entwickelt, die er in »Das Ich und das Es« schematisch dargestellt hat.[7]

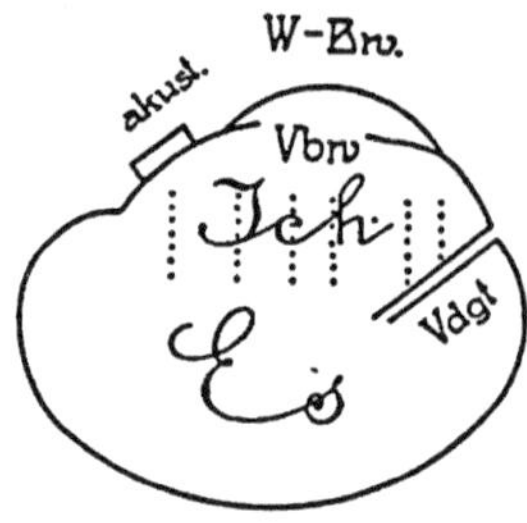

Mit dem Es bezeichnet Freud, in Anlehnung an Groddeck, den Sitz der Triebe und Leidenschaften. Erkenntnistheoretisch gesehen stellt das Es für ihn einen Grenzbegriff dar, über den sich nur mutmaßen lässt. Das Ich beschreibt er auf zwei verschiedene Arten, einmal als Bild des Körpers, als »Projektion der Körperoberfläche«, aber auch als Instanz der Vernunft und Besonnenheit, die versucht, zwischen den dunklen Kräften des Es und der Strenge des Über-Ichs zu vermitteln.[8]

Diese Instanz (in der Darstellung Freuds nicht eingezeichnet; sie müsste zwischen dem Ich und dem Es liegen) bringt Freud mit Normativem in Zusammenhang. Er bezeichnet das Über-Ich als Erbe des Ödipuskomplexes. Als verinnerlichte richterliche Instanz verlangt es Gehorsam gegenüber Geboten und Gesetzen; es bestraft das Ich, wenn sich dieses als nachgiebig gegenüber unbewussten inzestuösen Regungen erweist.

Der Borromäische Knoten lässt sich in einer ersten Annäherung mit dieser Freudschen Topologie identifizieren: Das Es mit dem Realen, das Ich mit dem Symbolischen und das Über-Ich mit dem Imaginären. In ähnlicher Weise kann die Freudsche Triade von Hemmung, Symptom und Angst auf das Reale, Symbolische und Imaginäre bezogen werden.[9]

Trotz dieser engen Verwandtschaft darf Lacans Kritik an der Freudschen Topologie nicht übersehen werden. Die Lacanschen Register sind konsequent strukturell gedacht, d.h. sie gruppieren sich um den Signifikanten. Diese Dimension ist bei Freud zwar impliziert, aber von ihm nicht ausgearbeitet worden. Zudem hat sich die Begrifflichkeit Freuds nicht ganz von der Psychologie gelöst. Am meisten hat er sich von ihr mit dem Konzept des Über-Ichs emanzipiert, denn er führt diese Instanz auf Sprachliches, auf Gehörtes, zurück.

Ein zweiter Kritikpunkt ergibt sich durch die raffinierte Verknüpfung der drei Register im Borromäischen Knoten, die in Freuds Darstellung nicht ihresgleichen hat. Vielleicht besteht weniger Gemeinsamkeit zwischen den drei Instanzen und dem Borromäischen Knoten als zwischen dem, was Freud mit den Zeichen »akustisch«, »W-Bw.« und dem »Es« markiert und der Topologie Lacans. Das Akustische und das Wahrnehmungsbewusstsein lassen sich ebenso zwanglos mit dem Symbolischen und dem Imaginären vergleichen wie das Es mit dem Realen – nur die angemessene Darstellung fehlt bei Freud.

Wenn Lacan die Aussagen Freuds auf seine Topologie übertragen will, stellt er fest, dass Freud ein viertes Register benötigt, das die andern zusammenhält: *das Symptom.* Lacan zeichnet es wie folgt in seine Register ein:[10]

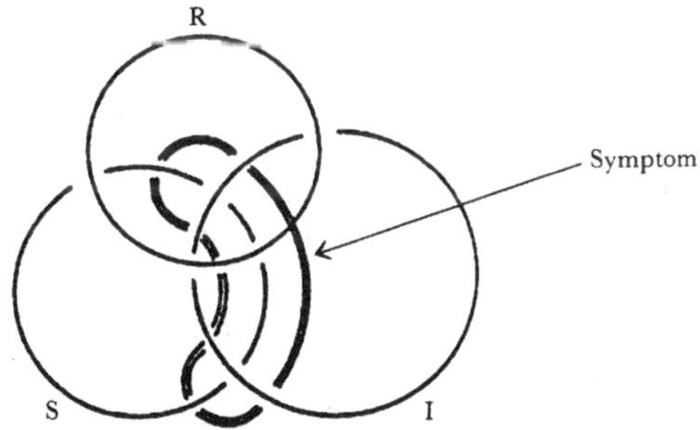

In Freuds Lesart stellt das Symptom eine Formation des Über-Ichs dar, das seinerseits Erbe des Ödipuskomplexes ist, des Gesetzes, des Inzestverbots. Lacan macht darauf aufmerksam, dass das Symptom die Annahme eines inzestuösen Begehrens voraussetzt, das durch das väterliche Gesetz gebrochen und verschoben wird. Diese Prämisse der Unterwerfung unter das Gesetz, bedingt durch die unbewusste Fixierung an die Mutter, stellt Lacan in Frage. Für ihn drückt diese Annahme die psychische Realität der Neurose aus,[11] die an die väterliche Macht, an das Gesetz glaubt. Dieses muss seiner Ansicht nach als Symptom aufgefasst werden, das sich als viertes Band im Knoten darstellen lässt. Lacan postuliert seine mögliche Reduzierbarkeit auf die trinitarische Struktur.

Wir stoßen hier auf die Problematik, die uns schon in der Arbeit über das Inzestverbot beschäftigt hat: Die lacanianische Ethik verlangt nicht nach einer Unterwerfung unter das väterliche Gesetz. Es gilt vielmehr, das inzestuöse Begehren zu bejahen, um seine Nichtigkeit zu entdecken. Das Subjekt kommt zur erschütternden Einsicht, dass das väterliche Verbot nur aufgerichtet wurde, um mittels Rivalität mit dem Vater ein verbotenes Objekt zu schaffen. Damit lässt sich der Begegnung mit der Melancholie, der Abwesenheit des erfüllenden Objekts ausweichen, an deren Stelle das Idol der Mutter tritt. Damit erweist sich das väterliche Gesetz, das oft eine Erfindung der Söhne ist, wie Freud zugeben musste, als Symptom, als Schutz vor der Leere des Begehrens, vor der Begegnung mit dem Abgründigen des Realen.[12]

WAS HEISST ANALYSIEREN?

Diese Frage reicht sehr weit, so dass eine Antwort vorgängig anderer Erörterungen bedürfte. Die analytische Methode müsste vorgestellt und diskutiert werden, das Konzept der Übertragung, das Problem des Deutens etc. Zudem erweist sich die Arbeit mit der Begrifflichkeit des Borromäischen Knotens im besten Sinne des Wortes als Forschung. Lacan hat erst spät, von den siebziger Jahren an, damit gearbeitet, und viele Fragen sind offengeblieben. Es gibt hier kaum einen Bestand an gesichertem Wissen. Zudem erlaubt die Topologie wohl mehrere Auslegungen für ein Problem. Trotz diesen Vorbehalten möchte ich einige Gedanken zur Frage nach dem, was analysieren in der Begrifflichkeit von Lacans Topologie heißt, skizzieren. Sie betreffen die Arbeit des Analytikers: Wie er das, was er vom Analysanten hört, strukturiert, was er damit macht. Von diesen theoretischen Zusammenhängen erfährt der Analysant nichts, denn die psychoanalytische Kur spielt sich im Bereich der alltäglichen Sprache ab.

Zunächst gilt es, den Gegenstand des Analysierens, die Struktur des Psychischen, borromäisch darzustellen. Wie präsentiert sich eine neurotische Struktur, wie eine Perversion oder gar eine Psychose? Grundsätzlich sind mehrere Darstellungsarten denkbar. Die Ringe des Knotens lassen sich in unterschiedlichen Größenverhältnissen oder anders als durch Ringe darstellen, z. B. als Vierecke oder als komplizierte Windungen:

Ein Element des Knotens oder mehrere werden verdoppelt. Es gibt dann Pseudo-Register, die in der Analyse aufzulösen wären. Ein solches wäre z.B. das Symptom in Freuds Topologie, dargestellt in Lacans Sichtweise (s. die Zeichnung oben), oder in derjenigen Juranvilles (s. die Abb. S. 154).
Schließlich lassen sich aus dem Borromäischen Knoten Ketten bilden, wie die folgende Abbildung zeigt.[13] Dabei gleichen die mittleren, gefalteten Ringe Ohrmuscheln. Sie verweisen auf das Hören des Analytikers, der vom Sprechen des Analysanten eingegarnt oder gar gefesselt wird. Bei dieser Zeichnung erstaunt besonders, dass auch hier gilt: Das Herauslösen eines einzigen Elements setzt alle andern Elemente frei, vereinzelt sie. Entsprechendes geschieht in Sätzen, die in unverbundene Teile zerfallen, wenn ein einziges Element weggenommen wird.

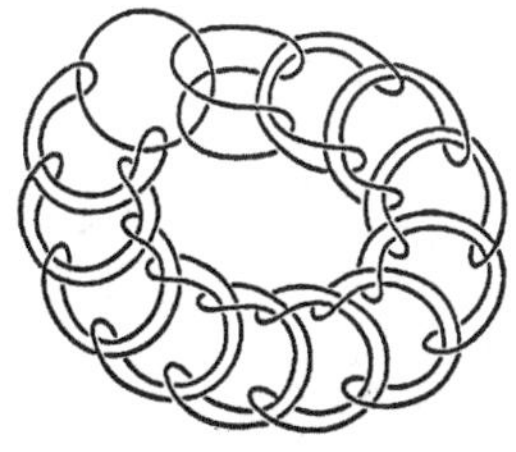

Lacan hat auf verschiedene Arten vom Borromäischen Knoten Gebrauch gemacht. Er hat sich dabei auf die sog. Nodologie berufen, eine spezielle Disziplin der Mathematik. Dabei geht es ihm nicht darum, mit den Mathematikern zu konkurrieren, sondern das, woran dort gearbeitet wird, für die Psychoanalyse fruchtbar zu machen. Ähnliches hat Lacan mit der Linguistik, der Mengenlehre oder der Philosophie getan. Dieses Schöpfen aus Quellen außerhalb der Psychoanalyse ist typisch für Lacans Arbeitsweise. Wir erkennen diesen Vorgang auch in seiner Beziehung zur Theologie wieder, zu der der Borromäische Knoten gehört. Lacan hält sich nicht an die Grenzen einer Disziplin; sie sind für ihn da, um übersprungen zu werden. Das gilt auch für seine Beziehung zu praktischen Dingen, wie etwa zum Stricken und Weben. Lacan ist nicht entgangen, dass diese Tätigkeiten darin bestehen, ununterbrochen Borromäische Knoten herzustellen. »Textilien« – das Wort weist deutlich genug auf die Verwandtschaft mit Sprachlichem hin. Sprache als Geflecht von Materiellem – gewiss eine vielsagende Metapher.

Mir scheint, dass Alain Juranville mit seiner Darstellung der *existentiellen Strukturen* (Psychose, Perversion, Neurose, Sublimierung) die Ideen Lacans zur Topologie besonders treffend dargestellt hat.[14] Für die *Psychose* behauptet er ein Zusammenfallen der drei Register.[15] Damit will Juranville den Glauben des Psychotikers, ohne Mangel zu sein, ausdrücken. Ist er es nicht, wenn alle Register zusammenfallen? Etwas Erstaunliches zeigt sich: Das Nicht-Bejahte, Verworfene, der Mangel im Symbolischen und die Unbestimmbarkeit des Realen zeigen sich wahnhaft, in Halluzinationen und im Delirium. Die unauflösliche Trinität, die Nicht-Identität der Elemente überfällt gleichsam den Psychotiker und fügt ihm Leiden zu, die dem Glauben an ungeteiltes Genießen ins Gesicht schlagen. Darin erweist sich also die Konsistenz des Knotens, den Juranville »das Ding« nennt, dabei denselben Begriff gebrauchend, den Lacan in seinem Seminar über »Die Ethik der Psychoanalyse« vorgeschlagen hatte. Die Darstellung der psychotischen Struktur sieht danach wie folgt aus:

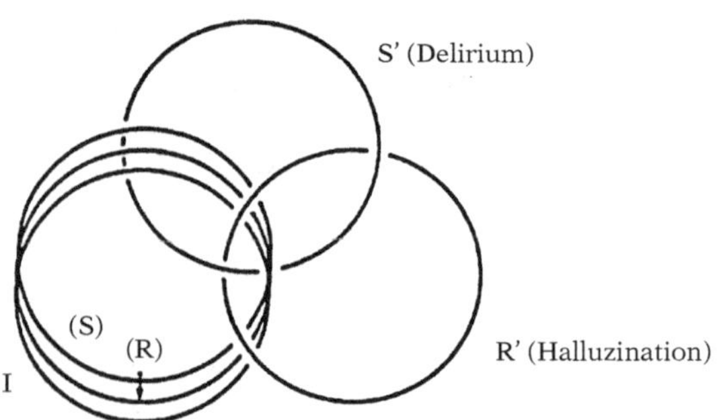

Die *Perversion* kennzeichnet sich seiner Ansicht nach dadurch, dass das Unbestimmbare des Realen vom Subjekt nicht akzeptiert wird.[16] Der Perverse stellt es sich vor, imaginiert es – von daher seine Faszination für die Schönheit, das Blendwerk des Imaginären. Für ihn gibt es keinen Tod, nichts, was sich der Begrifflichkeit entzöge. Diese Verleugnung wird durch Fetische aufrechterhalten, die das Unheimliche zudecken, darum auf Gewalt und Tod verweisen.

In der Unmöglichkeit, sich das Reale vorzustellen, liegt beschlossen, dass es nie akzeptierbar ist; von daher gibt es einen zur menschlichen Existenz gehörenden Zug von Perversion. Freud hat das gewusst; das zeigt sich darin, dass er die menschliche Sexualität »polymorph-pervers« nennt. Es ist immer ein Objekt des Triebes vorhanden, wodurch dieser zum Existieren kommt. Die symbolische Kastration zeigt sich nicht in der Begegnung mit der reinen Leere, sondern in der fehlenden Zuordnung von Trieb und Objekt. Juranville stellt die Struktur der Perversion wie folgt dar:

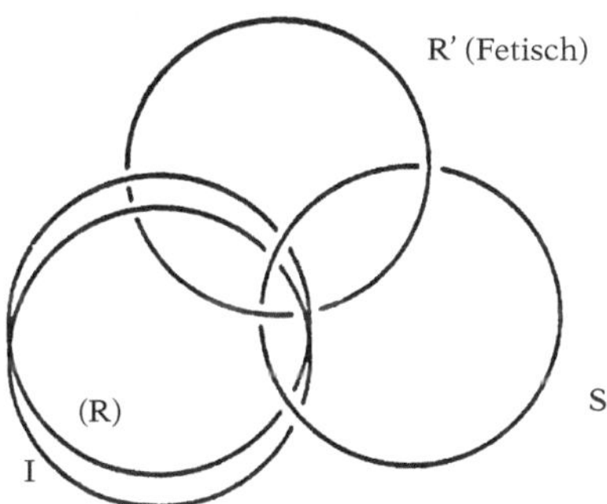

Die *Neurose* als dritte existentielle Struktur ist dadurch gekennzeichnet, dass das Symbolische in seiner Andersheit gegenüber dem Imaginären nicht bejaht wird.[17] Das Symbolische wird dem Imaginären unterworfen. Daher der Glaube an die Allmacht der Schrift, der Glaube auch, dass sich das Subjekt wissenschaftlich erfassen, schreiben lasse. Ebenso folgt daraus das Auslöschen, Verdrängen des Begehrens, der symbolischen Kastration. Es darf nichts für den Neurotiker geben, was keinen Sinn hat; alles muss an seinem Platz, die Welt wohlgeordnet sein. Das Verdrängte erscheint dann als Symptom, als rätselhafter Ausdruck des Unbewussten, das der Neurotiker nicht in sein Bewusstsein zu integrieren vermag. Er versucht deshalb, es erneut zu imaginieren. Damit hält er unbewusst das Verdrängte, das Begehren, aufrecht, das er als Anstößiges nicht annimmt, von dem er nichts wissen will. Eine Frau, ein Verbot verkörpern für ihn das Symptom, das ihm Sinn gibt und das ihn vor dem Einsturz des Sinns bewahrt.

Auch im Falle der Neurose lässt sich nicht behaupten, diese sei lediglich eine pathologische Struktur. Sie greift tief in das menschliche Leben ein und ist ohne weiteres nachweisbar in so verschiedenen Phänomenen wie Wissenschaft oder Liebe. Juranville zeichnet die neurotische Struktur wie folgt:

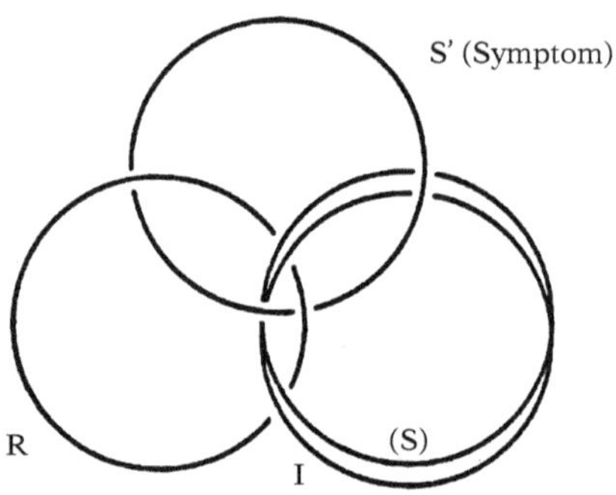

Als vierte existentiale Struktur nennt Juranville die *Sublimierung.*[18] Wenn Freud von dieser spricht, meint er die Desexualisierung eines Triebanspruchs, der nicht verdrängt wird. Das Ziel, die Handlung der Befriedigung, erfährt eine Verschiebung, während die andern Merkmale des Triebs bestehenbleiben. Zweifellos setzt die Psychoanalyse die Fähigkeit zur Sublimierung voraus. Die analytische Kur, in der Triebansprüche versagt werden, appelliert im Sinne ihrer Ethik an die Fähigkeit zur Sublimierung.

Das vollständige Realisieren der Sublimierung, gesetzt, es wäre möglich, führte zu einer Überwindung der Dimension des Symptoms. Da es mit der Sexualität liiert ist – Verbot und Gesetz erwiesen sich als strukturierende Instanzen der Sexualität –, würde diese durch die volle Sublimierung subvertiert. Allerdings öffnet dann nicht das Paradies seine Pforten, sondern die Melancholie. Es gäbe nur noch die Ebene der Signifikanten ohne Signifikat. Dem phallischen Signifikanten wäre jede Möglichkeit, sich als Symptom oder als Phantasma darzustellen, genommen. Diese Struktur darzustellen, erfordert keinen vierten Ring; der Borromäische Knoten ist auf seine größtmögliche Einfachheit reduziert. Lacan spricht in diesem Zusammenhang als von einem Knoten des Unmöglichen.[19] Seine Realisierung beinhaltete ein Überwinden des Hasses und der Abhängigkeit von andern, aber auch eine Indifferenz gegen alles.

Erweist sich diese reine Sublimierung als unmöglich – das Symptom erweist sich als unreduzierbar, wie Lacan betont[20] –, so bildet sie doch den Hintergrund des analytischen Sprechens. Dieses bleibt an einen Finalismus und an Symptome gebunden. Ihre Artikulation öffnet immer wieder die Voraussetzung menschlichen Sprechens, seinen Bezug zum Andern, dessen Reales im Unbegreiflichen der Ek-sistenz bleibt.

Worin besteht die analytische Operation? Soll die Viererstruktur möglichst auf eine trinitarische reduziert werden, oder soll sie – im Falle der Psychose – auf nicht wahnhafte Art wiederhergestellt werden? In solchen Fragen steckt das *Legitimationsproblem* der Psychoanalyse. Woher beziehen Analytiker die Rechtfertigung dafür, die analytische Kur nach solchen Vorstellungen zu gestalten? Anderseits kann im Ernst nicht von Analyse gesprochen werden, wenn der Analytiker nichts oder irgend etwas tut, sich an keinem Wissen orientiert. Damit Analyse sei, bedarf es des Begehrens des Analytikers, auch eines Wissens, das um seine Grenzen weiß.

Wie aus diesem Dilemma herauskommen? Zwei Momente der analytischen Praxis scheinen mir wesentlich zu sein: Das Recht des Analysanten, die Kur jederzeit zu beenden; und der Auftrag, den der Analysant dem Analytiker gibt, bei der Realisierung eines Projekts, das aus einem Leiden erwachsen ist, behilflich zu sein. Im Dienste dieses Projekts, das an die Entdeckung und Erfahrung des Unbewussten gebunden ist, wird der Analytiker zu vermeiden suchen, den Analysanten auf ein Bild zu fixieren, heiße es nun »Normalität«, »Anpassungsfähigkeit«, »Heilung« oder wie auch immer. Der Analytiker hört zunächst, was der Analysant sagt; er folgt seinem Sprechen, das von der Grundregel geleitet ist, die darin besteht, das zu sagen, was ihm gerade in den Sinn kommt. Dieses vom Konventionellen entbundene Artikulieren führt den Patienten von selbst zu seinen eigenen Konflikten, Engpässen, Sackgassen; es öffnet ihn auf den Andern hin.

Die lacanianische Ethik kennzeichnet sich dadurch, dass der Analytiker dort eingreift, wo das Sprechen des Analysanten um Mehrdeutiges kreist, wo etwas von der Rätselhaftigkeit des Realen in Metaphern vernehmbar wird. Durch Betonung, Skandierung dieser Kreuzpunkte des Sprechens, »Polsterknöpfe« – geschieht für einen Moment eine Öffnung der Ringe, eine Reduzierung auf ihre einfachste Verknüpfungsart. Von dieser Warte aus erweist sich etwas für den Analysanten anders, als er bisher geglaubt hatte. Diese Öffnung ist gleichbedeutend mit einem Moment von Angst. Die Viererstruktur bildet sich sofort wieder, aber etwas hat sich anders als zuvor verknüpft; ein Glaube an ein Symptom oder ein Phantasma kann nun immer wieder in Frage gestellt, die Neurose oder die Perversion gemildert werden.

Mehr als Freud legt Lacan Wert auf die Inszenierung des Unbewussten. Es geht nicht um gescheite Reflexionen lebensgeschichtlicher Zusammenhänge, als vielmehr um die Erfahrung eigenen, nicht auf Kausalität reduzierbaren Seins, aus dem es spricht und das überrascht. Der Analysant erfährt sein Subjekt-Sein; er ist der Sprache unterworfen. Die Grundregel lässt es ihn erfahren; dauernd sind Einfälle da, ohne besondere Aktivität. Sein Sprechen kommt vom Andern her, der nicht dingfest zu machen ist und sich im Gegenteil in zunehmendem Maße als geheimnisvolle Quelle des Sprechens erweist, sich von der anfänglichen Verkörperung in einer geliebten Person, einem Vorbild, löst. Die Symptome und Phantasmen erweisen sich in der Erfahrung des Sprechens als Begrenzungen der psychischen Struktur, die ein Stück fragile Sicherheit vermitteln, sich deshalb der Auflösung widersetzen. Die Begegnung mit der Angst und die lange Zeitdauer einer analytischen Kur erweisen sich als ebenso unabdingbar wie das Vertrauen in den Analytiker, dass er die ihm vom Analysanten zugedachte Macht nicht missbrauche. Aber es gibt nicht nur Momente der Angst, sondern auch der Verzückung und der Genugtuung des Überwindens von Schranken. Das bedeutet zugleich das Betreten von Feldern, die bisher verschlossen waren. Dieses Moment des Realisierens, der Förderung des Realisierens durch den Analytiker, hat Lacan besonders betont.

Diese lacanianische Praxis, die sich an den Erfahrungen des späten Freud orientiert, der in zunehmendem Maße erkennen musste, dass sich die Patienten gegen die Genesung wehrten, sog. negative therapeutische Reaktionen zeigten, wie Freud sich ausdrückte, rückt ab vom starren Rhythmus der analytischen Sitzungen und versucht, das Sitzungsende auf das Sprechen des Analysanten zu beziehen. Oft steht das Sitzungsende an Stelle einer Deutung – eine reale Trennung, die das Trennende des Symbolischen unterstreicht und den imaginären Klebstoff, der Analysant und Analytiker aneinander bindet, löst. Durch solche Skandierungen wird das Bürokratische der starren Zeitregelung durchbrochen. Die Chance vergrößert sich damit, dass der Analytiker nicht zum Komplizen derjenigen Struktur wird, um deren Analyse willen der Patient gekommen ist. Die Skandierung erfolgt wenn möglich in dem Moment, in dem das Sprechen des Analysanten etwas von diesem Realen berührt, es aus seiner Sprachlosigkeit entrissen hat.

ANMERKUNGEN

1 Lacan erwähnt den Borromäischen Knoten meines Wissens zum erstenmal im (noch unveröffentlichten) Seminar XIX (... »ou pire«). Er stellt ihn dann ausführlich im folgenden Seminar (»Encore«) vor (p. 107 ff.; deutsch: Encore, S. 127 ff.) und thematisiert ihn in jedem weiteren.
2 Die folgende Zeichnung ist dem Seminar XX (op. cit.) entnommen (p. 112; deutsch: S. 133).
3 s. dazu: J. C. Milner: Les noms indistincts, p. 7.
4 ebd.,p.11.
5 Lacan, J.: Le Séminaire XX, op. cit., p. 98; deutsch: S. 117.
6 Lacan, J.: Séminaire XXIII (»Le Sinthome«), in: Ornicar No. 6, p. 9.
7 Freud, S.: Das Ich und das Es, GW XIII, S. 252.
8 —: ebd., S. 253.
9 Lacan, J.: Le Séminaire XXII (RSI), in: Ornicar, No. 2, p. 104.
10 —: ebd., in: Ornicar, No. 5; p. 62; vgl. dazu Lacans Ausführungen anlässlich seiner Vorträge in den USA (Conférences et entretiens dans des universités nord-américaines), in: Scilicet, Nr. 6/7, p. 38 ff.
11 —: Le Séminaire XVII (L'envers de la psychanalyse), unveröffentl.
12 s. dazu: J. Lacan: Le Séminaire VII (L'éthique de la psychanalyse), wo sich die bereits zitierte Aussage (S. 105) findet: »Ce que l'analyse articule, c'est que, dans le fond, il est plus commode de subir l'interdit que d'encourir la castration« (p. 354). (»Die Analyse erweist, dass es im Grunde genommen bequemer ist, das Verbot zu erleiden als die Kastration auf sich zu nehmen«.).
13 Sie stammt aus dem Séminaire XX, op. cit., p. 113; deutsch: S. 135.
14 In den folgenden Ausführungen berufe ich mich vor allem auf Alain Juranvilles »Lacan et la philosophie«.
15 ebd. p. 422.
16 ebd. p. 423.
17 ebd. p. 424.

18 ebd. p. 425 f.
19 Lacan, J.: Le Séminaire XXII, in: Ornicar, No. 5, p. 33 ff.
20 Lacan, J.: Conférences et entretiens ..., op. cit., p. 56.

EPILOG: DAS ZWEIDEUTIGE DER PSYCHOANALYTISCHEN GRUNDREGEL

Die psychoanalytische Grundregel, wie sie von Freud eingeführt wurde, besagt, dass der Analytiker den Analysanten auffordert, seine Einfälle mitzuteilen, sich über Hemmungen oder Urteile bezüglich Wichtigkeit oder Unwichtigkeit eines Einfalls hinwegzusetzen. Schon früh in der Anfangsgeschichte der Psychoanalyse ist sie zum Bestandteil des sog. settings geworden.[1] Ihre strategische Bedeutung zeigt sich darin, dass sich in ihr die psychoanalytische Theorie und ihre Praxis überschneiden, denn ihre Einführung in einer Kur stützt sich auf theoretische Annahmen, die mit der Artikulation des Unbewussten zu tun haben. Die Grundregel bindet das Sprechen des Analysanten an die Person des Analytikers, an sein Verlangen, das er artikuliert. Dadurch spezifiziert sich das intersubjektive Feld, das auch ohne Grundregel von dem Moment an bestehen würde, wo jemand sich an einen Andern wendet. Die Grundregel verlangt »vollste Aufrichtigkeit«, wie sich Freud ausdrückt.[2]

Auf diese Art und Weise manifestiert sich eine Ethik des Sprechens, von der anzunehmen ist, dass sich dadurch ein Bezug zur Wahrheit des sprechenden Subjekts ergibt. Dieser Bezug geschieht nicht ohne Übertragung. Welche Übertragung? Gewöhnlich betont man die Beziehung des Analysanten zum Analytiker, zum »sujet-supposé-savoir«, zum Subjekt, dem Wissen unterstellt wird, oder – wie im Falle der Hysterie – zum Subjekt, das auf sein Begehren hin geprüft wird. Dabei bleibt der andere Aspekt, die Übertragung des Analytikers auf den Analysanten, oft unberücksichtigt. Diese Übertragung – nicht zu verwechseln mit der Gegenübertragung, die den analytischen Vorgang stört – richtet sich nicht an diesen oder jenen Patienten, an dessen Besonderheiten, sondern an irgendeinen Patienten, der als solcher anerkannt wird und von dem der Analytiker annimmt, dass dessen Sprechen ihn interessiert. Sie steht mit dem Bezug des Analytikers zur Psychoanalyse im Zusammenhang, den er durch seine Arbeit mit Analysanten und durch die theoretische Strukturierung aufrechterhält.

DIE ÜBERTRAGUNG DES ANALYTIKERS

Das lässt sich verdeutlichen, wenn wir an Freuds Beispiel der Behandlung von Emmy von N. denken.[3] Diese geschah zu einer Zeit, als die Grundregel noch nicht erfunden war und Freud seine Patienten hypnotisierte. Er befragte sie unablässig, bis eines Tages Emmy von N. ihn aufforderte, »nicht immer (zu) fragen, woher das und jenes komme, sondern sie erzählen (zu) lassen, was sie ... (ihm) zu sagen habe«.[4] Nicht nur näherte sie sich dadurch der Grundregel; das Beispiel zeigt auch deutlich Freuds Übertragung, die, wäre sie nur Gegenübertragung gewesen – z. B. irgendein persönliches oder erotisches Interesse –, mit Sicherheit zum Abbruch der Behandlung geführt hätte. Nicht Freuds Interesse, ihre Äußerungen für die Psychoanalyse zu gebrauchen, störte sie, sondern sein Drängen, das ihr keinen Raum ließ, ihr Sprechen kommen zu lassen. Betrachtet man diese Geschichte von Freuds Seite her, so sieht man, dass »das Subjekt, dem Wissen unterstellt ist«, das »sujet-supposeé-savoir«[5] im Unbewussten dieser bemerkenswerten Hysterikerin zu suchen ist. An es wandte sich Freud in seinem Bemühen, durch alle Widerstände des Ichs, der Masse von Vorurteilen und Meinungen, auf eine Wahrheit zu stoßen.

Bei jedem Analytiker, der eine Behandlung beginnt, ist Übertragung im Spiel. Ob er mit Hypnose, mit Druck der Hand auf die Stirne oder mit der Grundregel arbeitet, ist unter diesem Gesichtspunkt zweitrangig. Die angewandte Methode drückt die Art und Weise der Übertragung des Analytikers zum Analysanten aus, dient als Mittel, um Verborgenes, Unbewusstes, hörbar zu machen.

Es gibt keine Analysanten, die diese Dimension nicht spürten und darauf reagierten. Sie fordern das Begehren des Analytikers heraus, prüfen es, ob es ihrer Person gilt oder einem Wissen. Die Grundregel eignet sich besonders gut dazu. Was macht der Analytiker, wenn ich die Grundregel nicht befolge? Empfindet er die Verweigerung als Kränkung? Wird er wütend? Oder ist es ihm egal? Falls er nicht reagiert, heißt das, dass ich ihn nicht interessiere? Solche Fragen zeigen, welche Dimensionen in der Analyse auf dem Spiel stehen. Sie weisen auf die Macht der Patienten hin, die darin besteht, dem Erfordernis der Grundregel nicht zu entsprechen.

In theoretischer Sprache ausgedrückt, kann man davon sprechen, dass die Schwierigkeit mit der Grundregel darin besteht, dass sich ihre symbolische und imaginäre Dimension vermischen. Die Übertragungen haken an genau dem Punkt ein, wo die symbolische Dimension der Grundregel (A) mit Imaginärem (a) verklebt ist, wo dieses nicht sublimiert wird. Da sie einem Verlangen des Analytikers entspricht, kann es nicht anders sein. Das gibt dem Widerstand Gelegenheit, sich der Dimension des Andern zu entschlagen, sich an das Imaginäre zu halten. Allerdings misslingt ein allfälliger Versuch, die symbolische Dimension auszuschalten, die analytische Beziehung auf die imaginäre Beziehung zu reduzieren. Wenn sich die imaginäre Beziehung artikuliert, ist das Symbolische präsent, auch wenn es den Anschein macht, es sei dem Imaginären unterworfen.

Worin besteht der Unterschied zwischen der Übertragung des Analytikers und derjenigen des Analysanten? Von beiden lässt sich sagen, dass sie einen Zugang zur Wahrheit finden wollen, der versperrt wird durch den Hang nach Sicherheit und Geliebtwerden-Wollen. Der andere wird zum Ort der Wahrheit. Der Analytiker trachtet danach, sein Wissen zu überprüfen, zu berichtigen, es in Übereinstimmung zu bringen mit dem, was er vom Analysanten hört. Die Bewährungsprobe des Wissens des Analytikers führt über den Umweg der Besonderheiten und Eigenheiten des Patienten. Diesen gegenüber verliert der Analytiker immer wieder für mehr oder weniger lange Zeit seine eigene Sicherheit und seine Verankerung in einem allgemeinen Wissen.

Ich sage nicht ohne Zögern, dass das Interesse des Analytikers in einem Wissen und einer Vermittlung zwischen den Besonderheiten und Eigenheiten und dem Allgemeinen besteht. Erstens ist das gewiss nicht der einzige Grund, um sich in den Analytiker-Fauteuil zu setzen; zweitens muss das Begehren nach Wissen immer wieder in Klammern gesetzt werden. Aber könnte man wirklich davon sprechen, dass sich die Grundregel außerhalb eines Begehrens zu wissen situieren ließe, dass sie lediglich ein Mittel sei, den Patienten zum Sprechen zu veranlassen, ohne dass darin der Bezug zum Analytiker von Bedeutung wäre? Jede analytische Kur sagt das Gegenteil; der Analytiker ist mit im

Spiel, auch dann, wenn er sein Begehren nach Wissen ausklammert.

Der Analysant sucht dagegen weniger nach einem allgemeinen Wissen – wenn jemand auf der Couch sich in theoretischen Betrachtungen ergeht, empfindet der Analytiker eher Langeweile oder die Neigung zu widersprechen – als nach einem Wissen über die Gründe seines Leidens, über das Rätsel seines Geschlechts, über seine Schwierigkeiten in den Beziehungen zu andern, über seine Träume, seine Symptome und Phantasmen etc. Es gibt demnach eine Überschneidung der Übertragungen: Der Analysant wendet sich an jemanden, dem er ein Wissen des Allgemeinen unterstellt, von welchem er wissen müsste, dass es keines ist, das zum voraus seine Besonderheiten enthält. Die geringste Reflexion zeigt ihm, dass der Analytiker dieses Wissen, nach dem der Analysant trachtet, mindestens zu einem Teil aus dessen eigenem Sprechen bezieht. Man könnte sagen, der Analysant gibt dem Analytiker das, was er, der Analysant, selber sucht, um es von ihm wieder zu bekommen. Im Gegensatz dazu wendet sich der Analytiker an jemanden, dem er ein Wissen des Besonderen unterstellt, ein Wissen also, das sich nicht weiß, aber kein Wissen des Allgemeinen, das er erstrebt. Er muss sein Wissen, gleichbedeutend mit seinen Vorurteilen, mit dem Gehörten, der Artikulation des Besonderen, vermitteln.

Welche Bedeutung hat die Grundregel in diesem Spiel der Übertragungen? Drängt sich nicht die Feststellung auf, sie behindere die analytische Kur, da doch die Patienten in Behandlung kommen, um zu sprechen, wie der Fall Emmy von N. zeigt? müsste man nicht noch weiter gehen und sagen, die Grundregel entstelle, pervertiere den Sinn des Sprechens, da sie das Zentrum der Aktivität in ein Verlangen des Analytikers verlagere, welches das authentische Sprechen des Patienten entstelle? Begegnen wir hier nicht der Erbsünde, von der Lacan im Seminar XI spricht?[6] Er erwähnt zwar die Grundregel nicht, bezieht seine Äußerung aber auf Freuds Begehren, das sich in der Grundregel manifestiert.

EINWÄNDE GEGEN DIE GRUNDREGEL

Die Frage stellt sich also, ob es eine Analyse ohne Erbsünde geben kann. Viele Gründe scheinen dafür zu sprechen. Sie lassen sich in solche unterteilen, die die Grundregel kritisieren und in solche, die eine Ethik ohne diese postulieren. Beginnen wir mit den Einwänden gegen sie.

Der bekannteste Einwand betrifft das Über-Ichhafte, das durch diese Regel eingeführt wird.[7] Tatsächlich, welcher Analytiker hätte nicht schon erfahren, dass ihre Bekanntgabe den Patienten zum Versuch verleitet hätte, den Anspruch des Analytikers befriedigen, seinen Mangel füllen zu wollen, der vom Patienten als Ursache dieses Anspruchs aufgefasst wird? Auf diese Art sucht der Patient nach einer Komplementarität, in dessen Dienst er sein Sprechen stellt. Die Einfälle des Patienten sind nicht mehr irgendwie motiviert, sondern auf eine bestimmte Art: Sie dienen dazu, den Forderungen des Andern zu entsprechen. Die Dimension der Zeichen gewinnt gegenüber derjenigen des Signifikanten Vorrang. Die geforderte Aufrichtigkeit verwandelt sich in Gehorsam. Damit ist auf eine masochistische Wirkung der Grundregel hingewiesen, die kaum mehr unterscheidbar macht, ob sich auch ohne diese masochistische Züge gezeigt hätten. Ein anderer Einwand betrifft die entstellende Wirkung der Grundregel hinsichtlich der Frage, wer spricht. Ist sie es, die das Sprechen des Analysanten, sogar seine Gedanken, verursacht, oder besteht ihre Wirkung bloß darin, die Einfälle hörbar zu machen? Der Einwand gegen die Regel betrifft die Unmöglichkeit, diese Frage zu beantworten. Gegen ihn lässt sich allerdings einwenden, dass es immer eine Ursache des Sprechens gibt. Aber ist es dasselbe, jemandem zuzuhören, ohne von ihm etwas verlangt zu haben, und jemandem zuzuhören, nachdem man von ihm verlangt hat, seine Einfälle mitzuteilen und wenn immer möglich die innere Zensur zu umgehen? Ist es dasselbe, zu jemandem zu sprechen, der das nicht verlangt hat, und zu jemandem zu sprechen, der nur darauf wartet?

Manchmal erwecken Freuds Beispiele den Eindruck, dass die Grundregel nur die Verlautbarung verursacht, nicht den Inhalt, nur das Aussagen, nicht das Ausgesagte. So erzählt Freud in der »Psychopathologie des Alltagslebens« von einem Dialog mit einem Mann; im Zentrum steht dabei das verdrängte Wort »aliquis«.[8] Es zeigt sich, dass sich damit die Befürchtung verknüpfte, eine gewisse Frau, mit der Freuds Gesprächspartner eine intime Beziehung hatte, könnte schwanger werden. (Die Menstruation ist auch eine Grundregel.) Aus diesem Beispiel geht nicht hervor, dass Freud mit dieser Befürchtung einen direkten Zusammenhang haben könnte, höchstens in dem Sinne, dass sein Gesprächspartner in ihm einen Repräsentanten der

Moral sah und in diesem Sinne die Verdrängung des gesuchten Wortes verursachte. In Analysen stellt sich die Situation oft anders dar. Das Reale betrifft kaum jemals einen Sachverhalt, mit dem der Analytiker nichts zu tun hat, sondern er ist, als Träger von Symptomen und Phantasmen, die der Analysant in ihm inkarniert, mit dem Realen involviert. Die Einführung der Grundregel bringt den Analysanten dazu, sie als persönlichen Wunsch des Analytikers zu hören, als dessen Symptom. Das veranlasst den Patienten, das zu suchen, was der Analytiker verloren hat, oder gar die Situation umzukehren und herauszufinden, was den Analytiker veranlasst, solche Ansprüche zu haben. Das Auftauchen der Symptome und Phantasmen auf seiten des Analysanten, wie es sich ohne Grundregel zeigen würde, ist damit blockiert oder bleibt verdeckt; eine Aneignung dessen, was er zuerst unwissentlich dem andern gibt, wird unmöglich, da der andere ihn mit seinem eigenen Verlangen konfrontiert. Als Folge davon drehen sich die Einfälle des Patienten weniger um seine eigenen Fragen als vielmehr um diejenigen des Analytikers; sie stellen vielleicht Versuche dar, eine Antwort darauf zu finden.

Ein weiterer Einwand betrifft die Begünstigung des Sinns auf Kosten des Nicht-Sinns des Andern. Man kennt Freuds unablässige Suche nach verborgenem Sinn, etwa in der »Traumdeutung« oder in der »Psychopathologie des Alltagslebens«. Demgegenüber steht Lacans Aussage: »Qu'on dise reste oublié derrière ce qui se dit dans ce qui s'entend«[9] (Dass man spricht, bleibt hinter dem, was innerhalb dessen, was sich versteht, gesprochen wird, vergessen.). Diese Akzentuierung des Sinns ist gleichbedeutend mit der Vorherrschaft des Lustprinzips, das sich in der Beziehung zwischen Analytiker und Analysant auf der Ebene sprachlichen Sinns verwirklicht.[10] Das Objekt a zeigt dabei seine phantasmatische Seite, nicht aber das Abgründige, Nichtige. Die Grundregel steht am Ursprung des Glaubens an einen Grund, an einen Boden unter den Füßen. Von daher wird sie zum Steigbügelhalter der Perversion, des phallischen Bereichs. Diese Vorbereitung des Grundes, in Analysen oft als Eisschicht dargestellt, deren Begehen mehr oder weniger gefährlich ist, verdeckt das unendliche Genießen, die »jouissance infinie« und grenzt es zugleich aus. Die Strukturierung durch die Grundregel verengt es zum phallischen Genießen.

Anders gesagt: Die Grundregel versperrt den Zugang zur Weiblichkeit – Weiblichkeit in einem logischen Sinn aufgefasst, der für beide »biologischen« Geschlechter gilt. Die Öffnung des

Nicht-Phallischen, des Nicht-Sinns, der Abwesenheit eines Ortes, aus dem das Sprechen herkommt, bleibt zugeschüttet, verdeckt von der Ebene des Diskurses, in dem der Narzissmus und die Idee des Einen herrschen. Auf eine kurze Aussage gebracht: Die Grundregel gilt für das Feld Freuds, aber nicht für dasjenige Lacans. Aber lässt sich von einem Feld Lacans sprechen? Eher subvertiert Lacans Denken das Freudsche Feld. Gerade deshalb stellt sich die Frage um so eindringlicher, ob die Grundregel zu einer lacanianischen Analyse gehört. Würde durch sie nicht die Erfahrung der symbolischen Kastration, die Erfahrung des Realen, der Abwesenheit eines vollen Objekts verstellt?

Diese Einwände führen zur Frage, ob die analytische Kur nicht auf die Grundregel verzichten sollte. Dies um so mehr, als man mit Lacan nicht nur davon ausgehen kann, dass »Es spricht«, sondern auch, dass es sprechen will. Lacan hat z.B. die Übersetzer seiner Arbeit »L'instance de la lettre dans l'inconscient« dazu ermächtigt, »l'instance« mit »das Drängen« zu übersetzen,[11] was der adäquate Term für »l'insistance« wäre. Wenn die Instanz des Buchstabens drängt, insistiert, ist es dann nicht widersinnig, an der Grundregel festzuhalten? Der Einwand gegen sie kann sich auch auf die Erfahrung Freuds mit der Behandlung von Emmy von N. stützen, die in ihrem eigenen Namen sprechen wollte.

IST DIE ANALYTISCHE KUR OHNE GRUNDREGEL MÖGLICH?

Eine Antwort auf diese Frage ohne Berücksichtigung klinischer Erfahrungen wäre sinnlos. Da es für diesen Bereich kaum gesicherte Daten gibt, stütze ich mich in meinen Aussagen auf meine eigenen Erfahrungen und auf Gespräche darüber mit Kollegen. Was ich zuerst feststellen muss, ist, dass man nicht annehmen darf, es gebe ein Sprechen, das in jedem Fall von selbst kommt, das aus sich selbst heraus sich vernehmen lassen will. Es gibt zwar Analysanten, die keine Grundregel brauchen, sei es, weil sie sie schon zu Beginn einer Kur kennen, sei es, dass es für sie selbstverständlich ist, zu sprechen. Aber das sind meines Erachtens eher Ausnahmen.

Wie steht es mit dem Fall Emmy von N.? Ich glaube, man kann nicht annehmen, dass sie aus ihrem eigenen Sprechen heraus die Grundregel erfunden hat. Sie ist vielmehr gegen das Befragen Freuds, das nachträglich wie ein Widerstand erscheint, dazu gekommen. Es bleibt offen, ob sie ohne diese Interventionen Freuds in ihrem eigenen Namen hätte sprechen wollen. Das besagt zumindest, dass der Widerstand des Analytikers günstige Effekte haben kann, sofern er nicht bis zum Geht-nicht-mehr aufrechterhalten wird. Erweist sich dieser Widerstand nicht sogar als notwendig, um die Kräfte des Analysanten zu wecken, um sein Vorankommen zu ermöglichen?

Ein zweiter Punkt betrifft die Übertragung. Sie manifestiert sich zwar unabhängig davon, ob die Grundregel eingeführt wird oder nicht. Aber die Art, wie sie sich manifestiert und wie sie bearbeitet wird, ist durchaus verschieden, je nachdem, ob der Analysant die Grundregel kennt oder nicht. Nehmen wir an, er kenne sie nicht und er komme von sich aus nicht auf die Idee, das zu sagen, was ihm gerade einfällt. Dann wird die Situation für ihn beängstigend, er weiß nicht, was er tun soll und was der Analytiker von ihm will. Umgekehrt hat der Analytiker kaum Möglichkeiten, anders als durch Fragen einzugreifen, was gravierende Konsequenzen auf das Übertragungsgeschehen hat. Damit wird aber das Argument gegen die Einführung der Grundregel, das besagt, dass der Analytiker in eine imaginäre Beziehung zum Patienten gerät, wenn er nicht auf sie verzichtet, hinfällig. Die imaginäre Beziehung verstärkt sich ohne Grundregel, denn der Analytiker ist auf sein Fragen angewiesen, das in größerem Ausmaß seine Übertragung zeigt als die Einführung einer Grundregel, die im Namen der Analyse und ihrer Tradition geschieht.

ARGUMENTE ZUGUNSTEN DER GRUNDREGEL

Ein Ausweg aus der Sackgasse, in die wir durch den Widerspruch zwischen den Einwänden gegen die Grundregel und der Feststellung, dass ohne sie die Analyse nur ausnahmsweise möglich ist, geraten sind, zeichnet sich keineswegs ab, wenn es darum geht, Gründe für diese umstrittene Regel anzuführen; im Gegenteil, wir geraten noch tiefer hinein.

Die Grundregel stellt eine Stütze der psychoanalytischen Ethik dar, die eine Ethik des Sprechens und der Sublimierung ist.[12] Sexuelle Impulse, feindselige Absichten sollen über die Mühle des Sprechens laufen. Die Ethik der Psychoanalyse wird in erster Linie vom Analytiker aufrechterhalten. Durch Einführung der Grundregel lässt er den Analysanten daran teilhaben, gibt ihm dadurch zugleich die Möglichkeit, diese Ethik nicht anzunehmen und sich anderswohin zu wenden. Die Grundregel begründet auf diese Art und Weise einen Vertrag: Der Aufrichtigkeit des Patienten steht das Hören, gegebenenfalls Intervenieren des Analytikers gegenüber, der sich ebenso dem Andern öffnet wie der Patient.

Durch dieses Respektieren der Grundregel anerkennt der Analysant die Bedingung der Analyse, einschließlich der Funktion des Analytikers. Das beinhaltet die Möglichkeit, dessen Funktion nicht anzuerkennen. Auch der Analytiker hat die Möglichkeit, die Anerkennung eines Analysanten zu verweigern. Dessen Zurückweisung der Grundregel könnte ein Kriterium dafür sein.

Das Respektieren der Grundregel führt den Patienten zu überraschenden Einfällen, zum Besonderen und zum Zufälligen. Nach einiger Zeit werden ihm Gedanken in den Sinn kommen, die er, aus Angst zu missfallen, lieber nicht sagen möchte. Die Statue seines Ichs gerät in Gefahr, er wird im Analytiker einen Verbündeten suchen, der ihm die Konfrontation mit Verdrängtem, Verpöntem, Verkanntem erspart. Aber das Begehren des Analytikers, seine Ethik, konkretisiert in der Grundregel, wird ihre Wirkung tun und das Feld der Wahrheit auf Bereiche ausdehnen, die zuvor außerhalb des Aussprechbaren lagen.

An diesem Punkt muss man zu den Einwänden gegen die Grundregel zurückkehren. Im Lichte von Lacans Äußerungen über das Über-Ich, von dem er sagt, es sei dem Imperativ »Jouis!« (»Genieße!«) verpflichtet, dem Lustprinzip, dem Sinn und dem Beziehungsaspekt, stellen Äußerungen von Peinlichkeiten und Unangenehmem nichts anderes dar als erneute Versuche, dem Analytiker zu gefallen. Durch die Einwirkungen des Über-Ichs erniedrigt sich der Analysant, macht sich zum Objekt des Andern, um die Beziehung aufrechtzuerhalten. Reiks Beispiele von Geständniszwang[13] zeigen exemplarisch, wie ein Sprechen von Unangenehmem dazu dient, die imaginäre Achse der Analyse aufrechtzuerhalten.

WIDERSPRÜCHE UND IHRE AUFHEBUNG

Die bereits erwähnten Widersprüche haben sich verschärft, nachdem die Grundregel auch Seiten gezeigt hat, die für die Analyse unverzichtbar sind. Stellen wir die sich widersprechenden Seiten mit aller Deutlichkeit noch einmal einander gegenüber. Die Kritik betrifft vor allem die überichhafte Dimension

mit ihrem masochistischen Einschlag, der Akzentuierung des Sinns, der Vorherrschaft der Zeichen und des Lustprinzips, der Sperre gegenüber der Weiblichkeit im logischen Sinne, aufgefasst als Abwesenheit, Nicht-Existenz, Abgrund. Für die Grundregel spricht die mit ihr im Zusammenhang stehende Ethik der Analyse, der Sublimierung, ohne welche kein Zugang zur Dimension der Wahrheit erschließbar ist.
Bei diesen Widersprüchen kann man nicht stehenbleiben. Sie lassen sich zwar nicht wegdiskutieren, gelten aber nur für eine erste Zeit im Vorgang einer analytischen Kur. Am Beispiel des Ödipus-Komplexes lässt sich das veranschaulichen, denn in ihm treffen und konkretisieren sich alle kritisierten Punkte der Grundregel. Die Frage nach der Berechtigung der Grundregel lässt sich deshalb auch so stellen: Verhindert sie die Überwindung des Ödipus-Komplexes? Auch hier muss der klinischen Erfahrung ein gewichtiges Wort überlassen bleiben. Sie zeigt, dass die Einführung der Grundregel das Sprechen der Analysanten oft für lange Zeit auf die Person des Analytikers konzentriert. Aber der Fortgang des Sprechens führt manchmal weiter. Wenn der Analytiker dem nicht im Wege steht – wie oft hat Lacan betont, dass der Widerstand in einer analytischen Kur zuerst beim Analytiker zu suchen ist[14] –, kann der Analysant entdecken, dass die Grundregel nicht notwendigerweise dazu dient, um an ihr den Gehorsam oder den Ungehorsam zu demonstrieren, um mit dem Analytiker zu rivalisieren, um Machtproben zu inszenieren. Das Begehren des Analytikers ist hier entscheidend. Die Schwierigkeit besteht darin, dass es sich nicht erklären kann, es muss durch die Prüfung der Erfahrung hindurchgehen. Deshalb kann es keine Garantie geben, aus dem imaginären Spiel herauszukommen, sich dem Andern zu öffnen. Der Analytiker beabsichtigt nicht irgendeine Unterwerfung unter das Gesetz eines Vater-Rivalen, das sich in der Grundregel fortsetzte. Wenn es sich um die Annahme eines solchen Gesetzes handeln würde, müsste der Patient das akzeptieren und auf seine Ansprüche an die Erfüllung seines Verlangens, inkarniert in der Mutter, verzichten. Damit bliebe sie das begehrte, aber verbotene Objekt, und es gäbe keine Befreiung von diesem Gesetz, kein Hinausgehen über den Ödipus-Komplex. Genau dieser Schritt wird durch das Begehren des Analytikers ermöglicht. Dazu ist auf seiten des Patienten kein Rückzug angesichts von imaginären Kastrationsdrohungen nötig, kein Verzicht, kein versteckter Hass gegen den Vater-Rivalen und dessen Gesetz, das in der Grundregel seine

Fortsetzung fände, sondern eine Konfrontation mit dem inzestuösen Begehren. Die Bejahung der inzestuösen Wünsche führt zur Erkenntnis, dass der Inzest eine große Enttäuschung wäre, denn die Mutter ist nicht das Objekt, dessen Besitz alle Wünsche erfüllt; sie ist nicht das höchste Gut, sondern eine Frau wie die andern, die einen Mangel hat, der auf das unerreichbare und nicht existierende Reale hinweist, von dem die Mutter eine Repräsentantin ist wie jede andere Frau. Ebenso gibt es den allmächtigen, verbietenden Vater nicht. Es gibt ihn in der Imagination, um der Enttäuschung vorzubeugen, dass es das vollständige Objekt nicht gibt.

Wenn der Analysant diese Passage vollzieht, hat das Auswirkungen auf seine Beziehung zur Grundregel. Sie verliert ihren überichhaften Anschein, der ihn in einer masochistischen Position an den Analytiker bindet. So wie die Begegnung mit dem Leeren des Dings, der Absenz des vollen Objekts, den Patienten mit der Nichtigkeit des inzestuösen Begehrens konfrontiert, auch mit einer Art von Melancholie, die nichts Pathologisches an sich hat, sondern Ausdruck ist der Öffnung auf den Andern, erfährt er die symbolische Dimension der Grundregel, deren imaginäre Dimension für Momente einstürzt oder zumindest reduziert wird. Sie verliert den Sinn, den sie in der Intersubjektivität von Analysant und Analytiker hatte. Mit andern Worten, der Bezug zum imaginären, phallischen Objekt löst sich zugunsten einer Öffnung auf das Nicht-Existierende, Abwesende, Reale. Das Begehren bleibt nicht an die Transgression des Gesetzes, der Grundregel gebunden, es lockert die Verklammerung mit der »demande«, dem Verlangen, um dem Mangel, der Abwesenheit des vollen Objekts zu begegnen, der Leere. Diese Durchquerung der imaginären Dimension, die zur Erfahrung führt, dass es ein zweites Imaginäres gibt, das jenseits der Intersubjektivität situiert ist, von dem sich nichts sagen lässt, dauert nur kurze Zeit, hat aber die bleibende Wirkung, dass der vorherige Glaube an das volle Objekt subvertiert ist. Dieses verliert seine Faszination und Unwiderstehlichkeit und wird zum Träger des Begehrens, das zu einem geprüften geworden ist.

Hinzuzufügen bleibt, dass dieser Weg vom Überichhaften, Phallischen zur Öffnung des Nicht-Sinns nicht zu verwechseln ist mit der Position des Zwangsneurotikers, der so tut, als habe er von Anfang an die Sublimierung und die Befreiung vom väterlichen Gesetz erreicht. Er entzieht sich dabei der imaginären Seite der Kastration. Er hat nicht wirklich die Grenze des unendlichen

Genießens erreicht, die Melancholie, sondern er erweckt den Anschein, es wäre so, weil er der Rivalität ausweicht, statt durch diese hindurchzugehen. Der Bereich des Phallischen bleibt verdrängt oder versteckt hinter Täuschungsmanövern, vor allem hinter Bluff: Entsprechend präsentiert sich die Beziehung des Zwangsneurotikers zur Grundregel. Egal, ob er gehemmt ist im Artikulieren, oder ob er mit größter Brillanz formuliert, er kann es nicht sprechen lassen, sondern muss im Sprechen versuchen, den Andern zu kontrollieren. Auf diese Art kommt doch eine Imaginierung der Beziehung zum Analytiker ins Spiel, denn dieser muss unablässig auf der Hut sein, nicht getäuscht zu werden. Der Zwangsneurotiker nimmt die Gegenposition zum Perversen ein; dieser flüchtet in die Beziehung, jener vor der Beziehung. Dass es keinem gelingt, ist ihre Chance. Der Weg der analytischen Kur stellt kein Entweder-Oder dar, sondern ein Vermitteln des Endlichen mit dem Unendlichen, der Beziehung mit dem - Alleinsein, des Andern mit dem andern.
Nicht alle Analysanten gelangen bis zu diesem Punkt. Vielleicht gelingt dies erst nach Abschluss der endlichen Analyse. Was dem im Wege steht, ist die Erfahrung der Absenz des Objekts in einer Art von Melancholie.[15] Es fragt sich, ob diese Stimmung bedingt ist von der Trauer um den verlorenen Glauben an das phallische Objekt. Wäre es denkbar, dass diese »jouissance« (was sich hier kaum mit »Genießen« übersetzen lässt, eher mit einer abgründigen Stimmung), die Lacan mit dem Höllischen in Zusammenhang bringt, auf andere Art erfahren werden kann? Aus diesem abwesenden Ort steigt das Sprechen auf, das dann im Bereich des Phallischen strukturiert wird, auch die Musik. Was sich vernehmbar macht, ist nur in dem Maße melancholisch, als es die Spuren eines Verlusts trägt. Das Subjekt hängt am Phallischen, am Bereich des Sinns und möchte, dass auch das Reale ein erfülltes wäre. Wird nicht erst dadurch das Reale zum Höllischen, zum Ort des Horrors?
Noch einmal stellt sich die Frage nach der Grundregel, diesmal unter der Voraussetzung, dass das Begehren des Analytikers dem Realen gilt, dessen »Ort« er repräsentiert (eben darum gehört die Analyse zu den unmöglichen Tätigkeiten, wie Freud erkannte), dem Signifikanten, nicht dem Zeichen, dem Nicht-Sein, nicht dem Sein. Um dorthin zu gelangen, muss ein ganzes Feld durchschritten werden, dessen Begehung durch die Grundregel in die Wege geleitet wird. Die Realisierung des Begehrens kann nicht anders, als sich am Material abzuarbeiten. Diese Ant-

wort ist analog zu jener, die Levinas auf die Frage, welches die Beziehung zwischen dem Leben und den Büchern sei, gegeben haben soll: »Das Leben ist jenseits der Bücher, aber um dorthin zu gelangen, muss man sie lesen.«

Die Grundregel stellt die »pièce de résistance« dar, nicht nur des Analysanten, sondern auch des Analytikers. Dieser offeriert sie jenem. Sie weckt viele Illusionen; durch sie gelangt der Analysant zum Scheitern einer Hoffnung, die von Anfang an vergeblich war. Er wird die Grenzen der Zeichen und des Sinnes erfahren; das Unsagbare und der Nicht-Sinn wird sich ihm da öffnen, wo er auf sein Intimstes stößt, seine Eigenheit, die nur Differenz ist und die sich in seinen Aussagen verliert. Er wird die Grundregel als Falle des Analytikers erfahren, die buchstäblich zu Nichts führt. Aber diese Enttäuschung macht ihn empfänglich für den Signifikanten, für die uneinholbare Quelle seines Sprechens.

Dieser äußerste Punkt, wo sich der Mangel einstellt, ist zugleich der Moment, wo das Begehren nicht nur als Differenz zwischen Bedürfnis und Verlangen aufgefasst wird, sondern wo es sich auslöscht im Nicht-Sein. An dieser extremen Stelle schlägt das unsagbare Einzelne des Subjekts in sein Allgemeines um, das überall und nirgends, innen wie außen ist. Nach diesem privilegierten Moment folgt ein Wiederwollen des Sinnvollen, diesmal ohne abhängig zu sein von diesem Stein des Anstoßes, der Grundregel – ein Wiederbeginn, der vielleicht ohne Analytiker möglich ist.

ANMERKUNGEN

1 Freud spricht in: Zur Dynamik der Übertragung, GW VIII, S. 364 ff., erstmals explizit von der psychoanalytischen Grundregel. Ihr Wesen wird aber schon früher erwähnt; bzgl. der psychoanalytischen Technik erstmals in: Die Freudsche psychoanalytische Methode, GW V, S. 3 ff.

2 Freud, S.: Die psychoanalytische Technik; Stud.ausg., Ergänzungsband, S. 412.

3 —: Studien über Hysterie, GW I, S. 99.

4 —: ebd. S. 116.

5 Der Ausdruck »sujet-supposé-savoir« stammt von Lacan, der damit auf den Zusammenhang von Übertragung, Liebe und Wissen aufmerksam macht; vgl. dazu: Le Séminaire VIII (Le transfert), unveröffentl.

6 Lacan, J.: Le Séminaire XI (Les quatre concepts fondamentaux), p. 16; deutsch: Die vier Grundbegriffe der Psychoanalyse, S. 19.

7 s. dazu z.B. A. Albert: Le plaisir et la règle fondamentale, in: Scilicet, Nr.

6/7, p. 74 f.; sowie zahlreiche Hinweise in der 1. Nummer der Zeitschrift »apertura«, die die Grundregel zum Thema hat.

8 Freud, S.: Zur Psychopathologie des Alltagslebens; Fischer-TB-Ausgabe, S. 18 ff.

9 Lacan, J.: L'étourdit; in: *Scilicet,* Nr. 4, p. 5.

10 vgl. dazu die Arbeit von A. Albert, op. cit., p. 67 ff.

11 s. dazu die Anmerkung des Übersetzers von »Ecrits«, in: Schriften II, S. 15.

12 Lacan spricht oft vom »bien-dire« der Analyse, was sich mit »gut sprechen« nur schlecht übersetzen lässt, eher noch mit »das treffende Wort finden«, o.ä.

13 Reik, T.: Geständniszwang und Strafbedürfnis.

14 s. z.B. Lacan, J.: La direction de la cure et les principes de son pouvoir, in: Ecrits, p. 595; deutsch: Die Ausrichtung der Kur und die Prinzipien ihrer Macht, in: Schriften I, S. 184.

15 zum Konzept der Melancholie, s.: A. Juranville: Lacan et la philosophie, p. 428 ff.

NACHWORT ZUR NEUAUFLAGE

Zwischen der Fertigstellung des Manuskripts für den Fischer-Verlag und der Niederschrift dieses Nachworts für die vorliegende Neuerscheinung sind sieben Jahre vergangen – ein genügend großer Zeitabstand, der einen Blick aus Distanz auf Strukturierung und Inhalt dieses Buches erlaubt. Beim erneuten Durchlesen scheint mir die Ausrichtung am Begehren noch immer sinnvoll und dem Geiste des Lacanschen Denkens zu entsprechen. In der psychoanalytischen Kur bildet das Begehren das Herzstück ihrer Ethik, die es reflektiert. Dagegen ist mir deutlicher als zuvor geworden, dass viele Aussagen allzu skizzenhaft, wenngleich nicht unhaltbar in ihrem Inhalt geraten sind. Das gilt für zentrale Konzepte wie etwa das Symbolische, den Signifikanten, das Objekt, die Diskurse, den Borromäischen Knoten. Und natürlich hat sich in dieser Zeit auch das Feld, das von denen bearbeitet wird, die sich mit Lacans Werk beschäftigen, verändert: Im Bereich der deutschsprachigen Länder und Regionen sind neue Institutionen, neue Aktivitäten entstanden, während andere geschrumpft oder gar verschwunden sind.

Gerade weil so vieles ausführlicher oder neu darzustellen wäre, habe ich mich entschlossen, auf eine solche Arbeit, die ein Flickwerk würde, zu verzichten. Dies ist mir umso leichter gefallen, als eine Reihe von Publikationen, die seither erschienen sind, die notwendigen Erläuterungen, Differenzierungen und Diskussionen treffend leisten. Der Lacanismus ist in den deutschsprachigen Ländern nicht mehr am Anfang; es gibt bereits viele Arbeiten, die auch Züge einer eigenständigen Verarbeitung und Weiterführung erkennen lassen.[1] Das ändert allerdings nichts daran, dass der größer gewordene Korpus der Übersetzungen des Lacanschen Werks eine Grundlage hergibt, ohne die der Kreis derer, die sich auf dieses nach wie vor anspruchsvolle Denken eingelassen haben, kleiner wäre und weniger Rückhalt hätte.

Statt einer Ergänzungsarbeit möchte ich anhand eines zentralen Konzepts Lacans darstellen, in welche Richtung sich meine Lektüre seiner Lehre seither bewegt hat. Ausgangspunkt dafür ist seine Formel für das Phantasma $\$ \diamond a$.[2] In nuce enthält sie auch viele Aussagen, die er im Kontext seiner späteren Ausführungen zum Borromäischen Knoten wiederaufnimmt und weiterführt. Lacan hat die Mathematisierung innerhalb der psychoanalytischen Theorie, wie auch die Topologie, weit und auf eine sehr originelle Weise vorangetrieben. Darin widerspiegelt sich sein Bemühen, das was an Gesetzlichkeit feststellbar ist, also das Reale des Symbolischen, auf eine Weise festzuhalten, die mathematischem Denken entspricht. Dabei hat er den Besonderheiten der psychoanalytischen Erfahrungen insofern Rechnung getragen, als er sowohl in der Algebra wie auch in der Topologie Darstellungsmittel verwendet hat, die traditionelle Formen transzendieren. Vielleicht wird dies bei topologischen Figuren noch deutlicher als in seiner Algebra: Kleinsche Flasche, cross-cap, Innenacht, Möbiusschleifen, borromäische Verschlingungen weisen darauf hin, dass traditionelle Unterteilungen wie Innen-Außen, Vorher-Nachher transzendiert werden.[3] Im Bereich der Algebra lässt sich dies vielleicht am besten anhand der sog. Punze zeigen, welche die beiden Elemente des schräggestrichenen Subjekts und des Objekts verklammert.

DAS SUBJEKT $\$$

Damit sind wir also wieder bei der zu erörternden Formel $\$ \diamond a$. Darin ist das schräggestrichene Subjekt von der Signifikantenkette repräsentiert. »Ein Signifikant repräsentiert ein Subjekt für einen andern Signifikanten«, lautet Lacans Aussage dazu[4], und er erläutert sie mit dem Beispiel des in der Wüste gefundenen, mit Hieroglyphen beschriebenen Steins, der für den Finder solange unleserlich ist, als es ihm nicht gelingt, die Repräsentationszusammenhänge der Inschrift zu ergründen. In dieser Situation des Finders ist jedes Subjekt in der Frühzeit seines Lebens, wenn es Laute hört, die ihm zunächst unverständlich sind. Die sprachliche Ordnung und ihr Zusammenhang mit dem Handeln bildet hier das erste Gesetz, dem sich das Subjekt immer schon unterzogen hat, wenn es darüber nachdenkt.

Was aber ist das rohe Subjekt, das Subjekt vor der Sprache? Lacan spricht von »Diskontinuität im Realen«,[5] man könnte auch an das Bild einer Falte denken, deren leerer Ort empfänglich ist für die Berührung mit Signifikanten. Von ihm kann deshalb nur mythisch gesprochen werden, als einem Ort, der, im buchstäblichen Sinn, von der Repräsentation her, von der Signifikantenkette aus de-finiert ist. Anders gesagt: das Subjekt lässt sich nur als ausgegrenztes fassen; als repräsentiertes ist es nicht mehr das rohe, ungeformte Subjekt. Gleichwohl kann es nicht zu seinem Ursprung zurückkehren, da dieser Ursprung sich erst nach dem Sprung, nach der Situierung in der Signifikantenkette, als solcher erweist.

DAS OBJEKT A

Auch der andere Pol dieser Formel kennt diese Gedoppeltheit: Zum einen ist das Objekt *a* nicht etwas Existierendes, d.h. es ist nicht. Zum andern bilden sich wiederum in einer Bewegung der Negativität Phantasmen, welche diese Nicht-Existenz positivieren und den Kern dessen bilden, was Freud Realität nennt. Bleiben wir diesmal zuerst auf der Ebene des Seienden, der Darstellung. Die Objekte, die Lacan mit dem Buchstaben *a* versieht, sind Objekte des Triebs (Brust, Kot, Blick, Stimme).[6] Sie verkörpern das Sinnhafte für das Subjekt, das in ihnen eine Verankerung findet. Gäbe es weder Phantasmen noch Objekte des Triebs, fehlte dem durch die Signifikanten repräsentierten Subjekt eine Zentrierung; es wäre irgendwelchen Bewegungen ausgeliefert, die ihm jede Orientierungsmöglichkeit auf der Ebene der Signifikantenkette entzögen. Auf der andern Seite verheißen die Phantasmen eine Erfüllung; es scheint ihm, als könnte sein Begehren an ein Ende kommen. Dieser vermeintlichen Erfüllung stellt sich die Enttäuschung entgegen, dass sich entweder keine volle Befriedigung ergibt, oder dass das Subjekt sich darin verliert, für einen Moment verschwindet. In diesem Sinn kann selbst die erhoffte Befriedigung gefürchtet werden.

Das Nicht-Sein des Objekts *a* inkarniert sich in den Körperöffnungen, den erogenen Zonen, wie Freud sie nannte. Sie sind libidinisiert, was darauf hinweist, dass die Libido diffundiert und verschiedene Körperzonen besetzt. Was aber ist die Libido? Lacan hat Freuds späte Eros-Theorie wiederaufgegriffen und vor allem ihre Nicht-Existenz betont. Er spricht scherzhaft von einer "hommelette", die sich überall hin ausbreite, oder auch von einer Lamelle als einem negativen Organ.[7] Ein weiteres Bild dafür ist das des reinen Lebensinstinktes, der beim Brechen der Membrane des Eis, aus dem der Fötus hervorgeht, also lange vor der Geburt eines Menschenkindes, verlorengeht. Die Libido ist somit Entzug, Mangel, der sich mit demjenigen, den die Signifikantenkette durch ihre Repräsentativität einführt, addiert. In diesem Verlust liegt die Attraktivität des einen Subjekts für das andere begründet, aber auch die immer wieder überraschende Erfahrung, dass das andere Subjekt ebenfalls danach trachtet, den Mangel zu füllen.

Als Verlust des reinen Lebensinstinktes hat die Libido einen ausgezeichneten Bezug zur Zeit. Sie bewirkt die Endlichkeit des Subjekts. Da sich die Negativität der Libido fortpflanzt, ist sie zugleich Träger der Unsterblichkeit der Gattung, präziser: der virtuellen Unsterblichkeit der Gattung, (virtuell darum, weil die Menschen seit langem in der Lage sind, das was von Natur aus nicht dem Untergang geweiht ist, zu vernichten.) Auf der Ebene der Phantasmen führt sie zum Glauben an die volle Gegenwart, an den Stillstand der Zeit.

Die Libido ist eine ständige Quelle des Hasses. Dieser nimmt immer dann überhand, wenn der Bezug zum Andern des Symbolischen sekundär wird oder gar entfällt. Nur wenn die Libido gleichsam in Schach gehalten wird vom diesem Andern, wenn sie mit ihm legiert ist, jedoch dabei nicht überwiegt, wird sie zur Trägerin des Lebens. Da wo sie im hic et nunc die volle Erfüllung will, wirkt sie nicht nur einend, sondern zugleich zerstörend, tendiert sie zur Missachtung der Andersheit der andern, ja, sogar zu Gewalt. Im Zeugungsakt verschmelzen die Fruchtbarkeit, die destruktiven Aspekte, die Sterblichkeit des Subjekts und die Unsterblichkeit der Gattung. Das Endliche und das Destruktive sind im Unendlichen und Fruchtbaren aufgehoben. Das Subjekt stirbt symbolisch im Akt der Zeugung und hält zugleich die Gattung am Leben. Freud wusste von diesen Zusammenhängen, als er *Jenseits des Lustprinzips* schrieb; der Unterschied zu Lacan liegt darin, dass Freud unter Zuhilfenahme der Theorie Weißmanns von der Unsterblichkeit des Keimplasmas sprach, also noch eine positive Lebenssubstanz annahm, während Lacan diesen eigenartigen Mythos der Lamelle, des negativen Organs kreierte.

Zwischen dem Subjekt und dem Objekt *a* »ist« die Punze[8] – von diesem »ist« wird gleich zu sprechen sein. Zunächst betrachten wir diesen Rhombus etwas genauer; er ist aus vier Figuren zusammengesetzt, die in der formalen Logik von Bedeutung sind: »>« und »<« bedeutet »größer als«, bzw. »kleiner als«, während »^« und »v« die Konjunktionen »oder« und »und« wiedergeben. Übersetzt auf die Formel $\$ \diamond a$ heißt das, dass das schräggestrichene Subjekt sowohl kleiner als auch größer als das Objekt *a* ist, und dass es in einer Relation des »Oder« wie auch des »Und« zu ihm steht. Ist das nicht ein offensichtlicher Unsinn?
Mit dieser eigenartigen Figur will Lacan andeuten, dass die Punze etwas mit dem Realen zu tun hat, das außerhalb jeder Prädizierung liegt. »Größer«, »kleiner«, »und«, »oder«, sind demnach Bestimmungen, die aus diesem geheimnisvollen »Ort« (man muss auch diesen Term in Anführungszeichen setzen) hervorgehen, der sich diesen jedoch entzieht. Diese so unscheinbare Figur der Punze ist nichts anderes als das, was Freud seit der Aphasie-Arbeit thematisiert hat und was Lacan vor allem im Seminar über die Ethik der Psychoanalyse aufgegriffen hat: das Ding. Ebenso jenseits von Gut und Böse liegend, wird es doch immer wieder vor-gestellt; da es aber das Innerste des Subjekts selber ist – Lacan setzt es mit dem Signifikanten schlechthin gleich – ist es uneinholbar, es gehört nicht in die Reihe der Objekte.[9] Eher muss man darauf hinweisen, dass von ihm eine Wirkung ausgeht, die Subjekt und Objekt betrifft: es stiftet einen Zusammenhang zwischen ihnen, mithin eine Verbindung zwischen verschiedenen Registern, denn, wie gezeigt, gehört das Subjekt zum Symbolischen, das Objekt zum Imaginären.
Die drei Register, mit denen Lacan Freud liest, sind also in dieser Formel präsent: Die Punze repräsentiert die Instanz des Realen, die das Symbolische des Subjekts und das Imaginäre des Objekts miteinander verbindet, ohne sie andrerseits in ihrer Besonderheit im je Andern aufgehen zu lassen. Es ist somit möglich, von dieser einfachen Formel zur topologischen Figur des Borromäischen Knotens zu gehen[10]. Dieser spezifiziert dann die Art und Weise der Verklammerung des schräggestrichenen Subjekts mit dem Objekt: ohne das Reale wären sie ohne gegenseitigen Bezug.

Wenn vom Ding gesprochen wird, denkt man unwillkürlich an Kant; auch Freud hat sich auf ihn bezogen. Gleichwohl hat er im Entwurf, also dort, wo er am ausführlichsten dieses Konzept verwendet, es auf eine eigenständige Weise ins Spiel gebracht: Freud kümmert sich nicht sonderlich um die Kantsche Unterscheidung von Phänomenalem und Noumenalem; er situiert das Ding im Kern des Urteilsakts als das, was sich nicht prädizieren lässt, was mit sich identisch bleibt, was nicht auf bekannte Körper-Nachrichten zurückgeführt werden kann, kurz: was sich jeder Vergleichbarkeit entzieht und doch mitten im empirischen Bereich liegt.[11] Deshalb gehört es sowohl zum Realitäts- wie zum Lustprinzip, zum Primär- wie zum Sekundärprozess, zum Subjekt wie zum Objekt – und zu keinem zugleich. Das Ding bewirkt eine Andersheit inmitten des Ichs, dem System der Identifizierungen, so dass sich hier immer schon eine Fremdheit eingenistet hat, die dazu führt, dass das Subjekt sich selber nicht erfassen kann. Das Ding ist das Herzstück des Unbewussten, vor jeder Verdrängung.

Lacan hat zur Illustration des Dings auf Heideggers gleichnamigen Aufsatz hingewiesen;[12] darin erscheint der Krug als Metapher des Dings. Dieses liegt am Kreuzpunkt des Gevierts der Sterblichen und Unsterblichen, der Irdischen und der Himmlischen. Auch Lacan spricht vom Geviert des Dings; seine Diskursmatheme zeugen davon. Die vier Elemente sind das Objekt *a*, das Subjekt des Symbolischen $\$$, S_1 und S_2 als Pole der signifikanten Kette. Das Ding ist darin nicht namentlich erwähnt, es ist im Zwischen, in den Pfeilen dargestellt, welche die Elemente verbinden und trennen.

Im Vergleich zur hier diskutierten Formel scheinen aber doch Unterschiede vorhanden zu sein: $\$ \diamond a$ enthält drei Elemente, die Diskursmatheme dagegen vier; zählt man das Ding, also die Pfeile zwischen den Elementen auch dazu – was deshalb angebracht ist, weil die Punze ja auch gezählt wird – sind es gar fünf. Eine genauere Überlegung zeigt aber, dass diese fünf Elemente auch in unserer Formel impliziert sind: Das schräggestrichene Subjekt wird durch die signifikante Kette, S_1 und S_2, repräsentiert, die zu den drei andern Elementen dazukommen. Unsere Formel basiert somit auf der unausdrücklichen Voraussetzung der Sprachlichkeit des Subjekts. Wobei anzumerken ist, dass die Zählung des Dings, bzw. der Punze oder der Pfeile höchst problematisch ist, da sie nicht einer positivierbaren Größe entsprechen.

SYMPTOM UND PHANTASMA

Eben in dieser Nicht-Positivierbarkeit kann man die, oder zumindest eine Quelle von Phantasmenbildungen sehen. Da diese Instanz des Dings enigmatisch bleibt, arm an Bestimmungen, das Subjekt in ihm aber etwas Begehrliches sehen möchte, bietet es Anlass zu Phantasmen. Um im Bild des Krugs zu bleiben: sie entsprechen seinem Inhalt, der betörenden Wirkung des Weins, der verlockenden Süße des Honigs oder dem Senf des Kommentars. – Warum diese Vorsicht, wenn es darum geht, die Quelle der Phantasmenbildung zu ergründen? Es ist keineswegs zum vornherein ausgemacht, dass es nicht auch andere Ursprünge der Phantasmenbildungen als die Rätselhaftigkeit und Bestimmungsarmut des Dings gibt. So wird es sich noch zeigen, dass auch das Imaginäre, d.h. die Negativität der Libido, eine Quelle von Phantasmen ist.

Wie steht es mit dem Symptom, gibt das Ding nicht auch Anlass zu Symptombildungen? An der Metapher des Krugs lässt sich zeigen, dass das Verständnis des Symptoms im Vergleich zu demjenigen des Phantasmas einen erweiterten epistemologischen Zugang erfordert. Das Symptom anhand des Krugs erklären, ist darum nicht möglich, weil dessen Entstehung eine Reflexion des Subjekts über sich selber voraussetzt, so unbegriffen sie sein mag. Anders gesagt: das Symptom entsteht auf Grund eines durch die Wirkung des Symbolischen, genauer: durch die Identifizierung mit dem Namen-des-Vaters, S_1, bewirkten Abstandes, den das Subjekt zu sich selber gewinnt; wäre dieses nur in der Signifikantenkette repräsentiert, ohne von S_1 und S_2 synkopiert, rhythmisiert zu werden, bliebe es ohne eigene Möglichkeit zu Metaphorisierungen, es wäre vom langweiligen Verweisungszusammenhang der Signifikantenkette, von der puren Metonymie getragen. Der Name-des-Vaters, S_1, wird zum Zentrierungspunkt auf der Ebene des Symbolischen. Dieser ist jedoch nicht das Symptom; es entsteht erst durch den Akt der Metaphorisierung, ausgehend von S_1; wobei das Symptom auch andere Register als das Symbolische involviert, besser gesagt: dieses über seinen Herkunftsbereich, der verbalen Sprache, ausdehnt bis in den Körper, der auf diese Weise hysterisiert wird

und dessen Symptome entzifferbar werden. Um genau zu sein, muss hinzugefügt werden, dass viele Phantasmen ebenfalls diese durch den Namen-des-Vaters vermittelte Reflexion voraussetzen. Man kann sich jedoch vorstellen, dass die Phantasmenbildung vor jeder Entstehung eines Symptoms möglich ist, auf der Ebene des ungewussten Seins, zu dem das Subjekt keinen Abstand hat.
Lacan zufolge ist der die Anfänge der Psychoanalyse kennzeichnende Glaube an die Auflösbarkeit des Symptoms unhaltbar, da das Symptom dem Subjekt eine Verankerung gibt. So postuliert er, dass das Subjekt in der psychoanalytischen Kur lernt, mit seinem Symptom zu leben, sich mit ihm zu arrangieren. Er sieht in ihm etwas psychisch Reales am Werk, und so zeichnet er es durch eine besondere Schreibweise aus: le sinthome.[13] Man kann hierbei ebenso an Sünde (engl.: sin) wie an den Heiligen Thomas von Aquin denken – das »sinthome« ist dem Menschen ebenso heilig wie es Anlass zur Klage gibt.

DIE EIGENSCHAFTEN DER DREI REGISTER UND IHR ZUSAMMENWIRKEN

Einerseits bilden das Imaginäre, das Reale und das Symbolische, also die drei Register, die wir bereits in unserer Formel $\$ \diamond a$ vorfinden, eine trinitarische Einheit, andrerseits unterscheiden sie sich voneinander durch je eine besondere Eigenschaft.[14] Das Imaginäre ist das was bindet; in Freuds Spätwerk ist es der Eros als Gegenspieler des Thanatos, wobei Eros synonym mit Libido verwendet wird. Wie bereits gezeigt, ist bei Lacan die Libido als ein negatives Organ aufgefasst. Mathematisch gibt es dafür die sog. imaginäre Zahl, nämlich $\sqrt{-1}$. Das heißt, dass dieser Mangel unaufhebbar ist; von Anfang an ist dem menschlichen Leben etwas entwichen, was uneinholbar ist. Dieser Mangel ist das Abgründige der Phantasmen und der Objekte, die einen Schirm vor diesem Mangel bilden.
Das Symbolische ist dagegen – trotz seines Namens, der durch die erste Silbe an etwas Verbindendes denken lässt – das Trennende, organisiert um eine leere Mitte, dem Nullpunkt. Lacan betont deswegen das Trennende, weil erst durch seine Vermittlung ein Abstand zu den andern und zur Aussenwelt möglich wird. Durch das Symbolische erschließt sich die Welt für das Subjekt. Die Benennung ist dabei besonders wichtig, wobei die

Benennung des Subjekts noch einmal besondere Dimensionen zeigt, wie dies in den Ausführungen über das Symptom und das Phantasma – Stichwort Metapher des Subjekts – deutlich geworden ist. Das Symbolische basiert auf der Repräsentation; es hebt Abwesendes in die Anwesenheit. Damit eröffnet es Zeitdimensionen, die konstitutiv sind für Phantasien und Erinnerungen.

Das Reale ist das enigmatischste Register der Lacanschen Begrifflichkeit. Gewiss kann man sagen, es ist das, was eine Seiendheit behauptet; diese Bestimmung trifft aber nicht das Wesentliche, denn in diesem Sinne gibt es auch das Reale des Symbolischen (etwa ein ausgesprochenes Wort, dessen Intonation messbar ist) oder das Reale des Imaginären (z.B. eine Zeichnung). Weitere, oft genannte Bestimmungen sind »das Unmögliche« oder das, was immer am selben Platz ist. Strikte auf das Subjekt bezogen ist das Reale der Körper, der empfänglich ist für Einflüsse vom Imaginären und vom Symbolischen (woraus hervorgeht, dass die Verbindungen zwischen dem Realen einerseits, den andern beiden Registern andrerseits nicht nur einsinnig sind).

Im Vergleich zum Ding wird das Reale – borromäisch gedacht – bekanntlich mit einem eigenen Kreis dargestellt. Das Ding findet sich dagegen nirgends im Borromäischen Knoten. Wie in der Darstellung der Diskursmatheme, in denen das Ding ebenfalls in der Reihe der Elemente fehlt – es sei denn, man sehe in den Pfeilen zwischen den Elementen seine Zeichen – lässt es sich auch aus dieser topologischen Figur herauslesen, nämlich als Art und Weise der Verknüpfung der Register, als trennend-vereinheitlichendes Prinzip der Trinität. Vor Lacans Einführung der Topologie des Borromäischen Knotens findet sich bei ihm noch keine klare Unterscheidung zwischen dem Realen und dem Ding. Im Seminar *Die Ethik der Psychoanalyse* spricht er am Beispiel der Herstellung einer Vase von »creatio ex nihilo« und setzt dabei das Reale, das Ding, den Signifikanten und das Schöpferische gleich. Er weist damit auch auf das Geheimnisvolle hin, das der Kreativität innewohnt. Der letzte Grund der Fruchtbarkeit bleibt dem wissenden Zugriff entzogen, lässt sich mathematisch nicht mit einer Zahl ausdrücken.

Die drei Register treten nicht einzeln auf; das zeigt sich darin, dass sie als benannte im Symbolischen sind, als vorgestellte im Imaginären und als eine Wirklichkeit behauptend im Realen. Zu dieser Wirklichkeit gehört auch der je besondere Mangel, den jedes Register einführt: das Imaginäre das Uneinholbare, das

Symbolische die Differenz und das Reale die Unbestimmtheit. Diese drei Mängel sind in der Erfahrung schwierig voneinander abzugrenzen, da ja, wie die Figur des Borromäischen Knotens zeigt, die Register ineinandergreifen. Wie z.B. das Unbestimmte vom Uneinholbaren unterscheiden? Aus dieser Schwierigkeit resultieren Konfusionen, die dazu führen, das Ding als libidinöse Instanz aufzufassen. Als bindende Instanz kann die Libido jedoch nur dem Imaginären zugeordnet werden. Da dieses nicht allein auftreten kann, greift dieses negative Organ auch auf das Symbolische und das Reale über, ohne dass diese an sich libidinös wären. Dass solche Überschneidungen geschehen, ist evident. Man denke z.B. daran, dass der Sprachgebrauch, als Sprechen oder als Schreiben, sexualisiert werden kann; umgekehrt kann es auch geschehen, dass eine Szene, die sonst als erotisch empfunden wird, gleichgültig oder sogar abstoßend wirkt. Das Denken trifft hier auf eine Schwierigkeit, die Ursachen für solche Verschiebungen zu ergründen.

DIE EINS DES PHALLUS

Die drei Register des Borromäischen Knotens bilden zwar eine Einheit, das darin involvierte Subjekt weiß aber nichts davon. Es muss dieses Drinnensein sprengen, drauskommen, sich das äusserlich und fremd machen, womit es zuvor fraglos verwachsen war. Geleitet vom väterlichen Begehren sucht es deshalb einen Außenstandpunkt, der es mit seinem noch bestimmungslosen, vereinzelten und geschlechtlichen Sein konfrontieren wird. Von diesem Ort aus sucht es auf eine neue Art und Weise wiederzugewinnen, was es verloren hat, es konstituiert seine Realität im Modus des Habens, die zuvor dumpf war und ihm nun als eine verlorene erscheint, ausgestattet mit allen Prädikaten des Glücks und des Einsseins, aber auch der Gefangenschaft und tiefer Unwissenheit.

Dieses Einssein bildet fortan das Versprechen seiner Zukunft; das Subjekt sucht es in Liebe und Freundschaft, in eigener Identität und in Natürlichkeit. Das Zeichen dafür ist der Phallus. Er steht anstelle des unbestimmbaren, unquantifizierbaren Dings. Die Formel $\$ \diamond a$ lässt sich nun wie folgt schreiben: $\$ \overset{1}{\diamond} a$. Auf der Ebene der Realität, der Empirie bringt der Phallus – Signifikant der Aufhebung, Lacans tiefster Bestimmung zufolge[15] – seine unifizierende Macht zur Geltung; im Symbolischen als Antizipation erfüllten Seins, als einzigartige Metapher; im Imaginären als ungebrochenen Lebensfluss, volle Energie, als Potenz; und im Realen als sexuelles Verhältnis, als Komplementarität der Geschlechter – lauter Ideale also, die das Geheimnis des Dings in den Hintergrund treten lassen.

Schon die etymologische Verwandtschaft mit »faille«, »fallieren« weist jedoch daraufhin, dass der Phallus das Eine verfehlt – in jedem Register. In der symbolischen Dimension gibt es keine Metapher, die nicht in Frage gestellt, subvertiert, metonymisiert werden könnte. Jede Bestimmung im Symbolischen entsteht erst in einer differentiellen Ordnung, so wie jedes Subjekt nur Subjekt ist, weil es auch andere Subjekte gibt. Die leere Mitte des Symbolischen, die Null, gleichbedeutend mit dem, was Lacan im berühmten Tableau der Sexuierung[16] »symbolische Kastration« nennt, lässt sich durch den Phallus im Symbolischen nicht zum Verschwinden bringen. Dennoch weist Lacan darauf hin, dass dieser Zustand der Unkastriertheit einer Denknotwendigkeit entspricht, die ihren Ausdruck im Freudschen Mythos des Urvaters als dem Einen, Unkastrierten gefunden hat. Diese Ausnahmefigur bildet die Matrix der männlichen Identifizierung. Die Konflikte sind dabei vorprogrammiert, wenn es darum geht, dass Subjekte, die sich mit diesem Einen-Vater identifizieren, versuchen, miteinander zusammenleben. Ein Durchbrechen der Identifizierung mit dem phallischen Ideal ist unumgänglich, andernfalls sieht man nicht, wie eine gegenseitige Respektierung der Subjekte, ein Zusammenleben sonst möglich wäre.

In der imaginären Dimension vermag der Phallus als Organ der Potenz den Mangel der Libido nicht aufzufüllen. Es sind strukturelle Gründe, die für diese Unmöglichkeit maßgebend sind. Dieses Ungenügen ist andrerseits der Grund für die Wiederholbarkeit des sexuellen Aktes.

Und schließlich zeigt sich das Fallieren des Phallus besonders deutlich im Realen. Die Herstellung einer Eins auf der zwischenmenschlichen Ebene kommt einer Nichtung der Andersheit des andern Subjekts gleich, sei dies nun eines Kindes für die Mutter – auch ein Mann kann diesen Platz einnehmen – oder einer Frau für einen Mann. Freud sprach in diesem Zusammenhang von »Erniedrigung des Liebeslebens« (wobei dieser Ausdruck auf einen Einschub des Libidinösen ins Reale hinweist).

Ding und Phallus lassen sich nicht zum vornherein als Antagonismen auffassen – zunächst ist ihnen gemeinsam, dass sie nicht existieren. Zudem spricht Lacan von beiden als von Signifikanten; schließlich lässt sich vom Ding wie vom Phallus sagen, dass ihnen kein Signifikat zugehört, dass sie sich der vollen Signifizierung entziehen und somit immer wieder Anlass zu Metaphernbildungen geben. Das Gegensätzliche liegt darin, dass das Ding die Andersheit einführt, dessen Aufhebung der phallische Signifikant antizipiert. Diese Aussage genügt jedoch nicht zur begrifflichen Unterscheidung, die Lacan offen gelassen hat: *Indem der phallische Signifikant der Realität eine Konsistenz gibt, lässt sich von ihm sagen, dass er der Träger, Stifter, Signifikant der Zeichenordnung ist,* wobei der Zeichenbegriff hier so verwendet wird, wie Lacan von ihm, in Anlehnung an Peirce, Gebrauch machte: Ein Zeichen repräsentiert etwas für jemanden. *Dagegen ist das Ding der Signifikant der signifikanten Ordnung, der Signifikant der verbalen Signifikanten, in denen sich das Subjekt repräsentiert*. Die Instanz des Phallus, seine aufhebende Intention zielt auf das Empirische, auf die Realität ab. In diesem Sinne lässt sich sagen, dass der phallische Signifikant das Ding realisieren will, oder gar, dass das Ding den Phallus in die Realität »schickt«, um verwirklicht zu werden, auch wenn er es verfehlt (hier liegt der Ursprung der Sublimierung). In dieser Unterscheidung liegt auch beschlossen, dass der Phallus am Ursprung der Sexualität steht, die auf Objekte angewiesen ist, auch der Sachvorstellungen und der Übertragung, während das Ding diesseits der Objektbezüge situiert ist und sich in den verbalen Signifikanten – Freud sprach von Wortvorstellungen – repräsentiert.

In dieser begrifflichen Unterscheidung liegt die Gefahr beschlossen, Ding und Phallus als völlig getrennt aufzufassen. Sowohl vom einen wie vom andern lässt sich jedoch nur sprechen, wenn sein Gegenpart miteinbezogen wird: Die phallokratische Ordnung wird vom Signifikanten des Dings subvertiert; andrerseits bleibt dieses ohne den Signifikanten des Phallus außerhalb der Intersubjektivität situiert.

Dass diese Erfüllung des Dings nicht gelingt, ist zunächst das Problem des Mannes, der insofern eine umfassendere, »ganzheitlichere« Beziehung zum Phallus hat, als sich bei ihm die anatomischen Gegebenheiten mit dem Symbolischen liieren, genauer gesagt: mit dessen leeren Mitte, die durch den Phallus positiviert wird. Was Freud Genitalität nennt, verdankt sich der Konjunktion von symbolischer Ordnung mit dem männlichen Geschlecht. Wobei die Genitalität im Sinne Freuds bereits ein Ausdruck der Prüfung des Mangels ist, der den Mann dazu bewegt, die Anerkennung der andern zu suchen. Das ändert nichts daran, dass das Haben des Phallus die Matrix des Männlichkeitsideals bleibt.

Aufgrund ihrer andern anatomischen Gegebenheiten hat dagegen die Frau eine privilegierte Beziehung zum Nicht-Totalisierbaren; auch das Unsichtbare hat eine größere Affinität dazu als das Sichtbare. Vom Symbolischen her gedacht, kreist dieses nicht um die Positivität eines sichtbaren Organs, sondern um dieses Uneinholbare des durch die Libido bewirkten Mangels – mit dem Resultat einer größeren Ungewissheit des eigenen Seins. Die Frage des Genießens stellt sich für sie anders. Ihr Geschlecht ist nicht in derselben Weise mit der symbolischen Ordnung liiert, es ist nicht positivierbar, »pas-toute«, wie Lacan sagt. Das Unifizierende der phallokratischen Ordnung hat für das weibliche Geschlecht gleichwohl Gültigkeit: als Anspruch des Mannes, als Verlangen nach dem Phallus-Sein für ihn. Als Mutter situiert es sich ebenfalls in der phallokratischen Ordnung; »ihr« Kind verhilft ihr zum begehrten Sein, das sie ohne es als ein reduziertes, oder zumindest als ein reduzierteres empfindet. Weil beide Geschlechter im Symbolischen situiert sind, wenn auch in unterschiedlicher Weise, dessen Positivierung andrerseits an der Wurzel dessen steht, was man »männlich« nennt, was gleichbedeutend mit »existierend« ist, so haben beide physischen Geschlechter Zugang zu dieser Männlichkeit, die man eine symbolische oder eine kulturelle nennen könnte. Auch der Zugang zum Imaginären ist nicht geschlechtsspezifisch. Da jedoch das Imaginäre für sich nicht existiert, wird es zum Ort der Weiblichkeit – eine Weiblichkeit, die wiederum für beide physische Geschlechter gilt. Hier findet man übrigens die Begründung dafür, warum Lacan im Tableau der Sexuierung das Objekt *a* auf der rechten, weiblichen Seite plaziert, obwohl es doch an sich gar nichts mit der Weiblichkeit im physischen Sinn zu tun hat.[17] Warum hat er dort nicht das Ding plaziert? Zwei Antworten drängen sich auf: Zum einen situiert er die Weiblichkeit innerhalb, inmitten der (löchrigen) Empirie, als logischen, dennoch uneinholbaren Gegenpol zum Männlichen des Symbolischen; das Ding transzendiert dagegen die Empirie. Sodann fasst er Ding und Phallus, also die vertikale Achse in unserem

Vierer-Schema, als vor jeder Sexuierung liegend auf. In diesem Sinne betont Lacan immer wieder, dass der Phallus nicht per se männlich ist, so wenig wie das Ding weiblich.[18] Ding und Phallus generieren somit im Zusammenspiel mit dem Symbolischen und dem Imaginären die beiden – asymmetrischen – Pole der Männlichkeit und Weiblichkeit. Das Objekt *a* ist der imaginäre Gegenpol zum Symbolischen, und da dieses an die Ordnung des Existierenden gebunden ist, jenes an die »Ordnung« der Nicht-Existenz, polarisieren sich diese beiden Pole entsprechend den »natürlichen« Gegebenheiten. Das bedeutet zugleich, dass »männlich« und »weiblich« logisch vermittelte Bestimmungen sind und keine unmittelbaren Folgen der unterschiedlichen anatomischen Gegebenheiten.

WISSEN UND WAHRHEIT

Kehren wir noch einmal zur Formel $ ◇ a zurück. Die beiden Pole lassen sich auch der Dichotomie von Wissen und Wahrheit zuordnen. In der Kette der Signifikanten situiert und von ihr repräsentiert, ist das Subjekt Subjekt des Wissens. In der Übertragung, wenn es also darum geht, das Objekt *a* zu artikulieren, wendet es sich an das »sujet-supposé-savoir«, an das Subjekt, dem es Wissen unterstellt. Gewiss geht es in der analytischen Kur um Wissen, dieses enthält seine Bedeutung aber erst im Kontext der Wahrheit. Sie ist, wie das Objekt *a*, uneinholbar. Mit der Wahrheit ist das Subjekt nie fertig.

Die Wahrheit als nie ganz einholbare – dialektisch gewendet ist das die Wahrheit – hat zur Folge, dass das Weibliche, wie auch das Ding, einen Bezug zur Wahrheit haben. Die Phallizität des Männlichen verfehlt dabei das Nicht-Totalisierbare der Feminität, grenzt dabei ihr anderes Genießen aus. In die Dimension der Zeit gewendet besagt das, dass die Wahrheit des Andern stets noch aussteht. Das Wissen erfährt sich immer wieder als desorientiert, setzt zu neuen Entdeckungen an, wie dies exemplarisch in den Werken Freuds und Lacans lesbar ist und wie dies immer wieder in jeder analytischen Kur geschieht.

Geistesgeschichtlich gesehen sind Wissen, Phallizität, Unizität aus dem griechischen Denken hervorgegangen, Wahrheit, im Sinne von Enthüllung des dem Subjekt Verborgenen, dagegen aus den Offenbarungsreligionen. Die Psychoanalyse nimmt beide Strömungen in sich auf; lässt sie nur das Phallische gelten, so kommt sie nicht über das Denken des durch das Objekt *a* bewirkten Mangels hinaus. Die Kur wird dann zu einem Hin und Her zwischen phallischen Ansprüchen und den immer wieder sich einstellenden Erfahrungen ihres Scheiterns; es bleibt ohne Reflexion ihrer Bedingungen. Wird ihre Praxis dagegen eine religiöse, so bleibt sie im Gefühlshaften, Nebulösen stecken, sofern sie nicht in einen Dogmatismus kippt und aus dem Unbestimmten des Dings ein fixes Konzept macht. Die Psychoanalyse muss diese Spannung zwischen Wissen und Wahrheit ertragen, ja, sich in Theorie und Praxis in sie vertiefen, durch geduldiges Studieren, durch Aufmerksamkeit für die Einfälle des Sprechens, deren Herkunft sich der Vorhersagbarkeit entzieht.

ANMERKUNGEN

1 Gondek Hans-Dieter, *Angst Einbildungskraft Sprache. Ein verbindender Aufriß zwischen Kant – Freud – Lacan*; Boer, München, 1990
Gondek Hans-Dieter, Widmer Peter (Hg.), *Ethik und Psychoanalyse. Vom Kategorischen Imperativ zum Gesetz des Begehrens: Kant und Lacan*; Fischer TB, 1994
Haas Norbert, Nägele Rainer, Rheinberger Hans-Jörg (Hg.), *Im Zuge der Schrift*; Wilhelm Fink Verlag, München, 1994
Heim Robert, *Die Rationalität der Psychoanalyse*; Stroemfeld/nexus, Basel, 1993
Michels André, Müller Peter, Widmer Peter (Hg.), *Eine Technik für die Psychoanalyse?* Königshausen und Neumann, Würzburg, 1993
Müller Wolfgang W., *Das Symbol in der dogmatischen Theologie. Eine symboltheologische Studie anhand der Theorien bei K. Rahner, P. Tillich, P. Ricoeur und J. Lacan*; Peter Lang, Bern, Frankfurt M., Paris, New York, 1990
Prasse Jutta, Rath Claus-Dieter (Hg.), *Lacan und das Deutsche. Die Rückkehr der Psychoanalyse über den Rhein*; Kore, 1994
Ruhs August, Seitter Walter (Hg.), *Auflösen, Untersuchen, Aufwecken. Psychoanalyse und andere Analysen*; Passagen, Wien, 1994
Schillmöller Gerd, Posch Peter (Hg.), *Der Platz des Psychoanalytikers*, Freiburg, 1994
Schmid Michael (Hg.), *Zur Frage der Transmission (in) der Psychoanalyse*; RISS-Materialien 1, Zürich, 1995
Sturm Martin, Tholen Georg Christoph, Zendron Rainer, *Phantasma und Phantome. Gestalten des Unheimlichen in Kunst und Psychoanalyse*; Katalog der Ausstellung des Offenen Kulturhauses des Landes Ober-Österreich, Linz, 1995

Taureck Bernhard H.F. (Hg.), *Psychoanalyse und Philosophie. Lacan in der Diskussion;* Fischer TB, Frankfurt M., 1992

Außerdem Arbeiten in den Zeitschriften RISS, Wo Es war, Diskurier, texte, Luzifer-Amor, PSYCHE u.a.

2 s. dazu die Fischer-TB-Ausg. S. 62 f.; hier S. 64. f.

3 s. dazu Jeanne Granon-Lafont, *La topologie ordinaire de Jacques Lacan*; Point hors ligne, Paris, 1985

4 s. dazu Fischer TB-Ausg., S. 54 ff. und die dazugehörigen bibliographischen Angaben; hier S. 54 f.

5 ebd., S. 53; hier S. 53.

6 ebd., S. 84 ff.; hier S. 87 ff.

7 ebd.

8 ebd., S. 63; hier S. 64.

9 vgl. dazu Jacques Lacan, *Le séminaire VII, L'éthique de la psychanalyse*, chap.IV et V , ed. du Seuil, Paris, 1986; dt.: *Seminar VII, Die Ethik der Psychoanalyse*; übersetzt von Norbert Haas; Quadriga, Weinheim und Berlin, 1996, Kap. IV und V, sowie Alain Juranville, *Das lacanianische Ding;* in : RISS-Extra 1, Zürich, 1994; Peter Widmer, Einleitung zu *Ethik und Psychoanalyse* ... , op. cit.

10 s. dazu Fischer TB-Ausg., S. 145 ff.; hier S. 153 ff.

11 s. dazu S. Freud, *Entwurf einer Psychologie*; in: Nachtragsband, S. 423, 426, 429

12 s. dazu M. Heidegger, *Das Ding*, in: »Vorträge und Aufsätze", Neske, Pfullingen, 1954, S. 157 ff.

13 Dies ist auch der Titel von Lacans Seminar XXIII, op. cit.; s. dazu auch S. Žižek, *Liebe Dein Symptom wie Dich selbst*; Merve, Berlin, 1991

14 vgl. dazu J.C. Milner, *Les noms indistincts;* op. cit.

15 *Die Bedeutung des Phallus*, op. cit., S. 128

16 vgl. dazu *Sém. XX*, op. cit., p. 73; dt. S. 85

17 ebd.

18 Hier lässt sich präzisieren, dass noch im *Seminar VII* das Ding mit der Weiblichkeit gleichgesetzt wird; ebenfalls muss festgestellt werden, dass der späte Lacan das Konzept des Dings kaum mehr verwendet. Vgl. zu dieser Problematik Alain Juranville, *Das lacanianische Ding*, in: RISS-Extra 1, Zürich, 1994, S. 33 ff.

BIBLIOGRAPHISCHE ANGABEN

A) TEXTE VON JACQUES LACAN

Ecrits, Seuil, Paris, 1966

Les Séminaires:

— Livre I. Les écrits techniques de Freud (1953-1954), Seuil, Paris, 1975
— Livre II. Le moi dans la théorie de Freud et dans la technique de la psychanalyse (1954-1955), Seuil, Paris, 1978
— Livre III. Les psychoses (1955- 1956), Seuil, Paris, 1981
— Livre VII. L'éthique de la psychanalyse (1959 – 1960), Seuil, Paris, 1986
— Livre XI. Les quatre concepts fondamentaux de la psychanalyse (1963-1964), Seuil, Paris, 1973
— Livre XX. Encore (1973 – 1974), Seuil, Paris, 1975
— Livre XXII. R. S. I. (1974-1975), in: *Ornicar,* Nr. 2-5, Paris, 1975/1976
— Livre XXIII. Le sinthome (1975-1976), in: *Ornicar,* Nr. 6-11, Paris, 1976/1977
— Livre XXIX. L'insu que sait de l'une-bévue s'aile à mourre (1976-1977), in: *Ornicar,* Nr.12/13-17/18, Paris, 1977/1978

Diese veröffentlichten Texte wurden bearbeitet und herausgegeben von Jacques-Alain Miller.

Weitere veröffentlichte Texte:

Proposition du 9 octobre 1967 sur le psychanalyste de l'Ecole; in: *Scilicet,* Nr. l, Seuil, Paris, 1968
Radiophonie, in: *Scilicet,* Nr.2/3, Seuil, Paris, 1970
Discours à l'EPF, in: *Scilicet,* Nr.2/3, Seuil, Paris, 1970
L'étourdit, in: *Scilicet,* Nr.4, Seuil, Paris, 1973
... ou pire (compte rendu), in: *Scilicet,* Nr.5, Seuil, Paris, 1975
Conférences et entretiens dans des universités nord-américaines, in: *Scilicet,* Nr.6/ 7, Seuil, Paris, 1976
Télévision, Seuil, Paris, 1974
»De la psychose paranoiaque dans ses rapports avec la personnalité«, suivi de »Premiers écrits sur la paranoia«, Seuil, Paris, 1975
Lacan in Italia, La Salamandra, Milano, 1978
Le mythe individuel du nevrosé, in: *Ornicar,* Nr.17/18, Paris, 1979
Séminaire de Lacan à Caracas, in: *L'Ane,* Nr.1, Paris, 1981
Weitere bibliographische Angaben finden sich in: *PSYCHE,* Nr.10, 1980

Nicht veröffentlichte Seminare:

— Livre V. Les formations de l'inconscient (1957-1958)
— Livre VI. Le désir et son interprétation (1958-1959)
— Livre VIII. Le transfert (1960-1961)
— Livre IX. L'identification (1961-1962)
— Livre X. L'angoisse (1962-1963)
— Livre XII. Problèmes cruciaux de la psychanalyse (1964-1965)

— Livre XIII. L'objet de la psychanalyse (1965-1966)
— Livre XIV. La logique du fantasme (1966-1967)
— Livre XVI. D'un autre à l'Autre (1968-1969)
— Livre XVII. L'envers de la psychanalyse (1969-1970)
— Livre XVIII. D'un discours qui ne serait pas du semblant (1970-1971)
— Livre XIX. ... ou pire (1971-1972)
— Livre XXI. Les non-dupes errent (1973-1974)

B) DEUTSCHE ÜBERSETZUNGEN

Schriften I, II, III. Walter, Olten und Freiburg, und Quadriga, Weinheim und Berlin, 1973, 1975, 1980

Seminare:

Nr.1. Freuds technische Schriften. Walter und Quadriga, Weinheim und Berlin, 1978

Nr. 2. Das Ich in der Theorie Freuds und in der Technik der Psychoanalyse. Walter und Quadriga, Weinheim und Berlin, 1980

Nr. 11. Die vier Grundbegriffe der Psychoanalyse. Walter und Quadriga, Weinheim und Berlin, 1978

Nr. 20 Encore. Quadriga, Weinheim und Berlin, 1986

Alle diese Übersetzungen wurden von Norbert Haas, bzw. von Norbert Haas und Hans-Joachim Metzger herausgegeben. Dies gilt ebenfalls für folgendes Werk:

Radiophonie. Television. Quadriga, Weinheim und Berlin, 1988

Weitere Übersetzungen

Beim Lesen Freuds, in: *Der Wunderblock,* Nr. 1, Berlin 1978

Der Individualmythos des Neurotikers, in: *Der Wunderblock,* Nr.5/6, Berlin 1980

Eine »Lacansche« Psychose, in: *Der Wunderblock,* Nr. 11/12, Berlin 1984

Das Begehren zu schlafen, in: *Der Wunderblock,* Nr. 13, Berlin 1985

Vorschlag vom 9. Oktober 1967 (Auszug), in: *Der Wunderblock,* Nr. 14, Berlin 1986

Das Symptom, in: *RISS,* Nr. 1, Zürich, 1986

Psychoanalyse und Medizin, in: Wo *Es war,* Nr. 1, Ljubliana, 1986

Hamlet, in: Wo *Es war,* Nr. 2, und 3/4, Ljubliana, 1986 u. 1987

C) TEXTE VON S. FREUD

Gesammelte Werke, Bde. I-XIX, S. Fischer, Frankfurt a. M.

Aus den Anfängen der Psychoanalyse. S. Fischer, Frankfurt a. M., 1975

Briefe an Wilhelm Fließ, S. Fischer, Frankfurt a. M., 1985

Zur Auffassung der Aphasien, eine kritische Studie. F. Deuticke, Leipzig und Wien, 1891

D) WEITERE ANGABEN ÜBER VERWENDETE LITERATUR

(Französische Literatur wird nur aufgeführt, wenn sie erwähnt wird.)

Albert, A.: Le plaisir et la règle fondamentale, in: *Scilicet,* Nr.6/7, Seuil, Paris, 1976

apertura, Zeitschrift für Psychoanalyse, Nr. 1, Springer, 1987

Bataille, L.: Das Begehren des Analytikers und das Begehren, Analytiker zu sein, in: *Der Wunderblock,* Nr.15, Berlin, 1986

— : Der Nabel des Traums. Quadriga, Weinheim und Berlin, 1988

Borens, R.: Die Frage der Autorschaft und das Begehren der Frau bei Homer, in: *RISS,* Nr. 1, Zürich, 1986

— : Deutung der Üertragung oder Deutung in der Übertragung? in: *RISS,* Nr.7, Zürich, 1988

Brotbeck, S.: Sujet en souffrance, in: *RISS,* Nr.7, Zürich, 1988

Cottet, S.: Freuds Übertragung, in: Wo *Es war,* Nr. 1, Ljubliana, 1986

Chemama, R.: Einige Überlegungen zur Zwangsneurose, ausgehend von den »Vier Diskursen«, in: *Der Wunderblock,* Nr.5/6, Berlin, 1980

— : Über die Deutung oder die Prüfung durch den Signifikanten, in: *RISS,* Nr.3, Zürich, 1986

David-Ménard, M.: Das inszenierte Begehren. Über die hysterische Darstellung, In: *RISS,* Nr.4, Zürich, 1987

Dolto, F.: Der Fall Dominique; Suhrkamp, Frankfurt, 1973

— : Das unbewusste Bild des Körpers, Quadriga, Weinheim und Berlin, 1987

Fehr, J.: Das Unbewusste und die Struktur der Sprache, Diss., Zürieh, 1988

Fehr, J./Sträuli, D.: Das Wichtigste ist das N, oder der Unterschied zwischen Signifikant und Signifikat, in: *RISS,* Nr. 2, Zürich, 1986

Fenichel, O.: The symbolic equation: Girl = Phallus, in: *Psychanalytic Quarterly,* 1949, XX, Bd.3

Gallas, H.: Kleists »Penthesilea« und Lacans vier Diskurse, in: *Der Wunderblock,*Nr.10, Berlin, 1983

Gondek, H. D.: Traum, Trauma, Schuld, in: *Wo Es war,* Nr.3/4, Ljubliana, 1987

Groddeck, G.: Das Buch vom Es, Limes, Wiesbaden 1961

Haas, N.: Fort/da als Modeli, in: *ZETA* 02, Berlin

— : Zu Jacques Lacans Diskursmathemen, in: *Der Wunderblock,* Nr.5/6, Berlin, 1980

— : Lessings »Emilia« in: *Der Wunderblock,* Nr.7, Berlin, 1981

Hegel, G. W. F.: Phänomenologie des Geistes, Suhrkamp, Frankfurt, 1970

Heidegger, M.: Unterwegs zur Sprache, Neske, Pfullingen, 1959

— : Vorträge und Aufsätze, Neske, Pfullingen, 1967

Heim, R.: Lorenzer und/oder Lacan, in: *PSYCHE,* Nr.10, 1980

Hommel, S.: Die Erniedrigung des Begehrens zum Anspruch, in: *Wo Es war,* Nr. 1, Ljubliana, 1986

— : Wo es war, soll ich werden, in: *Wo Es war,* Nr. 2, Ljubliana, 1987

— : Die Deutung geht, im mathematischen Sinne, von der Kombinatorik aus, in: *Wo Es war,* Nr. 3/4, Ljubliana, 1987

Israël, L.: Die unerhörte Botschaft der Hysterie, München, 1983
— : Bitte und Wunsch, in: *RISS*, Nr. 2, Zürich, 1986
Jakobson, R.: Aufsätze zur Linguistik und Poetik, Ullstein, Frankfurt, 1979
Jones, E.: Das Leben und Werk von Sigmund Freud. Huber, Bern u. Stuttgart, 1960
— : Papers on Psycho-Analysis, Beacon Press, Boston, 1961
Juranville, A.: Lacan et la philosophie, PUF, Paris, 1984
— : Das lacanianische Ding, in: *RISS*, Nr.4 und 5, Zürich, 1987
Kaltenbeck, F.: Verweigern des Anspruchs, in: *Wo Es war*, Nr.1, Ljubliana, 1986
— : Vom Anspruch zum Begehren, in: *Wo Es war*, Nr.2, Ljubliana, 1986
— : Zu Jacques Lacans Lehre vom psychoanalytischen Akt, in: *Wo Es war*, Nr.3/4,Ljubliana, 1987
Kant, I.: Kritik der reinen Vernunft, Suhrkamp, Frankfurt, 1974
Kress-Rosen, N.: Das Geschlecht der Hysterischen, in: *RISS*, Nr.2, Zürich, 1986
Lacan lesen, in: *Der Wunderblock*, Sondernummer 1, mit Beiträgen von N. Haas, M. Frank, F. Kaltenbeck, L. Mai, P. Müller, J. Prasse, Berlin, 1978
Lang, H.: Die Sprache und das Unbewusste, Suhrkamp, Frankfurt, 1.Aufl., 1973
— : Zum Verhältnis von Strukturalismus, Philosophie und Psychoanalyse, konkretisiert am Phänomen der Subjektivität, in: *Tijdschrift voor Filosofie*, Nr.4, 1976
— : Freud – ein Strukturalist? in: *PSYCHE*, Nr.10, 1980
Lang, H.: Der Zwangsneurotiker als »gehemmter Rebell«, in: *PSYCHE*, Nr.11, 1986
Laurent, E.: Die Passe, in: *Wo Es war*, Nr.3/4, Ljubliana, 1987
Leclaire, S.: Der psychoanalytische Prozess. Walter, Olten u. Freiburg, 1971
— : Das Reale entlarven. Walter, Olten u. Freiburg, 1976
Lefort, R. und R.: Die Geburt des Andern. Klett-Cotta, Stuttgart, 1986
Lévi-Strauss, C.: Les structures élémentaires de la parenté, Paris, 1969
— : Das Ende des Totemismus, Suhrkamp, Frankfurt, 1965
— : Mythologica, Suhrkamp, Frankfurt, 1976
Lipowatz, T.: Diskurs und Macht, Guttandin und Hoppe, Marburg, 1982
— : Die Verleugnung des Politischen, Quadriga, Weinheim und Berlin, 1986
— : Der Name-des-Vaters, in: *RISS*, Nr.3, Zürich, 1986
— : Vom Über-Ich, in: *RISS*, Nr.6, Zürich, 1987
Mai, L.: Zu den vier Diskursmathemen, in: *Der Wunderblock*, Nr.10, Berlin, 1983
Mannoni, M.: Ein Ort zum Leben. Die Kinder von Bonneuil, Syndikat, Frankfurt, 1978
— : Das zurückgebliebene Kind und seine Mutter, Walter, Olten und Freiburg, 1972
— : Der Psychiater, sein Patient und die Psychoanalyse, Syndikat, Frankfurt 1982
Michels, A.: Über den Primärprozess, in: *RISS*, Nr. 3, Zürich, 1986
Miller, J.-A.: Von einem andern Lacan, in: *RISS*, Nr. 2, Zürich, 1986
— : Matrize, in: *Wo Es war*, Nr. l, Ljubliana, 1986

— : K. U. Ue, in: *Wo Es war,* Nr. 3/4, Ljubliana, 1987
— : U. Ansermet, F.: Gespräch über die Herstellung des Textes des Seminars von J. Lacan, in: *Der Wunderblock,* Nr. 15, Berlin, 1986
Milner, J. C.: Les noms indistincts, Seuil, Paris, 1983
Mooi, A. W. M.: Der symbolische Vater, in: *Der Wunderblock,* Nr.16, Berlin, 1987
Mitscherlich, A. und M.: Auf dem Weg zur vaterlosen Gesellschaft, München, 1963
Ovid: Metamorphosen, Goldmann, München, 1981
Pommier, G.: D'une logique de la psychose, Point hors ligne, Paris, 1983
Prasse, J.: Der blöde Signifikant und die Schrift, in: *Der Wunderblock,* Nr.9 und 10, Berlin 1983
PSYCHE, Nr.10,1980: Lacan-Bibliographie
Reik, T.: Geständniszwang und Strafbedürfnis, Int. Psychoanalyt. Verlag, 1925
Rivière, J.: La féminité en tant que mascérade, in: *La Psychanalyse,* Nr.7, PUF, 1964
Ruhs, A.: Die Schrift der Seele, in: *PSYCHE,* Nr.10, 1980
— : Der Mythos der Tiefe, in: *RISS,* Nr.3, 1986
de Saussure, F.: Grundfragen der allgemeinen Sprachwissenschaft, de Gruyter, 1967
Schaetzel, J. C.: Das Konzept der endlichen Analyse, in: *RISS,* Nr.4, Zürich, 1987
Schindler, R.: Vom Festgewachsenen, in: *RISS,* Nr.7, Zürich, 1988
Schmeiser, L.: Cartesianische Reflexionen, in: *RISS,* Nr.5, Zürich, 1987
Schreber, D. P.: Denkwürdigkeiten eines Nervenkranken. Ullstein, Frankfurt, 1973
Schrübbers, C.: Der Spiegel, *in: fragmente,* Nr.5, Kassel, 1987
Schulz-Keil, H.: Auch eine Genese des Unbewussten, in: *Wo Es war,* Nr. 1 und 3, Ljubliana, 1986
Sechehaye, M.: Tagebuch einer Schizophrenen, Suhrkamp, Frankfurt, 1973
Seifert, E.: Was will das Weib? Quadriga, Weinheim und Berlin, 1987
Seitter, W.: Lacan und ..., Merve, Berlin 1984
— : Die Königin als Ausweg aus der vaterlosen Gesellschaft, in: *Der Wunderblock,* Nr.14, Berlin, 1986
Sonnemann, U.: Negative Anthropologie, Rowohlt, Reinbek, 1969
Stingelin, M.: La théorie, elle aussi brûle nos étapes, in: *RISS,* Nr.7, Zürich, 1988
Sträuli, D.: Das Ich und das Gebilde, in: *RISS,* Nr.5, 1987
Tholen, C. G.: Wunsch-Denken, Kasseler Philosophische Schriften, 1986
Turnheim, M.: Der Unglaube in der Psychose, in: *Wo Es war,* Nr.1, Ljubliana, 1986
— : Über den Todestrieb, in: *Wo Es war,* Nr.2, Ljubliana, 1986
— : Das Genießen in der Psychose, in: *Wo Es war,* Nr.3/4, Ljubliana, 1987
Weber, S.: Rückkehr zu Freud. Ullstein, Frankfurt, 1978
— : Freud-Legende, Walter, Olten und Freiburg, 1979
— : Vorwort zu D. P. Schrebers »Denkwürdigkeiten eines Nervenkranken«, Ullstein, Frankfurt, 1973

— : Der Schwindel. Zur Frage der Angst bei Freud, in: *RISS*, Nr.5, Zürich, 1987

Widmer, E.: Kastration und Inzestverbot bei Françoise Dolto, in: *RISS*, Nr.5, Zürich, 1987

Widmer, P.: Medizinischer, psychotherapeutischer und psychoanalytischer Diskurs, in: *PSYCHE*, Nr.3, 1983

— : Ein verkanntes Objekt: Die Stimme, in *texte*, Nr.4, Innsbruck 1983

— : Ein schwieriger Begriff: die Kastration, in: *texte*, Nr.2, Innsbruck, 1984

— : Zum Problem des Todestriebs, in: *PSYCHE*, Nr.12, 1984

— : Lacans Lehre vom Spiegelstadium, in: *Psychoanalyse*, Neuchâtel, 1985

— : Bin ich da, wo ich denke? Descartes und Lacan, in: studia philosophica, Vol.45, 1986

— : Jenseits des Inzestverbots, in: *RISS*, Nr.2, 4 und 6, Zürich, 1986/1987

— : Die Maske des Natürlichen, in: *RISS*, Nr.7, Zürich, 1988

Žižek, S.: Die Missverständnisse des Metonymismus, in: *Der Wunderblock*, Nr.10, Berlin, 1983

— : » ... der Automat, der den Geist, ohne dass er es merkt, mit sich zieht«, in: *Wo Es war*, Nr.2, Ljubliana, 1986

— : Das Reale der Freiheit, in: Wo *Es war*, Nr.3/4, Ljubliana, 1987

— : Das gehemmte DNamensregister

NAMENSREGISTER

BEGRIFFSREGISTER

Die Begriffe *»Anderer«*, *»anderer«*, *»Imaginäres«*, *»Objekt«*, *»Phallus«*, *»Reales«*, *»Signifikant«*, *»Subjekt«*, *»Symbolisches«*, *»Unbewußtes«* sind ihres häufigen Vorkommens wegen nur dort erwähnt (kursiv), wo sie im Text ausdrücklich thematisiert werden.